인성과 창의성
- 행복을 만들어 가는 길 -

머 리 말

　40여 년간의 교직 생활을 마치고 정년퇴임을 하니 아쉽고 후회스러운 일들이 많다. 특히 제자들이 갖고 있는 각자의 재능과 잠재력을 끌어내어 키워주지 못한 것과, 자녀들과 따뜻하고 유익한 대화시간을 많이 갖지 못한 것이 가장 마음에 걸린다. 다음 세대들은 내가 걸어온 길을 되밟지 않고 밝은 미래를 살아가길 바라기에, 그들이 자신의 삶을 행복하게 살아갈 수 있는 길을 열어줄 길잡이가 되고자 한다.

　행복하게 사는 길이란 무엇일까? 사람마다 다른 답을 내어 놓을 수 있지만, 개인의 인성과 창의성을 길러주는 것이 가장 좋은 방법이다. 인성 교육은 잘못된 생각과 행동을 바르게 변화시키고, 무너진 도덕성을 바로 세우며, 인생에서 마주치는 어려움을 이겨낼 힘이 된다. 창의성 교육은 기본학력을 향상시키고, 재능과 잠재력을 끌어내어 전문가로 키우는데 필수적인 요소이다. 나아가 과학 기술을 발전시켜 새로운 지식과 기술로 미래 사회를 세우는 힘이 되어준다.

　그래서 인성과 창의성은 학교의 교육과정이 바뀌어도 변할 수 없는 핵심 과제이며, 인간의 행복을 창조하는 필요조건으로 미래 사회에 인간이 갖춰야 할 기본 역량이기도 하다. 우리는 그 필요성을 막연히 알고는 있지만 이를 삶 속에서 제대로 실천하지 못하는 문제를 겪고 있다. 그 문제의 원인을 밝히고 해결하기 위한 적절한 교육방식을 찾아내는 것이 우리가 당면한 가장 중요한 과제이다.

　인성과 창의성 교육은 영·유아부터 시작해야 한다. 초등학교에 입학하면서부터는 인성과 창의성이라는 기본 학력을 길러 자신의 삶을 행복하게 살아갈 힘을 갖게 해야 한다. 그렇다면 인성과 창의성은 어떻게 기를 수 있을까? 그 해답은 바로 질문이다. 가르치고 배우고, 경험하고 실천하는 과정이 질문에서 시작하여 질문으로 끝나야 한다. 일상생활에서 대화와 토론이 자연스럽게 이루어질 때 인성과 창의성이 생기는 것이다. 그리고 자녀들의 삶에 질문을 던지고, 그들의 생각과 행동을 바꿀 수 있는 사람은 그 누구보다도 부모이기에 가정에서부터 질문 문화가 형성되어야 한다.

대화와 토론이 있는 가정 문화가 형성되면 아이들은 일상에서 질문하고 발표하는 방법을 익히게 된다. 이를 공부하는 시간이 따로 있는 것이 아니기에 아이들은 즐겁고 자연스럽게 학습하며, 이는 학교와 사회에서의 적응력을 높이고 높은 학업 성취를 이루게 한다. 그러나 부모들은 대부분 시간적 여유가 없거나, 대화에 익숙하지 못하여 교육에 있어서 중요한 요소를 놓치고 있기에 자녀와 깊이 있는 대화와 토론을 하는 데에 있어 어려움을 겪는다.

그러한 문제를 해결하기 위하여, 부모와 자녀가 함께 대화와 토론의 방법을 익히면서 바른 인성과 창의성을 기르도록 이 책의 내용을 구성하였다. 인성 교육에 있어 가장 먼저 해야 할 일은 올바른 교육 기반을 조성하는 것이다. 가정을 출발점으로 시노 넉복을 예, 효, 정직, 책임감, 존중심, 배려, 소통, 협동, 갈등해소 능력 그리고 도전 정신 등 10가지 항목으로 정하였다. 이어서 구체적인 지도 과정을 계획, 활동, 평가, 반성, 피드백 4단계로 세웠다. 이와 더불어 일상생활에서 꼭 실천해야 할 사항을 10가지 안팎으로 정하여 항상 그 실천 여부를 점검하게 했다. 이어서 창의성 교육은 부모와 자녀가 함께 말하고, 듣고, 읽고, 쓰고, 토론하는 활동을 통하여 그 기능을 익히는 동시에 논·서술 능력과 창의적 문제해결력을 기르도록 하였다.

보다 효과적인 인성과 창의성 교육을 위하여, 이 책은 교육에 관한 신문 기사와 전문가들의 이론 및 연구물 중 아이들의 꿈을 키우고 실현하는 데 도움이 될 수 있는 글들을 모아 인용하여 정리하였다. 제1부에서는 인성 교육, 제2부에서는 창의성 교육으로 엮어서 유아부터 초·중·고1까지 적용할 수 있도록 하였다.

부족한 글이지만 아이들이 시대가 요구하는 바른 사람으로 자라날 수 있도록 교육받고, 급변하는 미래 사회에 적응하여 자신의 삶을 주도할 수 있는 인재로 성장하고, 삶을 더 나은 방향으로 이끄는 지혜롭고 강한 힘을 발휘하는 사람이 되길 바란다.

2025년 1월

저자 씀.

목 차

머리말 ·· iii
목차 ·· v
알아둘 일 ·· 2

제1부 인성교육 ·· 3

제1장 인성교육의 기반 조성 ·· 5
1. 화목한 가정 ·· 5
   1) 화목한 가정의 조건 ·· 5
   2) 건강하고 활력이 넘치는 가정 ·· 5
2. 행복의 개념 바로 세우기 ·· 6
   1) 행복의 길을 찾자 ·· 6
   2) 행복에 관한 경제학 ·· 7
3. 꿈의 선정과 생애 설계 ·· 8
   1) 꿈의 선정과 기록 ·· 8
   2) 단계별 생애 목표 설정 ·· 9
   3) 생애 설계 관리 ·· 9

제2장 인성 교육의 기초 ·· 11
1. 인성의 개념 ·· 11
2. 어떤 인성을 길러야 할 것인가? ·· 11
   1) 인성 교육에서 어떤 특성을 목표로 할 만한가? ········ 11
   2) 건전하고 바람직한 인성 ·· 11
   3) 인성 지도의 원리 ·· 13
3. 인성교육은 왜 부모가 담당해야 하나? ································ 13
   1) 부모의 사랑이 갖는 의미 ·· 14
   2) 사랑의 완성 ·· 14
   3) 때를 놓쳐서는 안 되는 인성 교육 ·································· 14
4. 인성 지도과정 체계도 ·· 15

제3장 인성 지도의 실제 ········· 17
1. 인성교육진흥법 ········· 17
1) 예(禮) ········· 17
2) 효(孝) ········· 46
3) 정직(正直) ········· 48
4) 책임감 ········· 51
5) 존중심 ········· 53
6) 배려 ········· 57
7) 소통 ········· 63
8) 협동 ········· 71
9) 갈등 해소 능력 ········· 74
10) 도전 정신 ········· 78

2. 스스로 실천할 덕목 정하기 ········· 80
1) 덕목 살펴보기 ········· 80
2) 자율적 덕목 선정과 실천 방법 ········· 82

3. '스마트기기'가 아이들의 인성에 미치는 영향 ········· 83
1) 초등학교 5·6학년 12세, 뇌 발달의 결정적 시기 ········· 83
2) 초·중·고생의 인터넷 중독 ········· 83
3) 스마트폰에 빠지지 않게 하려면 어떻게… ········· 84
4) 소셜미디어의 나쁜 영향 ········· 86
5) 인공지능 교육 ········· 87

제2부 창의성 교육 ········· 89

제1장 말하기·듣기를 통한 창의성 기르기 ········· 91
1. 유아들의 말 익히기 ········· 91
1) 말 걸어주기 ········· 91
2) 어른들 대화 들려주기 ········· 91
3) 동화책 읽어주기 ········· 91
4) 그림을 보고 이야기 꾸미기 ········· 92

  2. 초·중고생의 말하기 능력 기르기 ································ 96
    1) 그림을 보고 질문에 답하기 ································ 96
    2) 문장 완성하기 ·· 101
    3) 주제에 따라 이야기 꾸미기 ································ 102
  3. 듣기 능력 기르기 ·· 109
    1) 듣기 능력의 향상 방법 ·· 109
    2) 듣기 훈련 자료 ·· 110

제2장 독서 지도 ·· 129
  1. 독서 교육은 언제부터 하는 것이 좋은가? ················ 129
    1) 읽어주는 시기 ·· 129
    2) 책 읽어주기의 효과 ·· 129
    3) 책을 읽어주는 사람 ·· 130
    4) 읽어줄 때 유의할 점 ·· 130
    5) 심영면 선생님이 알려주는 책 읽어주기 Tip ············ 130
    6) 책 읽는 아이로 키우는 8계명 ······························ 130
    7) 어릴 때부터 책을 읽는 습관 기르는 방법 ·············· 131
  2. 읽기 기초 실력 기르기 ·· 132
    1) 초등학생의 읽기 지도 ·· 132
    2) 중학생이 읽어야 할 책 ······································ 132
    3) OECD의 독서 개선안 ·· 133
    4) 독서를 많이 하는 아이와 싫어하는 아이 ············ 134
    5) 독서 습관, 만 12세까지 골든타임 ······················ 134
  3. 독해력 기르기 ·· 135
    1) 독해력은 모든 학습의 기본 ································ 135
    2) 독해력 진단과 단계적 지도 ································ 136
    3) 글의 중심 내용 파악 ·· 138
    4) 읽기 학습자료 ·· 139
    5) 독해력 평가 ·· 156
    6) 독해력 교정훈련 ··· 160
    7) 논술 시대 '어휘·독해력'부터 키워라. ·················· 161

4. 정보 제공 매체(SNS · 인쇄물) 리콜 능력 비교 ················ 162
   1) 종이 글의 힘 ·· 162
   2) 고등학생과 대학생들 진단 결과 비교 ··································· 162
   3) 진단 결과 분석 ··· 163
5. 독서와 대화 ··· 163
   1) 자료 활용상의 유의할 점 ··· 163
   2) 독서 대화 지도 사례 ··· 164
   3) 독서 대화 자료 ··· 165

제3장 글쓰기 ··· 195
1. 글쓰기의 준비 학습 ··· 195
   1) 글쓰기는 독해력 기르기부터 시작 ··· 195
   2) 좋은 글이나 책을 읽고 쓰기 ·· 195
2. 쉽고 재미있게 글 쓰는 법 ·· 195
   1) 글쓰기 훈련법 ··· 195
   2) 어린 시절에 명료한 글쓰기를 배워야 한다. ························ 196
   3) 글을 쓰는 것이 논리학습이다. ·· 196
3. 글쓰기 토론 ··· 196
   1) 서울대 심리학과 박수용 교수의 글쓰기 · 토론 ·················· 196
   2) 부모와 자녀가 함께 참여한 글쓰기와 토론 ························ 197
4. 글 잘 쓰는 인재(人材) 키우는 학교들 ·· 197
   1) 하버드대 글쓰기 수업 ··· 197
   2) 메사추세츠공대(MIT) 글쓰기 공부 강조 ····························· 197
   3) 꾸준히 글쓰기 교육을 하는 천안 동성중 ···························· 197
5. 원문 복원해 쓰기 ··· 198
   1) <주제 1> 고로쇠나무 수액 ·· 198
   2) <주제 2> 미래를 꿈꾸는 희망 ·· 199
   3) <주제 3> 내가 원하는 우리나라 ·· 200
6. 글쓰기의 중요성 ··· 201
   1) 인문대 해체론 ··· 201
   2) 성공의 비결은 글쓰기 ··· 202

7. 문종별 글짓기 ·· 202
　　1) 일기 ·· 202
　　2) 동시 ·· 203
　　3) 생활문 ·· 207
　　4) 논설문 ·· 208
　　5) 독후감 쓰기 ·· 210
　　6) 자서전 쓰기 ·· 212

제4장 토론 ·· 215
1. 토론이란 무엇인가? ·· 215
2. 토론의 효과 ·· 215
　　1) 논리적 사고 능력의 향상 ································ 215
　　2) 논리적 표현 능력의 향상 ································ 215
　　3) 부수적인 효과 ·· 216
3. 토론의 일반 원리 ·· 216
　　1) 화제의 선택 ·· 217
　　2) 찬성과 반대 중에서 자기 입장을 취한다. ······ 217
　　3) 문제점을 결정하기 ·· 217
　　4) 강력한 논리의 진술 ·· 218
　　5) 논리 전개의 종류 ·· 219
　　6) 논리 증거의 오류 ·· 221
　　7) 상대편 주장에 대한 논박 ································ 222
　　8) 청중의 호의적 반응 ·· 223
　　9) 유의할 점 ·· 224
4. 학부모와 자녀간의 토론 ······································ 224
　　1) 비공식 토론 ·· 225
　　2) 비공식 토론의 형식 ·· 226
　　3) 비공식 토론의 단계적 지도 ···························· 226
　　4) 신문을 활용한 토론 ·· 230

제5장 창의력 기르기 ··· 233
　1. 창의력의 기초 ··· 233
　　1) 부모의 양육방식과 가족관계가 창의력에 미치는 영향 ·· 233
　　2) 서울대 창의성 모임 교수들의 제언 ························· 234
　　3) 창의적인 딥 러너(deep leaner) ······························ 234
　　4) 미국 최고 교수들의 강의 ·· 235
　　5) 호기심을 키우는 훈련을 하라. 세상이 열리나니··· ···· 235
　　6) 창의력의 비밀 전두엽 ··· 236
　　7) 유대인의 창의적인 아이 기르기 ······························ 239
　　8) 자녀와의 대화법 ·· 240
　2. 창의력 기르기 교재 ··· 240
　　1) 양초에 불을 붙여 벽에 세우는 방법 ······················ 240
　　2) 기발한 문제 던져 창의력 기르기 ··························· 241
　3. 창의력 퀴즈 ··· 242
　　1) 이야기 하나 ··· 242
　　2) 이야기 둘 ·· 242
　　3) 이야기 셋 ·· 243
　4. 창의력 계발과 기술 강국 ·· 244
　　1) 3차원 창의력 계발법 아시나요? ····························· 244
　　2) 기술 강국 ·· 244

부록 ·· 247

인성과 창의성
- 행복을 만들어 가는 길 -

우수연(禹壽淵) · 지음

에듀컨텐츠·휴피아
CH Educontents·Huepia

알아둘 일

1. 부모는 자녀 지도에 앞서 본서의 내용을 자세히 읽고 그 내용을 이해하고 있어야 합니다.
2. 목차의 순서와 관계없이 중요하다고 생각되는 것부터 1주일 단위로 1가지씩 중점적으로 학습하고 부족한 점은 꾸준히 반복하여 익히고 실천하도록 합니다.
3. 단위 학습 시간은 15~30분으로 짧게 하고, 긴 시간이 필요한 학습 문제는 과제로 제시합니다.
4. 인성·창의 학습 공책을 마련하여 질문에 대한 답을 기록하여 발표하도록 합니다.
5. 부모가 말하거나 글을 읽을 때 비판적으로 듣고 의문이 나는 점을 기록하여 질문하도록 합니다.

제1부
인성교육

인성교육은 과거부터 현재까지 가정과 학교에서 지도됐습니다. 그러나 뚜렷한 교육의 효과가 보이지 않아서 인성교육에 대한 새로운 지도 방식이 요구됩니다. 인성교육의 원론적인 이론이나 방법에 대하여 말과 글로 배운 것을 습관화, 행동화해야 합니다. 그것은 부모의 헌신적인 사랑과 절제된 엄격함이 조화된 규제력으로 길러져야 합니다. 그래서 아이들의 발달 과정을 기초로 인성 덕목을 체계적이고 면밀하게 학습시켜, 좋은 품성과 바른 가치관을 키워서 완전한 도덕성을 갖춘 사람으로 성장시켜야 합니다.

제1장 인성교육의 기반 조성

 모든 학습은 준비성이 갖추어져야 쉽게 배울 수 있으며 그렇지 않으면 모래 위에 집을 짓는 것과 다름이 없습니다. 그러므로 인성교육도 준비성을 갖추어야 합니다. 그 준비성은 첫째 화목한 가정을 만들고, 둘째 행복의 개념을 바로 세워야 하며, 셋째 자신의 적성과 능력에 맞는 꿈을 정하고 생애 설계를 세우는 것입니다.

1. 화목한 가정

 가족이 정답고 뜻이 맞아야 화목할 수 있고 모든 것을 성취할 수 있습니다. 서로 미워하거나 생각이 다르면 되는 일이 없을 것입니다.

 1) 화목한 가정의 조건
  (1) 서로 사랑하고 존중한다.
  (2) 온화한 표정과 부드럽고 따뜻한 말씨로 이야기한다.
  (3) 힘든 일은 서로서로 돕는다.
  (4) 충분한 의사소통을 한다.
  (5) 개성과 자율성을 존중한다.
  (6) 가훈을 정하고 실천한다.

 2) 건강하고 활력이 넘치는 가정
  (1) 가족이 함께하는 즐거운 식사
  (2) 가족이 함께하는 규칙적인 운동
  (3) 계획과 실천으로 발전하는 생활

2. 행복의 개념 바로 세우기

해마다 설날이면 "새해 복 많이 받으세요" 하고 인사를 합니다. 즉 복을 많이 받아서 행복하게 살아가라는 덕담을 합니다. 이처럼 인간은 옛날부터 행복한 삶을 소망하면서 살아왔습니다. 그러나 인간의 삶은 행복한 시간보다 괴로운 시간이 더 많은 것 같습니다.

1) 행복의 길을 찾자.
세계의 유명한 심리학자들이 수천 년 동안 행복에 관한 연구를 해왔지만 각기 다르게 이야기하고 있습니다. "행복은 주관적인 관념인데 이를 한마디로 정의하려고 하니까 복잡해진다."라고 말하고 있습니다.

  (1) 학자들이 말하는 행복
   ① 행복연구가 엘리스 웨스타곤 미국 엘프리대 교수
   ◦ 행복에 대하여 집착하면 오히려 불행해질 수 있다.
   ◦ 단순하고 소박한 삶에 대한 집착 때문에 오히려 불행해질 수 있다.
   ◦ 행복에 매달리는 것은 불행의 지름길
   ② 미국의 심리학자 에밀리 에스파하니 스미스
   "행복은 눈으로 볼 수 있는 것이 아니다. 행복을 자꾸 눈으로 보려고만 하고 결과론적 행복에 빠져들어서는 행복해질 수 없다."고 하면서 "자신이 지금 하고 있는 일에 의미를 부여하면서 정신적 육체적으로 건강해지는 것이 행복이다."라고 말했습니다.
   ③ 75년간 행복을 연구한 하버드 대학교 성인개발연구소 로버트 윌딩어(Robert Waidinger) 교수는 "가장 명확한 한 가지 사실은 좋은 인간관계가 건강과 행복에 가장 큰 역할을 한다는 점"이다. "그리고 눈에 보이는 요소보다 주변과 나누는 친밀감과 사랑이 행복의 필수 조건이다."라고 말했습니다. 이와 같이 좋은 인성은 행복과 깊은 관련이 있습니다.[1]
   ④ 서은국 연세대 심리학과 교수
   "돈이 행복 보장하지 않아, 생활수준 높아도 불행감 느껴"라며

---
[1] 조선일보 2018.1.16. 하버드대 성인개발연구소 로버트 윌딩어 교수

"인간은 행복하기 위해서 사는 것이 아니라 생존과정에서 행복을 느끼도록 설계된 것이다. 행복은 도달했다고 받는 상장이 아니다."라고 말했습니다.

2) 행복에 관한 경제학

보통은 소득이 늘면 행복감이 증가하지만 소득이 어느 수준 이상이 되면 소득 증가만으론 행복해지지 않는 현상이 나타납니다. 즉, '한계 효용 법칙'과 연관이 있습니다.

(1) 한계 효용 법칙
"재화나 서비스의 소비량이 증가하면 할수록 만족도가 떨어진다."는 법칙입니다.

(2) 관계재와 시장재
일정소득 이상인 사람이 더 행복해지려면 어떻게 해야 될까? 이론적 해결책으로 '관계재'라는 개념이 있습니다. '관계재는 사람 사이의 관계에서 생겨나는 무형 재화입니다. 사랑과 우정, 이웃이나 친구, 친척과의 좋은 관계 등이 이에 속합니다. 관계재는 '시장재(시장에서 거래되는 재화)'와 달리 돈으로 살 수 없습니다. 오직 개개인의 시간을 내고 노력해야만 이룰 수 있는 가치입니다.

아무리 돈이 많아도 외로운 사람은 행복하지 못한 경우가 많고, 소득 없이 주변 사람들과 관계만 좋아서는 행복하기가 어렵습니다. 경제학적으로 정리해보면 시장재와 관계재 둘 간의 균형이 이루어질 때 사람의 행복은 최적화될 수 있다는 것입니다.[2] 이상에서 석학들의 이론과 행복에 관한 경제학의 한계효용법칙을 유추해 보면 좋은 인성은 행복의 조건이고 씨앗이 됩니다.

이러한 행복의 가치를 바로 알고 그 개념을 바로 세워서 친절과 사랑을 베풀 때 행복은 만들어집니다. 그 행복의 씨앗을 마음에 심고 매일매일 새롭게 가꾸어 가면 우리의 삶은 더욱 아름다워지고 풍요해질 것입니다. 그래서 좋은 인성은 '행복의 창조자'라고 할 수 있습니다.

---

[2] 조선일보, 2021. 8. 14

〈질문〉
① 건강과 행복에 큰 역할을 하는 것은 무엇일까?
② 행복의 필수 조건은 무엇입니까?
③ '한계효용 법칙'이란 무엇입니까?
④ 행복에 관한 경제학 연구에서 '관계재'란 무엇입니까?
⑤ '관계재'에는 어떤 것이 있으며, 어떻게 해야 이룰 수 있습니까?
⑥ 어떤 경우에 사람의 행복은 최적화될 수 있을까?

3. 꿈의 선정과 생애 설계

인간의 "뇌세포는 목표라는 명령이 없으면 움직이지 않는다." 그리고 "목표가 없으면 죽은 것과 마찬가지이다."라고 하였습니다.[3] 그래서 생애 설계가 필요하고 오늘, 이달, 올해 등 장·단기로 목표를 세우고 실천해야 성장할 수 있습니다. 그것은 미래에 행복하게 살아가는 길이 될 것입니다.

1) 꿈의 선정과 기록(초1~중2)
  (1) 재능과 적성의 발견
    가장 잘하고 좋아하는 것 중에서 하나를 골라서 꿈으로 정합니다.
  (2) 꿈의 기록이 중요한 까닭
    1953년 미국 예일대는 졸업생을 대상으로 인생에 얼마나 확실한 비젼을 가지고 있는지 조사했다. 27%는 아직 목표가 없다고 했고, 60%는 뚜렷하지는 않지만 막연한 목표를 가지고 있다고 답했다. 10%는 구체적인 목표를 항상 생각하고 있지만 글로 남긴 적은 없다고 했다.
    꿈을 구체적인 글로 적어 간직하고 있다고 답한 학생은 겨우 3%였다. 예일대는 20년 뒤 졸업생을 추적했다. 구체적인 꿈을 적은 3%의 학생은 엄청난 재산가가 되어있었고 재산 총합이 나머지 97%의 재산을 합친 것보다 많았다.[4]고 합니다.

---
3) 나덕렬, 서울삼성병원 신경외과 교수(조선일보)
4) 동아일보 2009.2.16. 27232호

2) 단계별 생애 목표 설정(중3, 고1)

   (1) 사전 준비

   다음 예시를 참고로 A4 용지로 생애 설계 계획서 양식을 사전에 준비합니다.

   (2) 〈예시〉 생애 설계 계획서

   ① 나의 꿈 : 재능과 적성에 맞는 것으로 꿈을 정합니다.
   ② 실천할 단계별 소망 기록

단 계 별	소망·꿈
현 재	
5년 후	
10년 후	
20년 후	
30년 후	
65세 이후	

   (3) 소망 기록 방법

   ① 단계별로 그때쯤 자기가 무엇을 하고 있을 것인가 또는 그때쯤 무엇하기를 원하는가? 조용히 생각하여 써넣도록 합니다.
   ② 자신의 발전과 행복뿐만 아니라 남에게도 보탬이 되고 인류에 공헌하는 생애 운영이 되게 합니다.
   ③ 단계는 형편에 따라 조정할 수 있습니다.
   ④ 소망은 실천 가능하게 씁니다.[5]

3) 생애 설계 관리

   (1) 생애 설계의 꿈과 목표를 책상 앞에 게시하거나 수첩에 기록하여 지니고 항상 보고 생각할 수 있도록 합니다.
   (2) 중간에 단절됨이 없도록 합니다.
   (3) 주간 계획과 1일 계획을 세워서 실천합니다.

   주말에는 반드시 피드백을 하고 다음 주의 계획을 세웁니다. 그리고 "잠자리에 들기 전에 내일 할 일을 생각한다."(이율곡 자격문)

---
[5] 서울특별시교육연구원 인성교육자료, p65, 1984년

(4) 일상에서는 자신이 할 수 있는 작은 일을 마무리 짓는 습관을 가져야 한다. 예컨대 하루 30개 단어 암기가 안 되면 20개로 줄이고 이걸 항상 마무리하는 것이 좋다고 합니다.
(5) "중요하다고 믿는 일에 열정적으로 도전한다."[6]
(6) "역경과 좌절을 만났을 때 감정적인 동요를 최소화하고 이를 극복할 수 있는 힘을 길러야 한다."[7]
(7) 꿈과 단계별 소망을 바꾸어야 할 이유가 있으면 언제든지 바꿉니다. 단, 이유가 분명해야 합니다.
(8) 힘들면 쉬어가고 돌아가기도 하는 여유를 가져야 합니다.
(9) 참고 기다릴 줄 알아야 합니다.
(10) 소망을 실천하는 데에 방해되는 요소가 있으면 그 요인을 분석하고 변화시키거나 없애야 합니다.

---

[6] 권계동 외 4명, 학부모의 자녀교육자료 p7, 안동시교육삼락회, 2009년
[7] 공병호, 경영연구소소장, 동아일보 2010년

제2장 인성교육의 기초

사람이 일생을 어떻게 사느냐 하는 것은 그 사람의 인성에 따라서 크게 좌우됩니다. 그리고 인성은 사람이 어떤 방식으로 살아가느냐 하는 것을 결정하는 핸들과 같은 구실을 합니다. 그러므로 좋은 인성은 그 사람의 일생을 행복한 생활로 이끌어 주는 역할을 합니다.

1. 인성의 개념

인성(人性)이란 사람의 성품이나 성격으로 그 사람의 가치관, 도덕적 성숙, 정신적 수양을 모두 포괄하는 개념이다. 따라서 인성은 삶의 방향과 도덕적 행위의 질적 수준을 결정합니다.

2. 어떤 인성을 길러야 할 것인가?

인성 교육은 우선 겉으로 나타낸 행동, 말, 태도만이 아니라 감정, 동기, 무의식과 같은 내적 심리상태의 교육을 모두 포함합니다. 그래서 교육의 목적과 목표를 분명하게 따져서 밝히는 것이 더욱 중요합니다.

1) 인성 교육에서 어떤 특성을 목표로 할 만한가?
   (1) 성숙한 인성을 길러야 합니다.
   (2) 자유스러운 표현과 감정을 행동으로 나타내게 합니다.
   (3) 합리적이고 보편적인 사유 방식이 강조됩니다.

2) 건전하고 바람직한 인성
바람직한 인성의 특징을 알아보기 위해 어떤 인성이 바람직하지 못한가를 살펴보면 도움이 됩니다.

(1) 바람직하지 못한 인성
  ① 사회의 도덕적 규범이나 법규를 지키지 않는 행위
    ◦ 교칙 위반, 공공질서 파괴 등입니다.
    ◦ 미풍양속(아름답고 좋은 풍속)에 어긋나는 행위입니다.
  ② 사회규범에 어긋나지 않아도 개인이나 사회에 미치는 나쁜 영향은 바람직하지 못한 것입니다.
    ◦ 다른 사람에게 불쾌감을 느끼게 하거나 심리적 상처를 주는 말입니다.
    ◦ 친구들의 별명을 부르거나 놀리는 것입니다.
    ◦ 툭툭 치면서 협박조로 말하는 것입니다.
  ③ 다른 사람에게 심리적 불안감, 공포심을 느끼게 하는 행동
  ④ 현실과 동떨어진 비논리적 생각을 많이 하거나 해괴하며 기이한 행동을 하는 사람입니다.
  ⑤ 현실적 근거도 없이 과도한 불안, 공포, 갈등을 지닌 사람

(2) 바람직한 인성
  ① 현실을 바르고 정확하게 이해합니다. 이상이나 기대로 현실적 조건을 무시하거나 소홀히 하는 것은 위험한 일입니다.
  ② 건전한 인성을 가진 사람은 자기의 감정이나 동기 같은 것에 관해 바르고 정확한 이해를 가집니다.
  ③ 감정이나 충동과 본능을 통제하고 조정할 수 있는 능력을 가집니다.
  ④ 자기 존중과 자기 수용은 건전한 인성입니다.
  ⑤ 정이 있는 인간관계를 형성하는 능력을 지닙니다.
    ◦ 친구들과 지속적이고 깊이 있는 우정을 가집니다.
    ◦ 가족 간에 온화하고 깊은 애정이 있습니다.
    ◦ 주위 사람들과 원만한 인간관계를 이룩할 수 있는 능력을 가지고 있음은 좋은 인성의 한 기준이 됩니다.
    ◦ 자기 이익을 위해 능란하게 다른 사람을 조종하는 것은 좋은 인성이라 할 수 없습니다.
    ◦ 모든 '정'은 순수함과 성실함을 전제로 한다.
  ⑥ 생산성 또는 효율성을 지니고 있습니다.
    ◦ 자신의 능력을 창조적 활동을 통해서 활용합니다.

- 자신의 본능적 충동까지도 사회적으로 용납되는 생산적이고 창조적 방식으로 승화합니다.
⑦ 패배감이나 좌절에 빠져 자기의 힘을 쓰지 못하고 낭비하는 것은 좋은 인성이 아닙니다.
- 파괴적이거나 좋지 못한 행동을 하여 정신적 힘을 낭비하는 것은 결코 좋은 인성이 아닙니다.
⑧ 행동이 초래하는 결과를 미리 예측하고 좀 더 능률적이고 생산적인 행동 방식을 찾습니다.8)

3) 인성 지도의 원리
(1) 첫 경험을 중요하게 인상 지운다. (인상의 원리)
(2) 어렸을 때부터 예절 지도를 한다. (조기성의 원리)
(3) 되풀이해서 지도한다. (반복의 원리)
(4) 언제나 변함없이 지도한다. (일관성의 원리)
(5) 여러 가지 경험을 하게 한다. (다양한 경험의 원리)
(6) 흥미와 즐거움을 갖게 한다. (흥미 정서의 원리)9)

3. 인성교육은 왜 부모가 담당해야 하나?

부모가 자식에게 주는 사랑은 그 누구도 대신할 수 없으므로 인성교육은 부모가 담당해야 합니다. 왜냐하면 아버지의 엄격함은 자녀들의 비도덕적인 행동을 규제할 수 있고, 어머니의 따뜻하고 깊은 사랑은 자녀들의 잘못된 마음을 변화시킬 수 있습니다. 여기서 아버지의 규제력도 중요하지만, 어머니의 사랑이 결정적인 역할을 한다고 봅니다. 이와 같이 아버지의 엄격함과 어머니의 따뜻한 사랑이 조화(造化)를 이루어서 반복적으로 지도되고 모범을 보일 때 자녀들의 바른 인성이 길러진다고 생각하기 때문입니다.

---

8) 서울특별시교육연구원 앞과 같은 책 p12~16
9) 현장교육지도기술연구회, 생활습관 예절교육의 지도기술 p32, 현대교육출판

1) 부모의 사랑이 갖는 의미

김광웅 숙명여대 교육학 교수는 사랑의 의미를 존중, 인내, 신뢰로 구체화 시켰습니다. 존중은 자녀의 요구와 생각, 그리고 느낌과 포부를 존중하는 것입니다. 인내는 내 마음에 들지 않는 자식의 행동을 바로 잡아 줄 때 조급해 하지 않고 기다려 주는 것이고, 신뢰는 자식의 모든 것을 믿는 것입니다.

2) 사랑의 완성

"그러나 자녀 교육이 사랑만으로 족하다고 생각하지 않는다. 자식에 대한 사랑은 엄격함과 조화를 이룰 때 완성된다고 믿기 때문이다. 여기서 엄격함이란 부모의 말이나 기대, 부모의 요구에 일방적으로 순응하도록 훈육하는 것을 의미하지 않는다. 엄함이란 책임감의 문제요 도덕적 규범의 문제입니다.[10]

감정이 동반된 꾸중과 체벌은 폭력입니다. 폭력은 굴복시킬 수 있어도 사람의 마음을 변화시키지는 못합니다.

3) 때를 놓쳐서는 안 되는 인성 교육

현대 발달심리학에서는 초등학교를 졸업하는 13세가 되면 아이의 사상과 윤리적 가치가 거의 형성된다고 합니다.[11] 그러므로 유아부터 초등학교까지 12년간 동동체 생활에 필요한 인성을 거의 완벽하게 길러주어야 하고, 중학교부터는 자율에 맡겨야 합니다.

> 말과 글로 가르친 인성 교육
> 수 없이 반복되어 왔지만
> 윤리·도덕은 무너지고
> 갈등의 골만 깊어지네
> 인성 교육의 바른 길
> 나와 너의 행복한 길
> 그 길의 첫걸음은
> 부모의 사랑과 헌신

---
10) 권게동 외 4인 학부모의 자녀교육자료 p14
11) 조선일보 A3. 2022.3.30. 표태영, 이세영 기자

4. 인성 지도과정 체계도

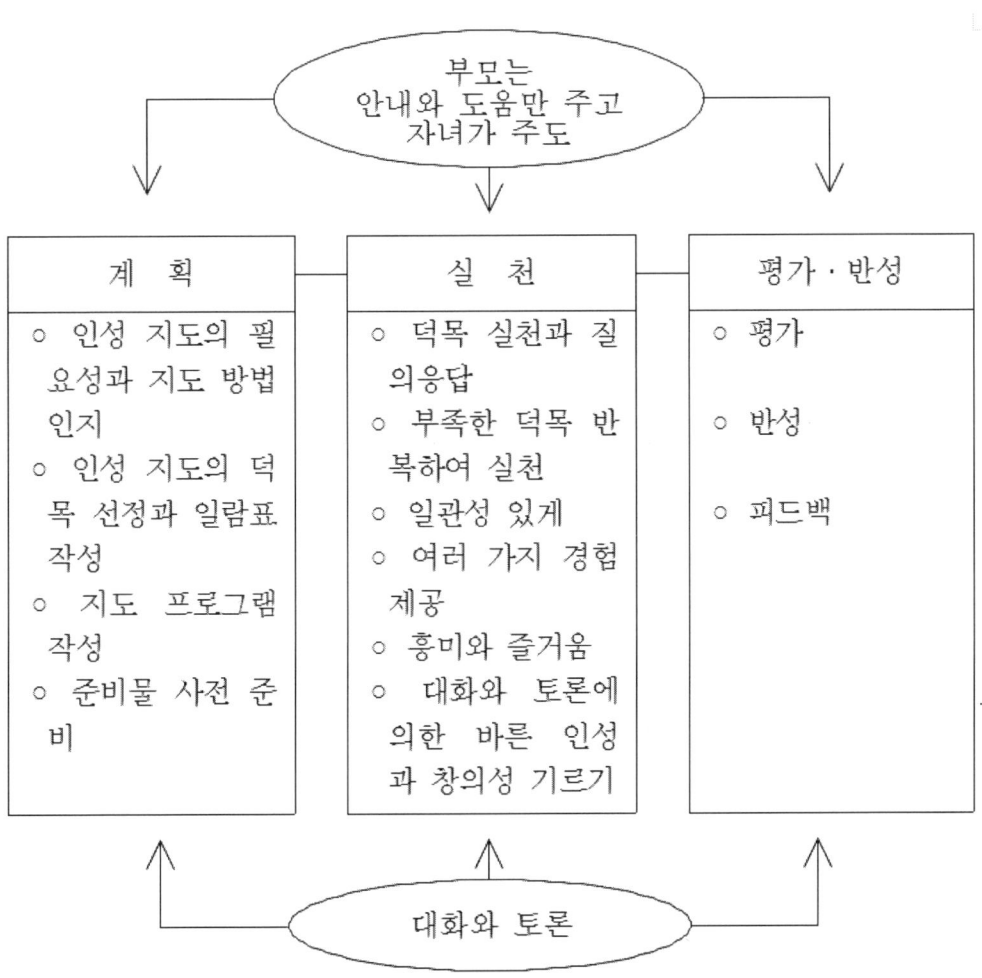

제3장 인성 지도의 실제

 바람직한 인성은 말과 글로 배워서 되는 것이 아니고 실천하고 행동화 되고 습관화 되어야 합니다.

1. 인성교육진흥법

 세월호 사고로 드러난 우리 사회의 인성 피폐 현상으로 말미암아 국회는 2015년 3월에 인성교육진흥법을 제정하여 초·중·고등학교에서 인성교육을 강화하도록 하였습니다. 그 지도 덕목으로는 '예, 효, 정직, 책임, 존중, 배려, 소통 능력이나 갈등 해결 능력' 등의 핵심 덕목과 제4차 산업혁명에 걸맞은 핵심 능력 중에서 제일로 꼽히는 '도전 정신'을 더하여 그 지도 방법에 대하여 살펴보겠습니다.

1) 예(禮)

 예절은 건전한 사회를 이루는 규범이며 그 나라 국민 수준의 척도입니다. 그리고 사랑하고 친절하며 존경하고 배려하는 마음이 행동으로 나타난 것입니다. 이러한 마음은 세상을 행복하고 아름답게 만들어 갈 수 있습니다.[12]
 그래서 예절은 모든 덕목(미덕)의 기반이며 출발점인 동시에 인성 교육의 끝마무리에서 피어난 아름다운 꽃이라 하겠습니다.
 '지금 청소년들의 예의범절이 많이 흐트러져 있습니다.'[13] 그들이 사랑받고 귀여움을 받으며 성장할 수 있도록 어릴 때부터 예의범절을 몸에 익히도록 가르쳐야 합니다. 나이가 들면 잘하겠지 하는 생각은 큰 잘못입니다.
 '세 살 버릇 여든까지 간다'라는 속담과 같이 어릴 때 잘못된 버릇은 나이가 많아져도 고치기 힘들기 때문입니다.

---
12) 문교부, 생활 예절 p5 1972년
13) 현장지도 연구회, 생활 습관과 예절교육의 지도기술, p5, 1990년

〈질문〉
① 예의란 무엇인가?
② 예의는 왜 지켜야 하나?

(1) 가정에서의 예절
    ① 부모와 자식 사이의 예절
        ◦ 부모는 자식을 사랑으로 보다듬어 주고 자식은 부모를 존경하고 감사하는 마음으로 받듭니다.
        ◦ 요즈음 연만한 부모를 서로 모시지 않으려는 경향이 많을 뿐만 아니라 요양원에 입원시키는 사례도 많다고 합니다. 자녀들은 의논하여 부모님 노후를 정성껏 모시도록 해야 합니다.14)
    ② 형제·자매 사이의 예절
        옛날 속담에 '형제간에는 콩 1개라도 반쪽씩 나누어 먹는다.'라고 했습니다. 이와 같이 형제 사이에는 우애가 있어야 합니다.
        ◦ 흉을 보지 않습니다.
        ◦ 불화의 씨가 되는 말은 옮기지 않습니다.
        ◦ 상처가 되거나 자존심에 손상을 입히는 말을 하지 않습니다.
        ◦ 어려운 일이 있으면 서로 돕습니다.
        ◦ 집안에서 선의의 경쟁을 하더라도 외부로부터 옳지 못한 도전이 있을 때는 힘을 합하여 강력하게 대응합니다.
        ◦ 형제간에 두텁던 동기애가 배우자로 인하여 금이 가는 일이 없도록 주의해야 합니다.
        ◦ 예부터 형은 아우를 사랑하고 동생은 형을 공경하라고 일러왔습니다. 이제는 각자 자기 책임을 다해서 위아래로 걱정을 끼치지 말고 살자고 이야기되고 있습니다.15)
    ③ 족벌 문벌 가리기
        족보와 문벌을 자랑하는 것은 시대에 역행하는 것입니다. 다만 좋은 가문의 집안에서는 선조의 훌륭한 행적을 교훈으로 삼아 올바르게 살려고 노력합니다. 반대로 그렇지 않은 집안에서는 스스로 노력하여 훌륭한 가문을 세우도록 합니다.16)

---
14) 문교부, 생활예절 p106 고려서적주식회사
15) 문교부, 앞과 같은 책 p109, 1972년

④ 가족 간의 기본적인 생활 예절17)
허물없는 사이일수록 예의를 지켜야 합니다.
- 가족 간에도 경어, 바른말을 생활화합니다.
- 항상 노크하고 문을 엽니다.
- 문을 여닫을 때는 소리가 나지 않도록 합니다.
- 심한 노출을 삼가 합니다.
- 실외에서는 아무렇게나 옷을 입고 다니지 않습니다.
- 거친 말을 하지 않습니다.
- 가족을 위해 양보하고, 투정을 부리지 않습니다.
- 손님이나 어른들끼리 이야기할 때 끼어들지 않습니다.
- 가족에 대한 관심 갖기 (생일, 입학, 진학, 유학, 취업, 승진, 문병 등)

〈질 문〉
① 부모 자식 사이에 예절을 실천하면 어떤 효과가 있을까?
② 부모 자식 간에 사랑과 존경으로 맺지 못하면 어떻게 될까?
③ 형제간에 우애를 두텁게 하려면 어떻게 해야 할까?
④ 형제 자매간에 우애가 없으면 어떻게 될까?
⑤ 선조 중에서 훌륭한 분은 누구시며 그 행적은?
⑥ 가족 사이에 지켜야 할 예절은 무엇인가?

〈도움말〉
①~④ 생략
⑤ 선조의 훌륭한 행적을 귀감으로 삼고 자신의 뿌리와 위치를 확실하게 알아둡니다. 또는 선조의 훌륭한 점에 대하여 자부심을 갖고 자기 발전을 위하여 열심히 노력합니다.
⑥ 생략

〈평가〉
일주일 동안 중점적으로 실천한 후 결과를 반성하고 다음 표에서 자신이 해당된다고 생각하는 점수 아래에 ○표를 한다. 4점 이하일 때는 반복하여 수련합니다.

---
16) 문교부, 앞과 같은 책 p115, 1972년
17) 경북대도중학교, 인성자료집 p17

<점수표>   <5점 만점>

덕목 \ 점수	1	2	3	4	5
부모와 자식간의 예절					
형제, 자매 사이의 예절					
가족 사이의 기본적인 예절					
선조의 훌륭한 행적을 교훈으로 삼기 (숭조)					

① 반성
- 가장 잘하였다고 생각하는 점은?
- 가장 힘들고 어려웠던 점은?
- 느낀 점 발표

② 피드백
- 잘못된 점을 잘하도록 동기를 부여하고 미약한 부분을 고치기 위한 구체적인 계획을 세워서 실천하도록 합니다.

(2) 친척 간의 예절[18]

　친척 간의 호칭과 지칭을 바르게 사용하고 도움을 청하러 찾아오는 친척이라도 반갑게 맞아드리고 사정이 허락하는 한 도와주도록 합니다. 그리고 자기가 구차하다고 너무 친척에게 의뢰하거나 도움을 바라는 것은 삼가야 합니다. 그렇지만 꼭 필요할 때는 도움을 줄 줄도 알고 받을 줄도 알아야 합니다.

① 친척 간의 호칭과 지칭
- 자기에 대한 호칭
  - 저·제 : 웃어른이나 여러 사람에게 말할 때
  - 나 : 같은 또래나 아랫사람에게 말할 때
  - 우리·저희 : 자기 쪽을 말할 때
- 부모에 대한 호칭
  - 아버지·어머니 : 자기 부모를 직접 부르고 남에게 말할 때
  - 아빠·엄마 : 말을 배우는 아이가 자기의 부모를 부르고 남에게 말할 때

---
[18] 경북대도중학교, 앞과 같은 책 p17~20

- 가친(엄친)·자모(자친) : 자기의 부모를 남에게 말할 때
- 춘부장·자당님 : 상대방의 부모를 한문식으로 말할 때
- 부친·모친 : 남에게 다른 사람의 부모를 말할 때
- 현고·현비 : 축문이나 지방에 돌아가신 부모를 말할 때
- 선친, 선고·선비 : 남에게 돌아가신 부모를 말할 때
◦ 형제간의 칭호
- 언니 : 여동생이 여자형을 부를 때
- 형님 : 동생이 기혼의 형을 부를 때
- 백씨 : 남의 맏형을 가리킬 때
- 중씨 : 남의 맏형 이외의 형을 가리킬 때
- 제씨, 아우님 : 남에게 그 동생을 말할 때
- 사형 : 자기의 형을 남에게 겸손하게 일컬을 때
- 사제 : 자기의 동생을 남에게 겸손하게 일컬을 때
- 동생, 자네, 이름 : 기혼이나 10년 이내 연하인 동생을 부를 때
- 예, 너, 이름 : 미혼이나 10년 이내 연하인 동생을 부를 때
- 아우 : 동생의 배우자나 남에게 자기의 동생을 말할 때

③ 형제·자매의 배우자 칭호
◦ 아주머니·형수님 : 시동생이 형의 아내를 말할 때
◦ 아주머니, 아지미, 형수 : 집안 어른께 형수를 말할 때
◦ 제수 : 집안 어른께 동생의 아내를 말할 때
◦ 제수씨 : 동생의 아내를 직접 부를 때
◦ 형수씨 : 남에게 자기의 형수를 말할 때
◦ 언니 : 시누이가 오라비의 아내를 부를 때
◦ 올케, 새댁, 자네 : 시누이가 남동생의 아내를 부를 때
◦ 매부 : 여동생의 남편을 부를 때와 말할 때
◦ 자형·매형 : 누님의 남편을 부를 때와 말할 때
◦ 서방·자네 : 여동생의 남편을 부를 때
◦ 매제 : 여동생의 남편을 남에게 말할 때
◦ 형부 : 여동생이 언니의 남편을 부를 때와 말할 때

④ 친족 관계 칭호
◦ 조손간 : 할아버지·할머니와 손자 사이

- 구부간 : 시아버지와 며느리 사이
- 고부간 : 시어머니와 며느리 사이
- 옹서간 : 장인과 사위 사이
- 숙질간 : 아버지의 형제·자매와 자녀와의 사이
- 종형제 : 아버지의 형제·자매의 자녀 사이(4촌)
- 당숙질간 : 아버지 종형제·자매의 자녀 사이(5촌)
- 내외종간 : 외숙의 자녀, 고모의 자녀
- 이숙질간 : 이모와 이질 사이
- 고숙질간 : 고모와 친정 조카 사이
- 외종간 : 외숙의 자녀
- 이종간 : 이모의 자녀
- 처질 : 아내의 친정 조카
- 이질 : 여자끼리 자매간의 자녀들
- 처이질 : 아내의 이질
- 참고 사항 : 의문이 있으면 언제든지 질문한다.

〈질 문〉
① 아버지의 형제·자매와 자녀와의 사이를 무엇이라 하나요?
② 아버지의 형제·자매의 자녀와 자녀와의 사이를 무엇이라 하나요?
③ 아버지의 종형제·자매와 자녀와의 사이를 무엇이라 하나요?
④ 남에게 다른 사람의 부모를 말할 때 무엇이라 부르나요?
⑤ 남에게 돌아가신 부모를 말할 때 무엇이라 부르나요?
⑥ 5촌부터 8촌까지의 칭호도 물어봅시다.

〈도움말〉
① 숙질간(삼촌과 조카)
② 종형제
③ 당숙질간
④ 부친, 모친
⑤ 부 : 선친, 모친 모 : 선비

⑥ 친척 계보표[19]

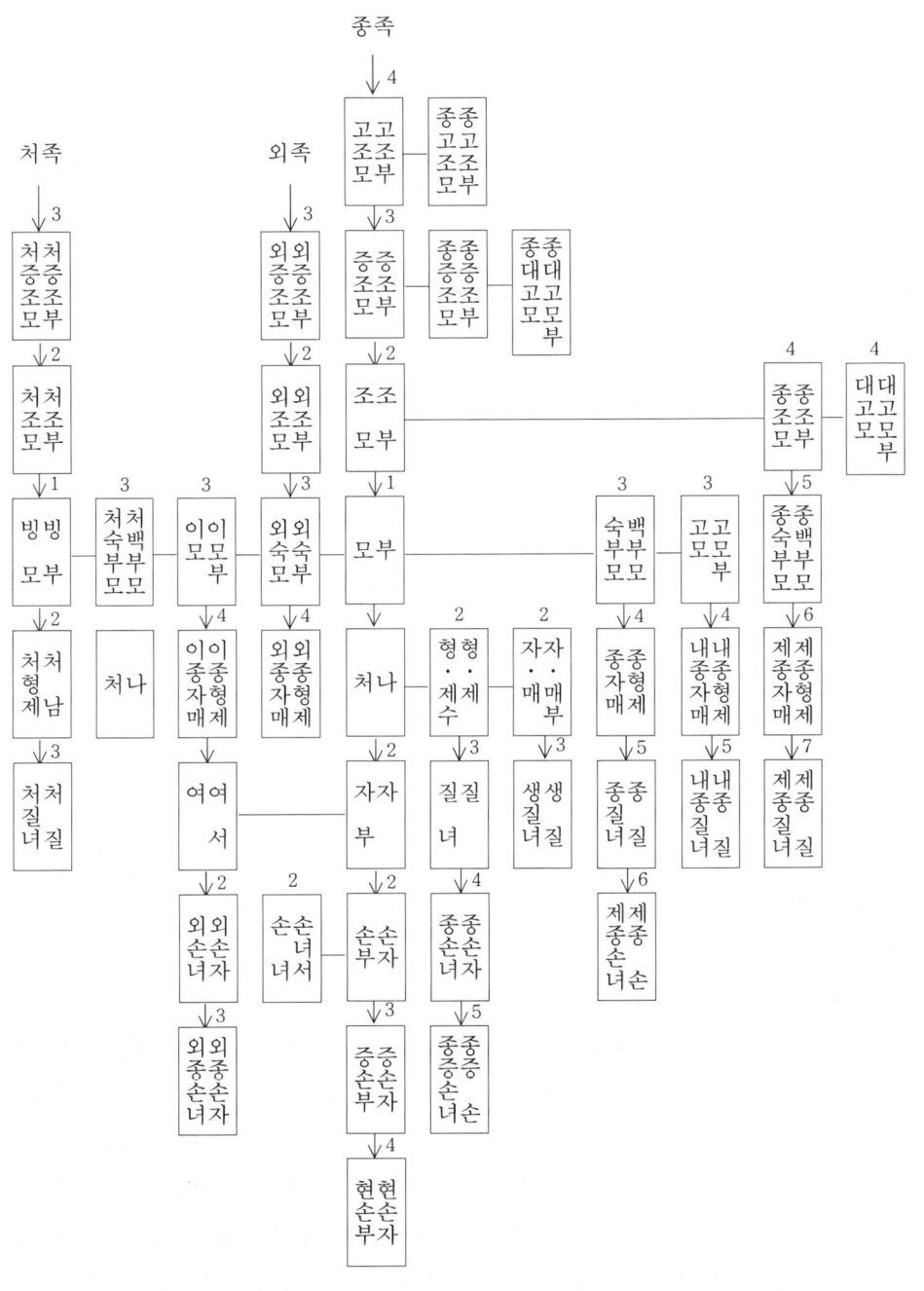

---
19) 문교부, 앞과 같은 책 p113

<평가>

친척 간의 호칭과 촌수를 잘 알고 예절을 지켰는지 자신이 해당되는 점수 아래에 ○표를 하세요.

평가 항목 \ 점수	1	2	3	4	5
친척 간의 촌수, 호칭					
친척 간의 예절					

- 4점 이하일 때는 관심을 가지고 꾸준히 익힌다.

① 반성
  ◦ 가족 간의 예절을 잘 지키면 어떤 효과가 있을까?
  ◦ 실천이 잘 안되는 것은 그 원인을 알아서 고치거나 버리면 잘 할 수 있다.
  ◦ 느낀 점 발표

② 피드백

지금까지 친척 간의 호칭을 잘 모르고 지내왔으며 이름도 얼굴도 잘 기억나지 않는 경우도 있었을 것이다. 서로 얼굴과 촌수를 익히면서 가깝게 소통하고 지내면 더욱 친밀하게 되고 생활의 범위가 넓어지며 사회성이 길러질 것입니다.

(3) 식사 예절

식사 예절은 쉬운 것 같으나 매우 까다롭고 지키기 힘 드는 예절이며 나라마다 식사 예절이 다릅니다. 여기서는 우리나라의 일반적인 식사 예절과 서양 식사 예절에 대하여 알아보기로 하겠습니다.

① 우리나라의 일반적인 식사 예절
  ◦ 식사할 때는 우선 자세를 바르게 하고 감사하는 마음을 갖습니다.
  ◦ 음식점에서는 조용히 하고 음식이 나오기를 재촉하지 않습니다.
  ◦ 음식을 흘리지 않게 조심을 하고 크게 이야기하지 않습니다.
  ◦ 어른이 자리에 앉으신 다음에 아랫사람이 자리에 앉습니다.
  ◦ 입안에 든 음식이 밖으로 보이거나 튀어나오지 않도록 합니다. 그리고 사람들 앞에서는 이쑤시개를 쓰지 말아야 하며 부득이한 경우는 손으로 가리고 외면합니다.

- 어른이 일어나기 전에 먼저 일어나지 않습니다.
- 같이 식사하는 사람과 식사하는 속도를 맞춥니다.
- 먼저 식사가 끝나면 수저를 상위에 놓지 말고 식기에 올려놓았다가 모두 끝나면 상위에 내려놓습니다.
- 일어설 때는 앉았던 의자를 식탁 밑으로 밀어 넣습니다.

② 서양 식사의 요리 예절
- 식사에 사용하는 나이프, 포크, 스푼 등은 차려놓은 상태에서 바깥쪽부터 차례로 사용합니다.
- 수프는 소리 나지 않게 떠먹습니다.
- 빵은 한 번에 입에 넣을 크기 정도로 손으로 떼어 버터를 발라 먹습니다.
- 버터는 적당한 양을 자기 접시에 덜어다 놓은 후 빵에 바릅니다.
- 고기 요리에 곁들이는 채소는 소스가 다 들어온 뒤에 먹기 시작합니다.
- 식사 도중에 자리를 뜨는 것은 실례가 되나 부득이한 경우는 냅킨을 의자 위에 놓도록 합니다.
- 샐러드는 육류요리와 번갈아 먹어도 좋습니다.
- 스파게티는 포크에 감아서 먹습니다.
- 커피를 마신 후 스푼은 컵 속에 담아 놓지 말고 접시 위에 놓습니다.
- 식후 자리에서 일어날 때 냅킨은 보기 좋게 적당히 접어 테이블 위에 놓습니다.
- 국물은 그릇째 들고 마시면 실례가 됩니다.
- 레몬은 튀기 쉬우므로 왼손으로 가린 후 가볍게 쥐어짭니다.[20]

〈질 문〉
① 같이 식사하는 사람과 식사 속도를 어떻게 하는 것이 좋습니까?
② 먼저 식사가 끝나면 수저를 어떻게 하는 것이 좋습니까?
③ 식사를 끝내고 일어설 때는 앉았던 의자를 어떻게 하면 좋습니까?
④ 서양 식사에 사용하는 나이프, 포크, 스푼 등은 어떻게 사용합니까?

---

20) 경북대도중학교 앞과 같은 책 p20

⑤ 서양 요리 식사 도중에 자리를 뜨는 것은 실례가 되나 부득이한 경우에는 어떻게 하는 것이 좋습니까?

<평 가>

식사 예절을 1주일 동안 집중적으로 실시한 후 결과를 반성하고 다음 표에서 자신이 해당되는 점수 아래에 ○표를 합니다. 4점 이하일 때는 반복하여 꾸준히 연습합니다.

<평가표>   <5점 만점>

항목 \ 점수	1	2	3	4	5
우리 식사 예절					
서양 식사 예절					

① 반성
  ◦ 식사 예절을 배우기 전에는 잘 안됐지만, 지금은 잘되고 있는 것은 무엇인가요?
  ◦ 식사 예절 중 실천하기 힘 드는 것을 잘 익히도록 합시다.

(4) 학교생활 예절
  ① 선생님에 대한 인사
    인사는 사람들 사이에 지켜야 할 예의로서 선생님을 공경하는 마음으로 정중하게 해야 합니다.
    ◦ 등교 시 선생님을 만나면 : 안녕하십니까?, 안녕하세요.
    ◦ 하교 시 선생님을 만나면 : 안녕히 계십시오.
                              안녕히 가십시오.
    • 보통 경례(일 상례)로 인사를 합니다.
    • 직접 지도를 받지 않은 선생님에 대해서도 동일하게 인사합니다.
    ◦ 선생님과 마주쳤을 때는 목례한 후 먼저 가시도록 비켜섭니다.
    ◦ 교무실에 들어갈 때와 나올 때는 문 앞에 서서 가볍게 인사합니다.
    ◦ 선생님 앞에서는 15° 정도 허리를 굽혀 인사를 하고 "선생님

부르셨습니까?" 또는 "선생님 용무가 있어서 왔습니다." 등의 인사말을 한다.21)

② 교우(학우) 사이의 예절
  ◦ 친구 간에는 믿음과 우정을 쌓아야 합니다.
  ◦ 상대의 인격을 존중하며 겸손하게 행동합니다.
  ◦ 급우를 괴롭히지 않고 약자를 도와줍니다.
  ◦ 솔선수범하여 봉사하는 태도를 갖습니다.
  ◦ 이성 교제는 공개적으로 하며 순결은 반드시 지킵니다.
  ◦ 하급생은 상급생을 형이나 언니같이 존경하고 상급생은 하급생을 동생 같이 사랑합니다.
  ◦ 등하교 시 만나면 서로 인사하고 상급생에게 존댓말을 사용하게 합니다.

③ 좋은 친구가 되기 위한 조건
  ◦ 상대방의 입장이 되어 생각합니다. (역지사지(易地思之))
  ◦ 가까울수록 예의를 갖춰야 합니다.
  ◦ 사랑을 얻으려면 자존심을 버려야 합니다.
  ◦ 적게 말하고 많이 들어야 합니다.
  ◦ 겸손하되 자기의 뜻을 분명히 밝혀야 합니다.
  ◦ 완벽한 사람이 아니라 솔직한 사람이 되어야 합니다.
  ◦ 상대방의 장점을 먼저 칭찬하고 다음에 단점을 지적합니다.
  ◦ 원하지 않는 사람과 억지로 사귀려고 애쓰지 마세요.
    '좋은 친구는 평생에 이익이 되고 나쁜 친구는 평생에 해가 된다.'라고 합니다.

④ 좋은 친구를 사귀는 강점
  ◦ 내가 먼저 인사를 합니다.
  ◦ 상대방의 입장이 되어 생각하고 배려합니다.
  ◦ 내가 먼저 사귀려고 합니다.
  ◦ 약속을 지키고 믿음으로 사귑니다.
  ◦ 예의 바른 말과 행동을 합니다.
  ◦ 급우를 괴롭히지 않고 약자를 도와줍니다.

---
21) 경북대도중학교, 앞과 같은 책 p23

- 기쁜 일에는 같이 기뻐하고 슬픈 일에는 같이 슬퍼합니다.
- 친구를 초대하여 대화와 토론도 하고 공부도 같이합니다.

⑤ 일반적인 학교생활 예절
- 책걸상에 칼로 흠집을 내거나 낙서를 하지 않고 책걸상을 아껴 씁니다.
- 급수대는 깨끗이 사용하며 물을 쓴 후에는 수도꼭지를 반드시 잠겨야 합니다.
- 등하교 시 교통질서를 지키고 안전에 유의합니다.
- 자전거 통학생은 교통질서를 지키고 2인 승차를 하지 않습니다.
- 공공기구는 사용 후 깨끗이 정리하여 반납합니다.
- 공공시설을 내 물건처럼 아껴 씁니다.
- 쉬는 시간에는 다음 시간의 학습 준비를 합니다.
- 에너지 절약(전기, 물)을 위해 노력합니다.
- 출입문은 소리가 나지 않게 여닫습니다.[22]

〈질 문〉
① 좋은 친구를 사귀는 방법을 공책에 기록하고 발표합시다.
② 일반적인 학교생활 예절을 말해 봅시다.

<평 가>

학교생활 예절을 얼마나 잘 지키고 있는지 반성하고 다음 점수표에서 자신이 해당된다고 생각하는 점수 아래에 ○표를 하고 4점 이하일 때는 그 예절이 습관화되도록 꾸준히 노력합니다.

〈평가표〉   〈5점 만점〉

항목\점수	1	2	3	4	5
학교생활 예절					
친구 사이의 예절					

① 반성
- 학교생활 예절을 실천하기에 가장 힘 드는 것은 무엇인가요?

---
[22] 경북대도중학교 앞과 같은 책 p24

◦ 잘 안되는 원인을 알아서 고치도록 합시다.
 ② 피드백
  나는 친한 친구가 몇 명이나 되는지 반성하고 많은 친구들과 좋은 인간관계를 맺도록 합시다.

(5) 대인관계 예절
 대인관계 예절이란 다른 사람을 대할 때 서로 사이에 지켜야 할 예절을 말합니다.
 ① 말과 행동
  ◦ 남에게 불편한 기분이나 싫증을 느끼게 하는 말이나 행동을 삼가야 합니다.
  ◦ 항상 아름다운 마음씨를 갖고 바른 행동을 하도록 노력합니다.
 ② 올바른 인사
  예절에서 가장 중요한 것은 인사합니다. 그 인사는 형식에만 기울어선 안 되고 마음씨와 일치되어 상대방의 인격을 존중하고 경의를 표하는 데 있는 것입니다.
  ◦ 알맞은 인사말
   • 너무 형식적인 인사말은 피하는 것이 좋으며 인사는 때와 곳에 따라 알맞게 해야 합니다.
   • 어린이들 중에는 인사말을 하지 않고 고개만 까닥하면서 인사를 하는 경우가 있습니다. 이런 어린이는 자신감이 없거나 부족하기 때문이라고 생각됩니다.
   • 인사말은 동작으로 나타내는 인사를 더욱 효과 있게 하여 상대방에게 친밀감을 주는 것으로 언제나 성실하고 바르게 교환해야 합니다.
   • 듣기 거북한 인사말이 되지 않도록 알맞은 인사말을 써야 합니다. 다음 표의 경우 어떤 인사말을 쓰면 좋을까요?

```
□ 보통 때  ············ 안녕하십니까?
□ 특별한 날씨   ············ 매우 덥습니다. 매우 춥습니다.
                             바람이 많이 붑니다.
□ 아침 일찍 :
□ 외출할 때 :
□ 밖에서 들어온 사람을 보고 :
□ 밖에 나가는 사람을 보고 :
□ 일을 하고 계시는 할아버지를 보고 :
□ 그늘에서 쉬고 있는 사람을 보고 :
□ 모처럼 만난 반가움을 표시할 때 :
□ 가는 사람을 배웅할 때 :
□ 자기가 떠날 때 :
□ 소개를 받았을 때 : 1. 평소에 뵙고 싶었는데 반갑습니다.
                     2.
```

- 인사의 방법
  - 가볍게 고개를 숙이는 목례
  - 선 채로 허리를 굽혀서 하는 보통의 경례
  - 손을 잡고 방바닥에 대고 이마를 손 위에 가까이 까지, 닿도록 허리를 굽히는 앉은절
  - 길거리나 직장 복도에서 웃어른을 만났을 때
    - 처음 인사하는 경우에는 "안녕하십니까?"하고 15도 허리를 굽히는 보통의 경례가 좋습니다.
    - 경례를 할 때에는 걸음을 멈추어 상대방을 한번 쳐다본 후에 인사하고 자세를 바로 하여 다시 상대방을 보는 것이 좋습니다.
    - 서로의 거리는 2~5m 정도가 알맞습니다.
    - 하루에 두 번 이상 만났을 때는 인사말을 하지 않고 고개만 가볍게 목례 정도가 좋습니다.

③ 인사의 방법 여러 가지
  - 악수를 할 때
    - 웃어른이나 여성에게 먼저 손을 내미는 것은 실례가 됩니다.

- 때와 곳에 따라 침착하게 판단하고 악수를 나눕니다.
- 특히 유의할 점은 악수를 하면서 허리를 굽실굽실하지 않습니다.
- 악수는 반드시 오른손으로 하되 상대방의 손을 잡고 지나치게 흔들지 않게 합니다.
- 여자의 장식용 얇은 장갑은 벗지 않아도 좋으나 방한용 장갑은 벗습니다.
- 너무 힘이 없이 집거나, 반대로 상대방이 아픔을 느낄 정도로 세게 잡아서는 안 됩니다.

◦ 방안에서 인사할 때
- 상대방이 자주 만나는 사람인 경우는 거리에서 만났을 때와 같은 방법으로 하면 됩니다. (보통의 경례)
- 방이 사무실 응접실 같은 곳에서는 허리를 30~45도 정도 구부려서 큰 경례를 합니다.[23]

④ 절을 할 때의 예절
◦ 손잡기(공수)의 기본
- 엄지손가락을 엇갈려 깍지 끼고 나머지 네 손가락을 포갭니다.
- 평상시 : 여자는 오른손을 위로 남자는 왼손을 위로합니다.
- 제례 시 : 평상시 반대로 합니다.

◦ 남자의 평절
- 상대방이 답배를 해야 하는 대상, 서로 공경해 맞절하는 경우입니다.
- 친척 어른, 선생님, 연장자, 상급자, 배우자, 형님, 누님 같은 또래에 합니다. (남자의 큰절과 같이하되 손등에 머리가 닿으면 머물지 않고 즉시 일어납니다.)

◦ 남자의 반절
- 큰절을 할 때의 앉는 자세에서 엉덩이부터 머리까지 수평이 되게만 엎드렸다가 일어납니다.
- 평절을 받는 대상이 절을 하는 사람을 존중해서 하는 절

---

23) 문교부, 앞과 같은 책 p3~11

- 한옥일 경우에는 앉은절을 하는 것이 좋다. 앉은절도 큰절 평절이 있습니다.
◦ 남자의 큰절
  - 일반적으로 공경을 드려야 하는 대상과 의식행사에서 하는 절입니다.
  - 절을 받는 사람이 답배를 하지 않아도 되는 경우입니다.
◦ 남자의 큰절 순서
  - 흥 : 손을 포개어 잡은 자세로 대상을 향해 섭니다.
  - 읍 : 허리를 굽혀 엎드리며 포개어 잡은 손으로 바닥을 잡고 왼쪽 무릎을 먼저 꿇어야 합니다.
  - 답배하는 절입니다. (평절을 약식으로 하는 절)
◦ 여자의 큰절
  - 두 손을 펴서 모아 잡고 눈높이로 듭니다.
  - 손을 눈높이로 든 채 안쪽 발목을 서로 포개어 앉습니다.
  - 모아 잡은 손을 그대로 둔 채 조용히 눈높이까지 들어 올렸다가 내려서 마주 잡고 그 자리에 서서 어른의 분부를 기다립니다.
◦ 여자의 평절
  - 포개어 잡은 손을 풀어 양옆으로 자연스럽게 내려 드리웁니다.
  - 왼쪽 무릎을 먼저 꿇습니다.
  - 오른쪽 무릎을 왼쪽 무릎과 가지런히 바닥에 댑니다.
  - 일어나면서 왼쪽 발을 오른쪽 발과 가지런히 모읍니다.
  - 손을 포개어 잡고 원래 자세로 돌아갑니다.
◦ 여자의 반절
  - 절을 하는 상태에 따라 앉은 채로 손과 상체의 동작만으로 하기도 합니다.
  - 평절을 약식으로 하는 절입니다.
◦ 시범과 실습
  - 인사의 방법과 여러 가지 인사법을 시범에 따라 익힐 때까지 반복하여 연습합니다.[24]

---

[24] 경북대도중학교 앞과 같은 책 p9~11

〈질 문〉
① 대인관계 예절에서 말과 행동을 어떻게 하는 것이 좋은가요?
② 알맞은 인사말은 어떤 효과가 있을까요?
③ 날씨가 더울 때 알맞은 인사말을 해보세요?
④ 절을 할 때에 손잡기의 기본적인 방법을 말해 보세요?
⑤ 대인 관계 예절을 지키면 어떤 효과가 있을까요?

〈평 가〉
　　다른 사람을 대할 때의 예절, 즉 말과 행동, 상태와 때와 곳에 따른 알맞은 인사말과 인사법, 인사 방법의 여러 가지를 잘 알고 실천할 수 있는지 평가하고 다음 표에서 자신이 해당되는 점수 아래에 ○표를 하고 4점 이하일 때는 꾸준히 반복하여 연습하세요.

〈평가표〉　　　　　　　　　　　　　　　　　　　　　〈5점 만점〉

항목 \ 점수	1	2	3	4	5
① 말과 행동을 바르게 하는가?					
② 알맞은 인사말과 방법을 알고 실천하는가?					
③ 절을 할 때의 예절을 알고 실천하는가?					

① 반성
　∘ 실천하기 어려운 것은 무엇입니까?
　∘ 대인관계의 예절을 익히면서 느낀 점을 말해 보세요.
② 피드백
　∘ 절을 할 때의 예절을 알고 실천합시다.
　∘ 잘 안되는 것을 꾸준히 연습하여 익히도록 하세요.

(6) 사회생활 예절
　아무리 개인의 인권과 자유가 존중되는 민주 사회에서일지라도 남에게 불편함과 불쾌감을 주는 행동을 하는 것은 진정한 자유가 아닙니다. 그러한 행동은 사회 전체에 나쁜 영향을 미치게 되고, 결국 자기에게로 돌아옵니다.
　그래서 공중도덕이 필요하고 반드시 지켜져야 합니다.
　　① 초대와 방문
　　　◦ 초대 예절
　　　　• 초대할 때는 목적, 장소, 시간이 분명해야 합니다.
　　　　• 시간적 여유를 두고 통지하여 불편함이 없도록 합니다.
　　　　• 주인은 완벽한 준비를 하고 손님이 불편함이 없도록 합니다.
　　　　• 초대받고 참석하지 못할 사정이면 미리 연락합니다.
　　　◦ 방문 예절
　　　　• 초대받지 않은 사람을 임의로 동행하지 않습니다.
　　　　• 어떤 경우라도 주인에게 불편을 끼치거나 분위기를 흐리게 하지 않습니다.
　　　　• 미리 연락하여 양해를 구하여 방문합니다.
　　　　• 방문의 목적, 시간, 인원, 머무는 시간 등을 알립니다.
　　　　• 상대방에게 불편을 주거나 폐를 끼치지 않게 조심합니다.
　　　　• 초대를 받고도 참석하지 못할 사정이면 사전에 연락하는 것이 예의입니다.
　　　　• 자기 집에 병자가 있거나 몸에 병이 있을 때는 방문은 삼가 합니다.
　　② 공중도덕
　　　◦ 강연장에서
　　　　• 강연이 시작되기 10분 전에 입장합니다.
　　　　• 질서를 지키고 진지한 자세를 갖습니다.
　　　　• 박수를 칠 때는 힘차게 치고 강사보다 먼저 일어나지 않습니다.
　　　◦ 전시장에서
　　　　• 관람을 통해 무엇을 배우겠다는 진지한 자세를 갖집니다.
　　　　• 안내 책자를 보고 예비지식을 갖습니다.
　　　　• 질서 있게 감상하며 함부로 작품 평을 하지 않습니다.
　　　　• 함부로 작품에 손을 대거나 훼손시키지 않습니다.
　　　　• 어린이는 데리고 가지 않습니다.

- 음악회에서
  - 시작되기 10분 전에 입장해 있어야 합니다.
  - 연주 중에 이야기하는 것은 금물입니다.
  - 무선 호출기 휴대폰을 휴대하여 입장할 경우 스위치를 꺼 둡니다.
  - 음악을 이해하지 못하는 어린이는 동반하지 않습니다.
- 회의를 할 때
  - 회의 주제에 대하여 미리 준비합니다.
  - 상대방의 의견을 존중하는 태도를 갖습니다.
  - 시간을 잘 지키며 회의 중에는 출입을 삼가 합니다.
  - 회의의 분위기를 깨뜨리는 행동은 삼가 합니다.
  - 발언권을 얻어서 발언하고, 의사 결정은 소신껏 합니다.
  - 사회자는 재치 있게 운영하고, 발언권을 고루 주도록 합니다.
- 축하 및 위로
  - 진학(입학) : "입학을 축하한다. 큰 꿈을 키워라."
  - 졸업 : "졸업을 축하하며, 앞날의 성공을 빕니다."
  - 생일 : "진심으로 생일을 축하한다."
    "생신을 축하합니다."
    "생신을 축하합니다, 건강하게 오래 사십시오."
  - 문병 : 병자를 위로하는 말을 하고, 환자의 기분을 상하지 않도록 합니다.
- 목욕탕
  - 욕조 안에 들어갈 때는 비누로 몸을 씻고 들어갑니다.
  - 다른 사람에게 피해를 주지 않도록 조심하고 장난을 치거나 떠들지 않습니다.
  - 물을 아껴 씁니다.
- 공중화장실
  - 반드시 남녀 구분을 확인하고 노크를 합니다.
  - 정해진 화장지를 사용하고, 청결에 유의합니다.
- 이웃 생활
  - 이웃과 만나면 반드시 인사하고, 이웃집에 소음 방해가 되지

않게 생활합니다.
- 이웃집에 방해가 예상되면 미리 양해를 구합니다.
- 승강기 사용은 차례를 지키고 무리하게 조작하거나 장난을 치지 않습니다.
- 노약자 어린이가 먼저 이용하도록 양보하고, 문을 잡아줍니다.
◦ 도서관에서
- 정숙한 분위기를 해치지 않도록 유의합니다.
- 도서관의 책을 빌려 볼 때는 깨끗하게 사용하고 훼손하지 않습니다.
◦ 운동경기 관람
- 건전한 운동 정신을 가지고 관람합니다.
- 야유하거나 욕설을 해서는 안 됩니다.
◦ 공원, 유원지, 놀이터
- 시설물을 이용할 때는 질서를 지킵니다.
- 환경을 훼손해서는 안 됩니다.
- 서로가 건전하게 즐거움을 누릴 수 있도록 주의합니다.
- 자기가 만든 쓰레기는 미리 준비한 봉투에 넣어서 정해진 장소에 버리거나 그런 장소가 없으면 집으로 가지고 갑니다.
- 놀던 자리는 흔적 없이 깨끗하게 정리합니다.
- 차창 밖으로 오물을 버려서는 안 됩니다.
◦ 등산, 낚시 등 취미 생활을 할 때
- 자신의 취미를 남에게 강요하지 않습니다.
- 자연을 훼손시켜서는 안 됩니다.
- 서로 인사를 하며 마음이 가까워질 수 있도록 인사를 합니다.
◦ 환자로서 병원에 갈 때
- 사람은 몸이 불편하면 예의를 지키기 어렵게 됩니다만, 각자가 다듬어진 옷매무새를 갖추도록 하는 교양을 지녀야 합니다.
- 빠른 치료를 위해 의사에게 협력을 해야 합니다.
◦ 환자가 지켜야 할 예절
- 아프다고 고함을 치거나 울지 않습니다.
- 보기 흉한 차림으로 병원을 출입하지 않습니다.

- 의사나 간호사에게 신경질적인 행동을 하지 않습니다.
  - 의사, 간호사 또는 병원 시설을 자기 혼자 독점하지 않습니다.
  - 라디오, 텔레비전 등을 크게 틀어 다른 환자에게 방해를 끼치지 않습니다.
- 병문안을 갈 때
  - 많은 문병객으로 인하여 환자가 피로하게 되어 회복이 늦어질 우려가 있고, 환자 자신이 허약해진 모습을 보이고 싶지 않을 수도 있습니다.
  - 특히 병원으로 문안을 갈 때는 면회 시간을 지켜야 하고 회복기를 이용하는 것이 좋습니다.
- 병문안은 정중한 태도로
  - 환자가 용기와 희망을 가질 수 있는 대화를 합니다.
  - 의사와 간호사의 활동에 방해가 되지 않게 합니다.
  - 문병은 간단히 끝내고 병실에서 대화는 조용히 합니다.
  - 문병 시의 선물은 환자에게 안전감을 줄 수 있는 꽃이나 신선한 과일 정도가 좋습니다.
  - 교통질서
  - 우측통행
  - 육교나 횡단 도로를 이용하고 차도를 횡단하지 않습니다.
  - 과속을 하지 않습니다.
  - 교통 신호를 잘 지킵니다.[25]

〈질 문〉
① 사회생활 예절을 왜 지켜야 합니까?
② 도서관에서 지킬 예절은?
③ 회의를 할 때 지킬 예절은?
④ 공원, 유원지, 놀이터에서 지킬 예절은?
⑤ 병문안 갔을 때 환자를 어떤 말로 위로 하면 좋을까요?

---

25) 경북대도중학교 앞과 같은 책, p25~39

〈평 가〉

사회생활 예절을 잘 지켰는지 스스로 평가하여 다음 평가표에서 자신이 해당된다고 생각하는 점수 아래에 ○표를 하세요.

〈평가표〉 　　　　　　　　　　　　　　　　　　　　　〈5점 만점〉

평가 항목 ＼ 점수	1	2	3	4	5
초대와 방문					
공중도덕					

① 반성
- 가장 잘한 점과 잘못한 점은 무엇이었나요?
- 느낀 점 발표

② 피드백
- 다른 사람이 불쾌하지 않도록 예절과 법규를 잘 지킵시다.

(7) 환경 보전 및 자원 재활용

① 에너지 절약하기
- 전기 아끼기
  - 전깃불은 반드시 끄고, 외출하며 텔레비전 등의 플러그는 사용하지 않을 때는 빼놓습니다.
  - 다리미질은 한꺼번에 모아서 합니다.
  - 에어컨은 실외온도와 너무 차이가 나지 않도록 합니다.
  - 냉장고 문은 자주 여닫지 않습니다.
  - 뜨거운 음식은 식혀서 냉장고에 넣고, 양을 조절합니다.
- 물 아끼기
  - 양치질, 세수, 설거지할 때는 반드시 물을 받아 놓고 씁니다.
  - 샤워하거나 목욕을 한 뒤 그 물로 청소합니다.
  - 화장실 변기용 물탱크에 벽돌을 넣으면 1회 4~8리터가 절약됩니다.
  - 나무나 꽃밭에 물을 줄 때 허드렛물을 사용합니다.
  - 절약형 샤워 꼭지나 유량조절기가 있는 수도꼭지를 설치합니다.

② 자원 아끼기
- 종이 아끼기

- 광고전단이나 한쪽만 쓴 종이의 뒷면은 각종 메모 용지나 연습장으로 재사용합니다.
- 컴퓨터를 사용할 때 불필요한 페이지는 프린트하지 않습니다.
- 다 본 책이나 잡지는 재활용 쓰레기로 배출하기 전에 이웃과 돌려보거나 필요로 하는 곳에 기증합니다.
- 휴지는 아껴서 조금씩 사용하고, 기름기를 닦은 휴지는 반드시 휴지통에 버립니다.

③ 환경 보전
- 오염 방지하기
  - 우리가 할 수 있는 한 나무를 심습니다.
  - 헤어스프레이나 스프레이형 살충제는 되도록 쓰지 않습니다. (지구 온난화 원인)
  - 가까운 거리는 걷는 습관을 길들입니다.
  - 합성세제보다는 비누를 사용하도록 합니다.
  - 음식 찌꺼기는 물기를 반드시 제거하고, 기름기가 있는 것은 휴지나 밀가루로 닦아낸 뒤 쓰레기통에 버립니다.
- 쓰레기 줄이기
  - 물건을 사기 전에 계획을 세워, 충동적인 구매는 피하고 불필요한 물건을 사지 않도록 합니다.
  - 물건을 살 때 포장이 과대하게 되어있는 것은 피합니다.
  - 음식을 남기지 않도록 하고 음식물 쓰레기는 걸음으로 활용하는 것이 좋습니다.
  - 신문, 헌책 등은 가지런히 묶고, 우유팩은 안을 깨끗이 씻어 말린 뒤 납작하게 펴서 따로 묶습니다.
  - 병류, 플라스틱류, 알루미늄 등은 깨끗이 씻어 분리 배출합니다. (쓰레기 분류 수거)
  - 물건을 구매할 시 비닐봉지를 사용하지 않고 '장바구니'를 사용합니다.

④ 생활 습관 바꾸기
- 환경 가계부 쓰기 (전기 사용량, 가스 사용량, 쓰레기 폐기량 등 에너지 사용량 적기)

◦ 계절 상품 구매 (인스턴트 식품 자제)
◦ 환경 제품 사용 및 자동차에서 벗어나기

〈질 문〉
① 전기를 아껴 쓰는 방법은 무엇일까요?
② 물을 아껴 쓰는 방법은?
③ 종이를 아껴 쓰는 방법은?
④ 오염(토양, 공기, 물) 방지를 위하여 우리가 할 수 있는 일은 무엇일까요?
⑤ 쓰레기를 줄이는 방법은 무엇입니까?
⑥ 왜 환경을 보전하고, 자원을 재활용해야 합니까?

<평 가>

환경을 보존하고 자원을 재활용하는 방법을 알고 실천하고 있는지 스스로 평가하여 그 결과를 다음 점수표에서 자신이 해당된다고 생각되는 점수 칸에 ○표를 하세요.

<점수표>   <5점 만점>

평가 항목 \ 점수	1	2	3	4	5
전기 아끼기					
물 아끼기					
종이 아끼기					
오염 방지하기(토양, 물, 공기)					
쓰레기 줄이기					
합계					

① 반성
  ◦ 가장 잘하고 있는 것은 무엇입니까?
  ◦ 가장 지키기 어려운 것은 무엇입니까?
  ◦ 환경 보전과 자원 재활용을 실천하면서 느낀 점을 말해 봐요.
② 피드백
  ◦ 환경 보전과 자원 재활용을 더욱 잘 할 수 있도록 동기를 부여

합니다.
- 쓰레기 분류 규칙을 잘 지킵시다.

(9) 개인 생활 예절
  ① 맑고 고운 마음가짐
    ◦ 기본적인 마음가짐
      • 상대방에게 폐를 끼치지 않고 편안하게 해줍니다.
      • 상대방에게 불쾌감을 주지 않고 호감을 갖도록 노력합니다.
      • 상대방을 난처하게 하지 않습니다.
      • 항상 바른 것을 생각하고 아름다운 마음을 지닙니다.
    ◦ 상대방을 이해하는 마음가짐
      • 모든 일을 공경하고 너그러운 마음을 앞세웁니다.
      • 모든 일에 조심하고 삼가는 마음을 갖습니다.
      • 항상 감사하는 넉넉한 마음을 갖습니다.
      • 분수를 알고 사양하는 마음을 갖습니다.
      • 스스로 판단하여 부끄러워할 줄 아는 마음을 갖습니다.
    ◦ 밝은 표정을 갖기 위한 마음가짐
      • 평소 사람을 대할 때 부드럽고 온화한 표정이어야 합니다.
      • 남의 말을 들을 때 관심 있는 표정을 짓습니다.
      • 상대방을 보지 않고 웃으면 경멸하는 것으로 오해를 받습니다.
  ② 바른 자세
    ◦ 바로 선 자세
      • 발은 편하게 앞부분은 약간 옆으로 벌리고 발꿈치는 붙입니다.
      • 앞을 바르게 바라보며 두 어깨는 수평이 되도록 반듯하게 하고 양팔을 자연스럽게 내립니다.
      • 남자는 주먹을 쥐고 바지의 옆 재봉선에 가볍게 붙입니다.
    ◦ 바른 걸음걸이
      • 걸을 때는 앞을 바라보며(15도 정도 위로) 어깨를 펴고 몸을 흔들지 않고 팔은 자연스럽게 흔듭니다.
      • 걸음을 걸을 때 신은 바르게 신으며 소리가 나지 않게 걷습니다.

- 남의 앞을 지날 때는 한쪽으로 비켜 가거나 뒤쪽으로 걸으며 목례를 하고 겸손한 태도로 지나갑니다.
- 어른들과 마주쳤을 때는 어른이 먼저 지나가시도록 비켜섭니다.
- 남녀가 함께 계단을 오를 때에는 남성이 먼저 오르고 내려갈 때는 여성이 먼저 내려갑니다.
- 두리번거리지 말고 바른 자세로 걷습니다.

◦ 의자에 앉을 때
- 의자에 앉을 때는 왼쪽으로 들어가서 허리와 어깨를 곧게 펴고 등은 의자 등받이에 닿게 깊숙이 앉습니다.
- 두 손을 가볍게 모아 쥐고 무릎에 놓습니다.
- 의자에서 일어설 때는 앉을 때와 반대로 몸을 일으키고 오른쪽으로 나온 뒤, 의자를 바르게 놓거나 테이블 밑으로 넣는 것을 잊지 말아야 합니다.

◦ 실내를 출입할 때 기본자세 및 유의점
- 드나들 때는 인기척을 냅니다.
- 문소리를 내거나 문을 열어놓고 다니지 않습니다.
- 들어오고 나갈 때 인사를 하는 것이 예의입니다.
- 문을 열 때는 열리는 쪽을 맞지 않는 위치에서 엽니다.
- 노크나 말로 방 안에 있는 사람에게 양해를 구하고 드나듭니다.
- 문을 여닫을 때는 발을 쓰지 말고 두 손으로 합니다.
- 두 손에 물건을 들었을 때는 물건을 내려놓고 손으로 문을 여닫습니다.
- 문턱을 밟지 않습니다.
- 방 안에 있는 사람에게 될 수 있는 대로 뒷모습을 보이지 않습니다.
- 다른 사람과 함께 출입할 때는 상대에게 먼저 들어가고 나가도록 양보합니다.
- 뒤로 물러날 때는 두어 걸음 뒤로 물러서서 돌아섭니다.
- 문을 고개만 들어 밀어 엿보듯 하면 실례입니다.

◦ 집에서 나가고 들어올 때
- 집에서 나갈 때는 어른에게 승낙을 얻고 나갑니다.

- 집에 돌아오면 어른을 뵙고 다녀왔다고 여쭈고 있었던 일을 말씀드립니다.
◦ 물건을 다룰 때
  - 공손한 태도로 반드시 두 손으로 주고받습니다.
  - 위험한 물건을 남에게 줄 때는 상대편이 손잡이를 잡기 편하도록 집어 줍니다.
  - 책이나 서류, 신문 등은 받는 사람 쪽에서 바르게 볼 수 있도록 합니다.
③ 윗사람에 대한 예절
  - 윗사람 앞에 설 때는 바른 자세로 섭니다.
  - 어른이 앉으실 자리는 바르게 해서 앉으시기를 권해 드립니다.
  - 윗사람 앞에 앉을 때는 면을 피하고 무릎을 꿇고 앉습니다.
  - 편히 앉으라고 권하면 책상다리로 앉습니다.
  - 어른이 나가시려 하면 민첩하게 문을 열고 한쪽으로 비켜섭니다.
  - 윗사람과 걸을 때는 두 걸음 뒤에서 걷고, 안내할 때는 오른쪽 앞에서 안내합니다.
◦ 단정하고 바른 옷차림
  - 무조건 유행을 따르려 하지 말고 자기 개성에 맞는 옷차림으로 단정하게 입습니다.
  - 겉옷 못지않게 속옷도 깨끗이 입습니다.
  - 지퍼나 단추는 꼭 잠그도록 합니다.
  - 학교에서 정한 복장은 학교의 규칙에 따라 입습니다.
  - 지나치게 노출되는 의상은 삼가 합니다.
  - 다른 사람 앞에서는 양말을 신어야 합니다.
  - 손을 주머니 속에 넣고 다니는 습관을 고쳐야 합니다.
  - 흉사 시에는 화사한 옷이나 무늬 있는 옷은 삼가야 합니다.
  - 남자가 한복을 입고 예를 갖추어 외출할 때는 바지에 대님을 바르게 매고 저고리, 두루마기는 꼭 입어야 합니다. (실내에서 목도리, 장갑, 외투, 모자는 벗지만, 두루마기는 입습니다.)
  - 여자가 한복을 입을 경우 두루마기, 목도리, 장갑, 모자 등은

실내에서는 벗습니다.
- 신을 벗고 들어가는 곳은 모자도 벗는 것이 예의입니다.

④ 대화할 때의 예절
  ◦ 고운 말 바른말
    - 고운 말, 쉬운 말을 써야 합니다.
    - 부드럽고 차분하게 말합니다.
    - 자연스럽고 알맞은 화제로 대화합니다.
    - 진지하고 꾸밈없는 태도로 말합니다.
    - 처음 만난 사람에게 직장, 직위, 결혼 여부, 나이 등을 묻는 것은 예의에 어긋납니다.
    - 필요하지 않은 체격, 출신학교, 학력 등을 묻지 않습니다.
    - 자기나 자기 가족의 자랑을 많이 하지 않습니다.[26]

⑤ 전화 받을 때의 예절
  ◦ 바른 전화 예절
    - 정중하게 걸고 받습니는다.
    - 다른 사람이 받으면 정중히 바꾸어 주기를 청합니다.
    - 어른과의 통화 시 어른이 먼저 끊습니다.
    - 잘못 연결됐을 때는 정중히 사과합니다.
    - 용건이 아주 길 때는 만나서 전하는 것이 예의입니다.
      이른 아침이나 밤늦게 전화하는 것은 예의에 어긋납니다.
  ◦ 잘못된 전화 예절
    - 자기가 누구라고 밝히지 않고 상대방의 소식만을 자세히 묻는 사람
    - 자기에게 온 전화도 아닌데 상대방에 대하여 꼬치꼬치 묻는 사람
    - 젊은 사람의 목소리 같으면 무조건 반말하는 사람
    - 다른 사람에게 온 전화를 불친절하게 대하고 전해주지도 않는 사람
    - 전화를 걸 때 옆에 누가 있는지 생각지 않고 무슨 말이든지 큰소리로 하는 사람

---
26) 경북대도중학교 앞과 같은 책 p48

⑥ 휴대전화 예절
  공공장소나 병원 등 휴대전화 사용이 금지된 곳에서는 사용을 자제합니다.[27]

〈질 문〉
  ① 밝은 표정을 갖기 위한 마음가짐을 하는 방법을 말하세요.
  ② 집에서 나가고 들어올 때 지켜야 할 예절은 무엇인가요?
  ③ 윗사람과 걸을 때 지켜야 할 예절은?
  ④ 대화할 때의 예절을 말 해보세요.
  ⑤ 전화 받을 때의 예절을 말 해보세요.
  ⑥ 개인 생활 예절을 왜 잘 지켜야 하나요?

〈도움말〉
  ①~⑤ 생략
  ⑥ 개인 생활 예절을 잘 지키면 스트레스를 받을 일이 적고 몸과 마음이 건강해지고 삶이 즐거워진다. 또한 서로 신뢰할 수 있는 사회가 되고 평화로워 집니다.

〈평 가〉
  개인 생활 예절을 얼마나 잘 지키고 있는가? 일주일 동안 실천한 결과를 평가하여 자신이 다음 표의 어느 점수에 해당되는지 그 점수 아래에 ○표를 하세요.

〈점수표〉   〈5점 만점〉

덕목 \ 점수	1	2	3	4	5
맑고 고운 마음가짐					
바른 자세					
윗사람에 대한 예절					
대화할 때의 예절					
전화 받을 때의 예절					
휴대전화 예절					

---
[27] 경북대도중학교 앞과 같은 책 p13~14

① 반성
- 개인 생활 예절을 잘 지키면 어떤 효과가 있을까요?
- 잘 지킨 점은 무엇인가요?
- 부족했던 점은 무엇이었나요?

② 피드백
- 느낀 점은 무엇인가요?
- 칭찬과 격려로 더 잘할 수 있도록 동기를 부여합니다.

2) 효(孝)

부모를 정성껏 잘 섬기는 일인 효심은 인간이 지녀야 할 미덕중에서 가장 아름다운 것입니다. 그 효도는 부모를 존경하고 감사하는 마음에서 나오고 또 한 그 마음은 부모의 사랑이 자식들의 가슴에 느껴질 때 형성되는 것입니다. 이와 같이 "부모와 자식 간의 관계가 따뜻한 사랑과 존경심으로 맺어질 때 효의 실천은 아주 쉽고 즐겁습니다"[28]

(1) 효행은 부모님께 드리는 감사의 선물

효행은 힘들고 어려운 것이 아니라 자녀들의 바른 성장과 미래의 행복을 위해 헌신하시는 부모님께 감사의 뜻으로 드리는 선물이라고 생각해요.

그러면 주는 사람도 받는 사람도 다 같이 즐겁고 기쁠 것입니다. 그 선물이 나날이 커지면 기쁨도 배가 될 것이며 집안에는 날마다 웃음꽃이 피어날 것입니다.

감사의 선물은 돈이 드는 물질적인 것이 아니라 따뜻하고 정이 담긴 말 한마디와 쉽게 할 수 있는 봉사가 부모님을 기쁘게 해 드릴 수 있습니다.

(2) 우리들이 실천할 수 있는 효행
① 가훈 실천하기
② 공손하고 따뜻한 말 쓰기
③ 발 씻어드리기
④ 목욕 도와 드리기(때 밀어 드리기)

---

[28] 조선일보

⑤ 물건을 드릴 때는 두 손으로 드립니다.
⑥ 위험한 물건을 드릴 때는 쉽게 잡을 수 있도록 드립니다.
⑦ 투정을 부리거나 화를 내어서는 안 됩니다.
⑧ 의견이 다를 때는 물러나 기다렸다가 자기 마음을 정리한 후 겸손한 말로 의견을 진술합니다.
⑨ 어른들이 말씀하실 때 끼어들지 않습니다.
⑩ 식사할 때는 어른이 먼저 수저를 든 뒤에 식사를 합니다.
⑪ 귀한 음식이 있을 때는 어른부터 자시도록 합니다.
⑫ 부모님 방 청소하기와 정리 정돈하기
⑬ 여름에는 시원하게 겨울에는 따뜻하게 잠자리를 봐 드립니다.
⑭ 집을 나갈 때는 "○○를 다녀오겠습니다" 돌아와서는 "다녀왔습니다"라고 반드시 인사를 합니다. 그리고 밖에서 있었던 일을 공손한 말씨로 자세하게 말씀을 드립니다.

(3) 자신이 실천할 효행 정하기
앞쪽의 효행 사례에서 자신이 꼭 실천하고 싶은 것을 골라서 공책에 기록해 봅시다.

〈질 문〉
① 어떤 경우에 효의 실천은 아주 쉽고 즐거운가요?
② 효도란 무엇이며, 어떤 마음에서 나오는가요?
③ 자신이 실천할 효행을 발표해 보세요?
④ 효행(효도)을 하면 어떤 효과가 있을까요?
⑤ 부모에 감사하는 마음을 어떻게 전하면 좋을까요?

〈평 가〉
일주일 동안 실천한 결과를 평가하고, 다음 점수표에서 자신이 해당된다고 생각하는 점수 아래에 ○표를 하고 반성합니다.

<점수표>　　　　　　　　　　　　　　　　　　　　　　　　<5점 만점>

항목 \ 점수	1	2	3	4	5
부모를 존경하고 감사하는 마음을 갖는다.					
내가 할 효행을 정해놓고 실천한다.					

① 반성
- 효행을 실천하면서 느낀 점을 발표 하세요
- 잘된 점은 무엇인가요?
- 잘못되었거나 부족하였던 점은 무엇인가요?

② 피드백
- 부모를 섬기는 일인 효도는 누가 시키거나 남의 눈을 봐서 하는 것이 아니고 진실로 부모를 존경하고 감사하는 마음으로 해야 합니다.

3) 정직(正直)

　정직한 사람은 거짓이 없고 바르게 생각하고 행동함으로써 남에게 피해를 주지 않고 이롭게 행동합니다. 따라서 항상 명랑하고 당당하며 표정이 밝아서 다른 사람들로부터 호감을 사고 존경을 받습니다.
　그렇지만 정직하지 못한 사람이 이익을 보고 정직한 사람이 손해를 보는 사회 환경에서 정직성을 가르친다는 것은 어려운 일 중에서도 지극히 어려운 일이 아닐 수 없습니다.
　정직하지 못한 사람이 이익을 보는 것 같지만 긴 안목으로 멀리 보면 그들의 이익은 오래가지 못하고 쉽게 줄어들거나 사라집니다. 즉 거짓된 행동으로 개인이나 사회에 해를 끼친 만큼 본인의 건강, 재산, 자식에게까지 거기에 상응하는 어려움과 고통이 따르게 됩니다. 이것이 인과응보의 원리입니다. 우리 주변을 살펴보면 헛소리가 아님을 알 수 있을 것입니다.
　그러므로 자녀들이 성장하여 어려움 없이 행복한 삶을 누리게 하려면 정직하면 손해를 본다는 부정적인 생각을 버리도록 감화시키고 정직성을 길러주어야 합니다.

(1) 부모의 모범이 최선의 방법

캐나다 연구자들은 "본보기를 통해 배우는 것이 아이들로 하여금 덕목(미덕)을 터득하게 하는 최선의 방법"임을 밝혔습니다. 그래서 부모의 정직한 생각과 말과 행동을 아이들이 그대로 본받게 됩니다. 그 본보기의 사례를 몇 가지 살펴보겠습니다.29)

① 쓰레기를 수거 지침에 따라 재활용할 수 있게 분리수거 합니다.
② 법규와 질서를 지킵니다.
③ 남을 속이는 일을 하지 않습니다.
④ 나의 실수를 인정하고 잘못된 점은 사과합니다.
⑤ 사람들을 차별하지 않고 친절하게 대합니다.
⑥ 위선을 하지 않습니다. 등

(2) 정직하지 못하고 거짓말을 하는 유형
① 물건 값을 속이는 것입니다.
② 질이 나쁜 물건을 좋은 것이라고 속이는 것입니다.
③ 질이 나쁜 물건을 만들어내는 것입니다.
④ 거짓으로 119나 범죄 신고를 하는 것입니다.
⑤ 사실이 아닌 것을 사실같이 꾸며서 남을 속이는 것입니다.
⑥ 자기나 친구에게 이익이 되도록 거짓으로 증언하는 것입니다.
⑦ 착하지 않은 사람이 착한 척, 아닌 채 하는 것입니다.
⑧ 없으면서 있는 채 하는 것입니다.
⑨ 자기가 제일인 체하는 것입니다.
⑩ 덧붙이고 부풀려서 말하는 것입니다.
⑪ 길을 물어왔을 때 알지도 못하면서 잘못 가르쳐 주어서 피해를 보게 하는 것입니다.

(3) 정직하게 말하고 행동하기
① 바르게 보고, 바르게 생각하고, 바르게 행동하도록 항상 노력합니다.
② 말로든 행동으로든 자신의 의도와 목적을 자기 자신은 물론 다른

---

29) 미셸보바 지음, 현해진 옮김, 도덕지능 P229

사람에게 진지하게 알립니다.
③ "자신에게 진실한 사람은 다른 누구에게도 거짓을 보이지 않는 법이다"라는 셰익스피어의 말처럼 행동한다. 즉 거짓된 말이나 행동을 하지 않습니다.30)
④ 남의 약점을 흉보거나 헐뜯지 않습니다.
⑤ 물건을 사고 거스름돈을 더 받았을 때는 더 받은 돈을 돌려줍니다.
⑥ 남이 잃어버린 물건을 주웠을 때는 주인을 찾아서 주거나 경찰에 신고합니다.
⑦ 종이 한 장이라도 남의 것을 훔치지 않습니다.

(4) 바른길 판정 기준
옳고 그릇됨을 판정하는 기준은 자기가 생각하고 행하려고 하는 일이 다른 사람이나 국가 사회에 피해를 주거나 나쁜 영향을 주지 않아야 바른 길이고, 피해를 주면 잘못된 길입니다.

(5) 유의할 점
① 의문 나는 것이 있으면 질문합니다.
② 지나친 욕심은 화를 부르기 쉬우나, 잘해보려고 하는 욕심은 있어야 합니다.

〈질 문〉
① 어떤 사람이 정직한 사람인가요?
② 정직성이 사회에 미치는 효과는 무엇입니까?
③ 정직하지 못하고 거짓말을 하는 사람의 행동은 어떠합니까?
④ 옳고 그름을 판정하는 기준을 어떻게 정하면 좋을까요?

<평 가>
일주일 동안 실천한 결과를 반성하여 다음 점수표의 어디에 자신이 해당되는지 ○표를 합니다.

---

30) 도덕 지능, 미셸 보바 지음, 현해진 옮김

<점수표>　　　　　　　　　　　　　　　　　　　　　<5점 만점>

평가항목＼점수	1	2	3	4	5
거짓말을 하지 않는다.					
남을 속이지 않는다.					
옳고 그름을 판단하고 행동한다.					

① 반성
- 정직하면 어떤 효과가 있을까요?
- 실천하면서 느낀 점은 무엇입니까?
- 실천하면서 가장 보람 있었던 일은 무엇이었습니까?
- 부족하거나 잘못된 점은 무엇입니까?

② 피드백
- 더 잘할 수 있게 칭찬하고 격려하여 동기를 유발합니다.
- 정직한 생활을 하기 위하여 자신이 할 일은 무엇인가요?

정직한 사람은 사회를 밝게 하고 정직하지 못한 삶은 다른 사람에게 피해를 주고 사회를 어둡게 합니다. 그러므로 손해를 조금 보는 듯해도 정직해야 합니다.

4) 책임감

책임감은 어릴 때부터 자기 일은 자기 힘으로 하는 생활 태도에서 생깁니다.
좀 어려운 일, 힘에 겨운 일이라도 자꾸 시켜서 혼자 힘으로 해낼 수 있도록 합니다. 힘에 겨워 견디기 힘 드는 일이라도 끝내 해내고야 마는 결의와 끈기와 신념이 있을 때 책임감이 싹트고 견고해집니다.

(1) 책임감 키우기
① 집안일 돕기
가정의 일은 모든 것이 다 가족을 위한 중요한 일입니다. 그러므

로 모든 가족은 집안에서 스스로 해야 할 일을 찾아서 함으로써 서로 돕는 가정을 만들어야 하겠습니다.

만일 잘못된 일이 생기면 '나의 책임은 없을까?'라고 생각하고 공동의 책임을 느껴야 합니다.

② 가사의 분담

청소나 정리 정돈은 가족 모두가 분담하여서 하는 것이 좋습니다. 누구나 자기에게 맡겨진 일은 자기가 책임지고 성실하게 하는 습관을 길러야 합니다.31)

③ 극기심 배양을 통한 책임감 기르기

가족 등산, 가족 여행, 가족 야영, 가족 중심의 노작 활동, 봉사 활동 등을 자녀 주도하에 프로그램을 짜고 실행할 수 있도록 합니다. 이때에 힘들고 어려운 일은 자녀들에게 맡깁니다.32)

④ 실패할 기회와 책임질 기회를 준다.

자녀가 스스로 선택하고 실행하고 또 그 결과에 대해 스스로 책임질 기회를 주어야 한다. 이 과정을 통해서 부모가 자녀에게 가르쳐야 할 것은, 자녀가 인생의 중요한 문제에 대해 적극적으로 고민하고 선택하고 실행하는 주도력을 길러주는 것입니다. 가정 학습에도 이 원리가 적용됩니다.33)

〈질 문〉

① 책임감은 어떻게 생기는가요?
② 책임감을 더욱 견고하게 하려면 어떻게 해야 할까요?
③ 집안에서 만일 잘못된 일이 생기면 어떻게 해야 하나요?
④ 가사(집안일)를 왜 분담해야 할까요?
⑤ 극기심을 어떻게 기를 수 있을까요?
⑥ 책임감을 기르면 어떤 효과가 있을까요?

〈평 가〉

나의 책임감은 어느 정도일까? 일주일 동안 실천한 결과를 반성하여 다음 점수표의 어디에 자신이 해당되는지 ○표를 합니다. 4점 이하일

---

31) 문교부, 앞과 같은 책 P116
32) 석태종, 교육연구원보 (경북)21호
33) 고봉익, 이정아 중학생의 멘토부모되기 P197

때는 반복 연습합니다.

<점수표> <5점 만점>

평가항목 \ 점수	1	2	3	4	5
시키지 않아도 집안일을 돕는다.					
잘못된 집안일에 공동의 책임을 느낀다.					
맡겨진 일은 책임지고 실천한다.					
계획한 일은 아무리 어려워도 성실하게 실천한다.					

① 반성
  ◦ 책임감을 기르면 어떤 효과가 있을까요?
  ◦ 책임감을 기르기 위하여 노력하면서 느낀 점은 무엇인가요?
  ◦ 책임감을 키우기 위하여 어떻게 노력하였나요?
  ◦ 잘한 점은 무엇인가요?
  ◦ 부족했거나 잘못한 점은 무엇인가요?
② 피드백
  부모는 자녀의 발표를 듣고 더 잘할 수 있게 칭찬하고 격려합니다. 그리고 부족한 점을 더 잘 할 수 있게 구체적으로 계획을 세워서 발표하게 합니다.

5) 존중심

존중심은 공손하고 신중한 방식으로 다른 사람을 소중히 여기어 대하는 것이다. 그것은 아이가 예의 바른 인간관계를 발전시키고 건전한 시민으로 자라는 데 중요합니다. 이 덕목은 미래뿐만 아니라 현재에도 아이들 생활 모든 분야의 성장에 중요한 기반이 됩니다.

(1) 존중심의 발달을 방해하는 요인34)

존중심을 방해하는 요인	제거하는 방법
1. 아이들을 무시하는 태도	○ 사랑하고 존중하는 관계 맺기 ○ 아이들 스스로 소중한 존재임을 가르칩니다.
2. 예의범절의 붕괴	○ 자기 몸을 낮추고 정중하게 말과 행동을 합니다.
3. 두려움과 의심의 대가	○ 친구와 믿음으로 사귑니다. ○ 폭력에 항상 주의합니다. ○ 폭력을 쓰지 않습니다.
4. 역할 모델의 감소 (본받을 만한 어른들의 수가 줄어들고 있다.)	○ 무례한 행동을 하는 어른들의 모습을 보지 않습니다. ○ 남을 존중하지 않는 영상물을 보지 않습니다.
5. 음란 언어들의 증가	○ 나쁜 언어를 사용하는 것은 도덕성의 하락을 나타내는 징후입니다. ○ 욕설과 음탕한 언어를 사용하지 않습니다.
6. 매체를 통해 전해지는 잔인성과 무례함, 야비함	○ 부모의 모범과 영상매체를 보지 않도록 철저히 관리합니다.

(2) 존중심을 길러서 얻어지는 효과

존중심이란 황금률(내가 대접받고 싶은 대로 남을 대접한다)을 실천하여 강화시키면 세상은 좀 더 도덕적인 곳이 될 수 있습니다.

존중하는 마음이 일상화된 아이들은 좀 더 긍정적이며 다른 사람을 배려하고 친절하며, 매너가 좋기 때문에 학급 분위기나 집안 분위기를 편안하고 즐겁게 만듭니다.35)

---

34) 미셀보바 지음, 현해진 옮김 앞과 같은 책 P158~165
35) 미셀보바 지음, 현혜진 옮김 앞과 같은 책 P166

(3) 존중심을 갖춘 사람들이 하는 말
  ① "실례합니다."
  ② "흥미로운 생각이군요."
  ③ "고맙습니다." "고마워요."
  ④ "불쾌하게 해서 미안해." "끼어들 생각은 없어."
  ⑤ "나와 생각이 다르다는 걸 알아."
  ⑥ "너의 사생활을 침해하고 싶지 않아."
  ⑦ "그건 험담이야, 남의 뒤에서 흉보는 것은 나쁜 짓이야."
  ⑧ "빌려주세요." "고맙게 잘 섰습니다."

(4) 존중심을 가진 사람들의 행동
  ① 말하는 사람이 얘기를 다 할 때까지 기다립니다.
  ② 여성이나 노인에게 문을 열어줍니다.
  ③ 험담이나 불평, 말대꾸를 하지 않습니다.
  ④ 주변 상황을 잘 배려하고 신중하게 처리합니다.
  ⑤ 다른 사람의 의견을 진심으로 경청합니다.
  ⑥ 누군가 혼자 있고 싶어 하는 것을 알아챕니다.
  ⑦ 다른 사람의 물건을 소중히 여깁니다.
  ⑧ 마음에 들지 않는 일이라도 부모와 선생님의 말씀을 잘 듣습니다.
  ⑨ 음담패설(상스러운 말)을 하지 않습니다.
  ⑩ 웃어른과 장애인들에게 인내를 보이고 사려 깊게 대합니다.
  ⑪ 나이와 종교, 문화, 성과 관계없이 남을 공손하게 대합니다.
  ⑫ 남의 사생활을 존중합니다.
  ⑬ 방에 들어갈 때는 노크를 합니다.
  ⑭ 남의 말을 들을 때는 히죽이 웃거나, 눈을 치켜뜨거나, 머리를 흔든다거나 얼굴을 돌리는 행동을 하지 않습니다.[36]

(5) 존중심을 기르는 방법
  ① 나와 다른 사람을 소중히 여깁니다.
  ② 남을 공손하게 대합니다.

---
36) 미셀보바 지음, 현혜진 옮김 앞과 같은 책 P166~167

③ 자기를 낮추고 남을 높입니다.
④ 막말과 욕설을 하지 않습니다.
⑤ 남을 위협하지 않습니다.
⑥ 폭력적이고 선정적인 영상매체를 보지 않습니다.
⑦ 남을 배려하고 협조합니다.
⑧ 남의 물건을 소중히 여깁니다.
⑨ 문을 여닫을 때 소리가 나지 않도록 합니다.
⑩ 본받을 만한 역할 모델을 정합니다.

(6) 나의 존중심 기르기

앞쪽의 존중심을 가진 사람들의 말과 행동과 존중심을 기르는 방법을 참고로 하여 내가 꼭 실천하고 싶은 내용을 〈보기〉와 같은 방법으로 공책에 기록합니다.

〈보기〉 나의 존중심 기르기

순서	실천할 사항
1	자기를 낮추고 남을 높입니다.
2	
3	
⋮	⋮

〈질 문〉
① 존중심을 왜 길러야 하는가요?
② 존중심을 기르는 데에 가장 중요한 요소는 무엇인가요?
③ 존중심의 발달을 방해하는 요인은 무엇인가요?
④ 존중심이란 황금률은 무엇인가요?
⑤ 존중심을 갖춘 사람들의 말의 특징은 무엇인가요?
⑥ 존중심을 가진 사람들의 행동은 어떻게 나타나는가요?
⑦ 나의 존중심을 기르기 위하여 실천할 일은 무엇인가요?
⑧ 존중심이 없는 사람의 행동은 어떻게 나타날까요?

(7) 평가

존중심을 기르기 위하여 자신이 선택한 내용을 1주일 동안 실천한 후 스스로 평가하여 자신이 해당된다고 생각하는 점수 아래에 ○표를 합니다.

<점수표>   <5점 만점>

항목 \ 점수	1	2	3	4	5
자기 몸을 낮춥니다.					
내가 대접받고 싶은 대로 남을 대접합니다.					
공감하고 친절하며 배려합니다.					
남을 공손하게 대합니다.					
남을 위협하지 않습니다.					
문을 여닫을 때 소리가 나지 않도록 하고 문을 열어놓고 다니지 않습니다.					

① 반성
  ◦ 존중심을 기르면 어떤 효과가 있을까요?
  ◦ 실천하면서 느낀 점을 발표합니다.
  ◦ 잘한 점과 잘못한 점을 노트에 기록하여 발표합니다.
② 피드백
  요즘 우리 사회에 가장 부족한 것 중 하나가 존중심이다. 자기 몸을 낮추고 '내가 대접받고 싶은 대로 남을 대접합니다'라는 존중심의 황금률을 실천하면 아름답고 즐거운 사회를 만들 수 있습니다.

6) 배려

배려란 무엇인가?
  일상생활에서 우리 주위에는 어려움을 겪어나 힘들어하고 수고하는 사람들이 많이 있다. 그들의 어려움을 지나쳐 보지 말고 역지사지(易地思之 : 처지를 바꾸어 생각함)의 마음으로 그들의 감정과 생각을 이해하고 도움을 주는 것을 배려라고 합니다.

아무리 작은 배려라도 베푼 사람은 마음이 즐거워지고 행복 지수가 높아집니다. "다른 사람을 도울 때 느끼는 만족감은 마음의 건강을 넘어 심장까지 튼튼하게 키워준다. 즉 타인에 대한 배려가 나의 몸을 튼튼하게 하는 보약이 되는 셈이다." 배려하는 마음을 키우려면 '공감적 정서와 친절함을 키워야 합니다.37)

즉 공감하고 친절하면 배려심이 생깁니다.

(1) 공감하는 정서 키우기

역지사지(易地思之)의 마음으로 남을 이해하고 배려하는 경험을 많이 하도록 합니다.
　① 공감 능력을 가진 사람들이 하는 말
　　◦ "많이 아프지? 나도 겪어봐서 알아"
　　◦ "네가 있어 행복하단다"
　　◦ "당황한 모양이구나"
　　◦ "네 마음 다 알아"
　　◦ "네가 아프니까 나까지 슬프잖아"
　　◦ "너무 떨린다. 꼭 내가 우승한 것 같네"
　　◦ "축하해"
　　◦ "나도 예전에 그런 일을 당해봤어. 그래서 너만큼이나 속상해"
　② 공감 능력을 가진 사람들의 행동
　　◦ 누군가 우는 것을 보면 괴로워합니다. (슬퍼한다)
　　◦ 누군가 괴로워하고 있으면 다가가 위로합니다.
　　◦ 남의 상처를 이해하기 때문에 다른 사람을 격려합니다.
　　◦ 남이 이기면 같이 즐거워합니다.
　　◦ 타인이 말로 하지 않는 신체적 언어(몸짓, 얼굴표정, 목소리 톤)를 정확히 알아냅니다.38)

(2) 친절한 마음 기르기

친절은 예의와 인정(人情), 도덕성을 키워주는 행동이며 악행보다 선행을 하려는 의도를 전제로 한다. 연구 조사를 보면 그 가르치는 시기는 이를수

---

37) 조선일보, 2018.5.21. 30278호
38) 미셸보바 지음.한혜진 옮김. 도덕지능(2004) p37

록 좋다고 나타났습니다. 여러 조사를 봐도 아이들은 점점 잔인해지고 남을 괴롭히고 비열하게 행동하는 아이들의 수가 늘어나고 있습니다. 대단히 걱정스러운 일입니다.

우리는 타인들과 친밀한 관계를 맺을 수 있어야만 사랑, 우정, 자기 존중감, 가치, 안정감, 정서적 지원(emotimate relationghip) 등의 다양한 개인적 욕구를 성취할 수 있습니다.

① 친절한 말과 행동

가정에서 부모가 친절한 말과 행동의 모범을 보여주고 장려해야 한다. 이러한 부모 밑에서 자란 아이들은 마음이 따뜻해지고 타인의 기분과 욕구에 관심이 있기 때문에 친절합니다.

◦ 마음을 따뜻하게 해주는 친절한 말
- "다 괜찮아" "도와줘서 고마워"
  "뭐 도와줄 것 없니?"
- "축하해" "필요하면 불러" "내가 해줄 것 없니?"
- "그렇게 말하지 마, 그 애 기분이 상하잖아"…
  "잘됐으면 좋겠어."
- "고마워" "미안해" "일이 잘 풀리길 바라"

◦ 친절한 행동
- 목욕탕에서 등 밀어주기 • 곤경에 처한 이를 돕기
- 손을 꼭 잡아주기 • 슬퍼하는 이에게 관심을 보이기
- 머리를 쓰다듬어주기 • 남을 비웃지 않기
- 등을 토닥여주기 • 환경보호에 힘쓰기
- 꼭 안아주기 • 타인을 기쁘게 하는 행동을 하기
- 휠체어 밀어주기…[39]

② 불친절한 행동에 대항하도록 돕는 방법

◦ 자기주장을 합니다.

자신감 있는 태도로 괴롭히는 사람에게 맞서라고 가르쳐야 합니다. 머리를 꼿꼿이 세우고 똑바로 서서 상대의 눈을 바라본다. 아이는 부적절한 행동을 지적하며 상대방에게 단호하면서도 조용한 목소리로 그만하라고 말해야 합니다.

---
39) 미셸보바 지음, 현혜진 옮김 앞과 같은 책 p203~209

"그만 괴롭혀" 또는 "저리가"라고 말합니다. 때로는 "그만둬"라고 말하는 것이 최선일 수도 있습니다. 대부분의 경우 어떻게 말하는 가가 말의 내용보다 더 중요하다는 사실을 명심합니다.

◦ 무시합니다.

괴롭히는 사람을 못 본 체하고 고개를 돌리고 빨리 지나칩니다. 빨리 다른 데를 보고 웃습니다. 괴롭지 않은 척합니다. 조용히 있습니다. 완전히 무관심한 척합니다… 무관심하기란 쉽지 않다. 연습과 부모의 격려가 필요합니다.

◦ 모욕을 문제 삼습니다.

폭력 예방프로그램을 진행하는 앤 비숍(Ann Bishop)은 학생들에게 방어적이지 않은 질문으로 모욕에 대응하라고 합니다. "왜 그렇게 말하지?"

"왜 내게 둔하다(살쪘다 등)고 말해서 기분을 상하게 하느냐?"

◦ "난 ~를 원해"라고 말합니다.

대화 전문가들은 아이가 "난 ~를 원해"라고 말하여 요구하고 싶은 말을 확실히 하도록 가르치라고 조언합니다.

"난 네가 날 내버려 두길 원해"

"난 네가 괴롭히지 않기를 원해" 바보처럼 들리지 않도록 확실히 강력하게 말하는 것이 성공 비결입니다.

◦ 괴롭히는 사람의 말에 공감합니다.

아이가 괴롭히는 사람의 말에 동의하도록 도와줍니다.

- 괴롭히는 아이-"넌 멍청해"
- 아이-"맞아, 하지만 난 ○○○는 잘해"
- 괴롭히는 아이-"야 눈 네 개"
- 아이-"맞아, 난 눈이 나빠"

◦ 괴롭히는 사람을 놀립니다.

프레드 프랭킬은 피해자들이 용감하게 대항하면 다시는 괴롭힘 당하지 않는다고 조언합니다. 그는 아이가 괴롭힘에 아무 영향을 받지 않는다는 것을 (실제로운 영향을 받을지라도) 상대방에게 알리면 그 행동을 그만두는 경향이 있다고 말합니다. 상대방이 "넌 바보야"라고 말했다고 가정하고 아이에게 대답을 연습시킨다. "정말?" "그래" "설마" "그게 요점이야." "말해줘서 고마워"
괴롭힘을 막는 최선의 방법은 잔인한 대접을 받았을 때 자기 자신과 다른 사람들을 지킬 수 있는 방편으로 아이들을 무장시키는 것이다.
겁을 주고 괴롭히며 편파적으로 비방하는 행동에 적극적으로 맞서고, 부당한 대우, 옹졸한 행동, 잔인성을 '절대' 용납하지 말 것을 강조합니다.

〈질 문〉
자신과 다른 사람들을 지킬 수 있는 방편이란 무엇인가요?

(3) 친절한 행동의 결과
폭력은 상대를 제압할 수 있어도 마음을 감화시키지 못합니다. 그러나 친절은 사람들의 마음을 변화시키고 "세상을 변화시킨다."
친절이 변화를 일으킬 수 있음을 아이에게 이해시키려면 아이가 친절한 행동을 한 뒤에 몇 분 정도 시간을 갖고 다음과 같은 질문을 해보자

① 네가 친절하게 대했을 때 상대방은 어떻게 행동했나요?
② 그 애 기분은 어떨까요?
③ 네가 그 애라면 어떤 기분이겠나요?
④ "그 애에게 친절을 베풀 때 네 기분은 어땠나요?"
⑤ "너의 행동에 그 애가 그렇게 반응하는 것을 보고 어떤 기분이 들었나요?"[40]

〈질 문〉
① 배려란 무엇입니까?
② 배려가 왜 나의 몸을 튼튼하게 하는 보약이 될까요?
③ 배려하는 마음을 키우려면 어떻게 해야 하나요?
④ 마음을 따뜻하게 해주는 친절한 말에는 어떤 것이 있나요?
⑤ 친절한 행동에는 어떤 것이 있나요?

---

40) 미셀보바 지음, 현혜진 옮김 앞과 같은 책 p230~237

⑥ 괴롭히는 사람에게 맞서서 그의 행동을 멈추게 하려면 어떻게 말하는 것이 좋을까요?
⑦ "괴롭힘을 막는 최선의 방법은 자기 자신과 다른 사람들을 지킬 수 있는 방편으로 아이들을 무장시키는 것이다"라고 했습니다. 여기서 방편이란 무엇을 말하는가?
⑧ 왜 친절을 베풀어야 하나요?
⑨ 공감적 정서란 무엇인가요?
⑩ 우리는 왜 공감 방법을 배워야 하는가요?
⑪ 공감하는 말을 아는 대로 말해 보아요.
⑫ 공감하는 행동을 아는 대로 말해 보세요.

〈도움말〉

질문에 대한 답을 잘 못하면 p60~64까지 반복하여 읽도록 하여 다시 질문에 답하도록 합니다.

〈평 가〉

일주일 동안 집중적으로 실천한 결과 자신이 해당된다고 생각하는 점수 아래에 ○표를 합니다. 4점 이하는 반복하여 실천합니다.

〈평가 점수표〉   〈5점 만점〉

평가 항목	점수 1	2	3	4	5
배려하는 마음과 행동					
친절한 마음과 행동					
공감 능력					
불친절에 대항하는 능력					

① 반성
  ◦ 가장 보람 있었던 것은 무엇이었나?
  ◦ 가장 힘들었던 것은 무엇이었나?
  ◦ 다른 사람을 배려하고 도우면 어떤 효과가 있을까요?
  ◦ 실천하면서 느낀 점을 발표해 보세요.

② 피드백

매일매일 친절한 마음과 공감력을 키우고 작은 배려라도 베푸는 사람은 마음이 즐거워지고 행복해진다. 또한 다른 사람을 도울 때 느끼는 기쁨과 만족은 우리 몸을 튼튼하게 합니다.

7) 소통

서로 사이에 의견이나 주장하는 바가 잘 이해되어 분명하지 못한 점이나 오해 따위가 없이 잘 통하려면 서로 인정하고 존경하며 공감하고 배려하는 마음이 뒷받침되어야 합니다.

상대방이 잘 이해하고 공감하도록 하자면 역지사지(易地思之)의 마음으로 상대의 마음을 잘 이해해야 하며, 비언어적 표현(표정과 몸짓)도 잘 읽어내야 합니다. 그리고 발음이 정확하고 논리 정연해야 하며 예절 바르고 품위 있는 말을 써야 합니다.

(1) 의사소통 능력 발달[41]
〈의사소통의 3가지 능력〉

첫째. 상대방의 말에 주의를 기울여 듣고 상대방의 하는 말의 뜻을 이해하는 능력
둘째. 상대방의 수준과 상황에 맞게 자신의 언어적 표현을 조정하는 능력
셋째. 자신이 하는 말을 상대방이 이해하고 있는지 없는지를 상대방의 반응으로부터 감지하고 조정해 나가는 능력

① 듣기 능력의 발달
   상대방의 말을 주의 깊게 듣고 그 의미를 정확하게 이해하며 전달 내용이 가지고 있는 모순을 파악해 내는 능력은 의사소통의 기초가 됩니다.
   ◦ 아동기(6~10세) 듣기 훈련
     • 듣기 능력 크게 향상
     • 상대방의 지시내용을 명료히 이해하는 능력 향상

---

[41] 송영자 지음, 발달심리학 p192~195, 학지사 2010년

② 말하기 능력의 발달

들는 사람의 나이, 성, 사회적 지위에 따라 자신의 언어적 표현을 조정하는 말하기 능력은 비교적 빨리 발달합니다.

입학 전 유아들은 단순히 대상의 맞게 자신의 표현을 적응시킬 뿐 아니라 상대방의 반응을 감지하고 이에 자신의 말을 조정하는 능력을 보여줍니다.

③ 상위의사소통 능력의 발달

상위의사소통은 아동이 자신이나 상대방의 의사소통 능력에 관해 정확한 지식을 가지고 이에 맞추어 의사소통을 조정하는 능력을 뜻합니다. (Flavell. 1976)

○ 초등학교에 입학하여 구체적인 과제에서도 자신의 판단을 여러 사람에게 반복적으로 설명하는 능력을 훈련받게 되면 아동의 상위의사소통 능력은 빠르게 발달합니다. (초등학교 3학년과 5학년은 빠른 속도로 발달)

○ 독해와 작문 훈련 또한 의사소통 능력을 촉진해 줍니다. (Flavell.et.al.1993)

(2) 말씨가 미치는 영향[42]

① 말씨로 알 수 있는 것

사람들이 말하는 것을 보면, 그 사람의 교양, 마음씨, 인격을 알 수 있습니다. 그러나 그 사람이 지닌 인격과 교양은 그렇게 쉽게 몸에 밸 수는 없는 것입니다.

말과 인격, 말과 교양은 종이의 앞뒤와 같아서 훌륭한 인격과 교양을 가진 사람은 자연히 예절이 바르고 품위 있는 말을 쓰게 되며, 그렇지 못한 사람은 반대로 예의 없고 품위 없는 말을 쓰게 됩니다.

② 말의 값은 얼마?

촌철살인(경구 따위의 간단한 말로 남의 급소나 약점을 찌를 수 있음)이란 말과 같이 말 한마디로 사람을 죽이기도 하고 살리기도 한답니다. 실제 일상생활을 통해 살펴보면 말을 잘하면 안 되

---

[42] 문교부 생활예절 p79~81

는 일도 되게 하고 말 한마디 잘못하면 될 수 있는 일도 안 되게 합니다.
우리는 다음과 같은 격언을 알고 있습니다.
"침묵은 황금이다."
"말로써 천 냥 빚을 갚는다."
얼른 보면 반대되는 것 같은 이 두 옛말 속에 실상은 일치된 뜻 깊은 교훈이 들어 있습니다.
그것은 말이 알맞게 쓰여질 때 본래의 값이 나타난다는 것입니다. 남에게 도움을 주고, 상대방을 즐겁게 하고, 용기를 주는 말은 값비싼 것이며, 반대로 실속 없이 수다스럽게 늘어놓는 말이나, 그 자리에 없는 사람을 모함하고 헐뜯는 말은 하지 않아야 합니다.

(3) 말에도 규칙이 있다.[43]
① 남의 자존심을 상하게 하거나 아픈 곳을 말하지 않습니다.

---- 보기 ----
"예! 너의 아버지는 고혈압으로 돌아가셨다면서? 너희 할아버지도 고혈압이었지? 아마 너희 집은 고혈압이 유전인가 봐…."

이러한 말은 커다란 실수가 되는 것입니다.
② 말의 속도는 너무 빠른 속도로 이야기하면 무슨 말인지 알아들을 수 없고, 너무 느리게 말하면 지루한 느낌을 주게 됩니다.
③ 듣는 사람의 수나 둘레에서 이야기하는 다른 사람을 생각하지 않고, 큰 소리를 내거나 들리지 않을 정도의 작은 목소리로 말을 하는 것은 모두 적절하지 못합니다.
④ 많은 사람이 모인 자리에서 말을 하는 경우에는 발음을 정확히 하고 모든 사람이 잘 알아들을 수 있도록 천천히 말하고 표준말을 써야 합니다.
⑤ 말할 때는 몸가짐도 바르게 가져야 합니다. 말을 더 효과 있게 하기 위한 자연스러운 몸짓(제스처)은 지나치지 않는 한에서는 필요합니다.

---
43) 문교부 생활예절 p81~83

⑥ 삼가야 할 몸짓
- 말의 내용에 비해서 지나치게 몸짓을 하는 것은 오히려 어색해 보입니다.
- 손을 입에 댄다든지, 손을 머리에 얹는 것, 옷을 만지면서 이야기하는 것은 좋지 않습니다.
- 듣는 상대방은 보지도 않고 계속 다른 곳을 쳐다보면서 이야기하는 것은 좋지 않습니다.
- 때로 슬픈 표정, 놀람을 나타내는 표정을 알맞게 쓰는 것은 효과적이겠으나 되도록 항상 명랑한 표정으로 이야기하는 것이 좋습니다.

(4) 속어나 은어의 사용[44]
속어와 은어는 원칙적으로 쓰지 않는 것이 좋습니다.
① 속어
- 악보 : 콩나물 대가리
- 거짓말 : 공갈
- 혼나게 한다 : 조진다.
- 돈 : 동그라미

② 은어
은어란 특수한 집단이나 사회에서 자기들 이외의 사람들은 알아듣지 못하도록 뜻을 감추어 쓰는 말로서 다음과 같은 것들입니다.
- 남자 : 합바지
- 뽕 :
- 두목 : 왕초

이런 말을 자주 쓰는 사람을 보면 다른 사람들이 천하게 봅니다. 또한 무식하거나 바른 생활을 하지 않는 사람으로 오해를 합니다. 일반적으로 젊은 사람들이 이런 속어나 은어를 많이 사용하는 것 같습니다. 이것이 습관이 되면 나이가 들어도 무의식중에 튀어나와 남에게 쓸데없는 오해를 받기 쉽습니다.

(5) 유머와 외래어[45]
유머는 생활을 명랑하게 합니다. 그러나 그 유머를 천한 이야기나 욕설로 혼동한다면 큰 잘못입니다. 가끔 사람들의 모임에서 듣기 거

---
[44] 문교부 생활예절 p83~84
[45] 문교부 생활예절 p85~88

북한 이야기나 욕설을 함으로써 남을 웃기는 것을 자랑으로 삼고 있는데, 이것은 천한 이야기나 욕설을 유머와 혼동하고 있는 좋은 예가 됩니다.

① 유머도 예의를 지켜야 한다.

유머도 건전한 표현으로 예의를 지켜야 합니다. 사회생활에서 그때그때 상황에 맞게 적당한 유머를 쓰면 좋지만, 그것은 어려운 일이므로 자연스럽고 정다운 대화를 나누도록 평소 언어 훈련에 관심을 기울이는 것이 좋습니다.

② 유머 사용을 위한 참고
- 자기가 똑똑하다는 자랑보다는 자기의 행동이나 판단이 잘못된 것처럼 이야기합니다.
- 이야기하고 싶은 내용을 직설적으로 하지 말고 돌려서 어떤 것과 비유하는 식으로 합니다.
- 언제나 명랑한 기분으로 남의 행동이나 사물을 봅니다.

③ 풍부한 지식, 폭넓은 생활 경험은 많은 유머를 남게 함으로 많이 독서하고 남의 말을 예사로 듣지 않는 태도를 갖습니다.

④ 유머도 너무 심하면 실없는 사람으로 취급받기 쉬우니 주의해야 합니다.

⑤ 유머란 말은 외래어

본래 유머란 말은 우리말이 아닙니다. 여기에 해당하는 우리말로는 '익살', '해학' 등이 있습니다. 그러나 우리 사회에서는 유머란 말을 더 많이 쓰는 듯합니다.

이와 같이 본래는 외국어였으나 우리말과 같이 쓰이는 말이 있습니다. 이러한 것을 외래어라고 합니다. 외래어에는 다음과 같이 두 가지가 있습니다.

- 우리말에는 그 뜻을 가진 말이 없어서 쓰는 외래어
  - 헬리콥터
  - 라디오
  - 텔레비젼
  - 피아노
  - 펜
  - 포오크
- 우리말이 있는데도 외래어가 잘 쓰이는 말
  - 유머(익살)
  - 피쳐(투수)
  - 캐쳐(포수)
  - 아코오디온(손풍금)
  - 스톱(섬) 등

그러나 가끔 우리나라 말을 두고 외국어를 쓰는 것을 자랑으로 생각하고 있는 사람이 있습니다. 이것은 매우 한심스러운 일입니다. 물론 친구끼리 외국어를 익히기 위하여 의도적으로 쓴다든지, 학문적, 전문적 토론을 할 때, 아직 그 외국어에 알맞은 우리말이 없거나 생각나지 않아 사용하는 것은 별문제입니다.

(6) 가장 좋은 화제[46]

서로 만나서 이야기할 때 "무엇이 가장 좋은 화제가 될 수 있나?" 하는 물음에는 "무엇이든지 화제가 될 수 있다."라고 하겠으나, 좋은 화제로 이야기를 나누려면 상대의 수준에 따라 이야기할 수 있는 '이야기, 주머니'가 준비되어 있어야 합니다.

① 화제가 될 수 있는 것
- 국제 정세
- 사회적 이슈가 되는 뉴스
- 개인의 건강이나 취미
- 보고 들은 이야기 등

② 화제 선택에는 상대방에 대한 이해가 앞서야 합니다.
- 나이는?
- 지식수준은?
- 성별은?
- 직업은?
- 취미나 특기는?
- 관심이 있는 일은?

③ 화제의 자료는 풍부하게
- 독서를 많이 합니다.
- 신문, 라디오, 텔레비전 등의 내용을 폭넓게 읽고 듣습니다.
- 어떤 일을 세밀히 관찰하고 분석, 검토하는 버릇을 갖습니다.
- 남의 좋은 이야기를 많이 듣습니다.
- 자연을 감상하고 사색을 즐깁니다.
- 하루 동안 생활하면서 본 것 중 가장 아름다운 것 한 가지 찾아봅니다.

④ 서투른 화제
- 처음 만난 사람에게 직위부터 묻는 것
- 결혼 여부, 연령 등을 묻는 것
- 거리에서 만난 사람에게 어디 가느냐고 묻는 것

---

[46] 문교부 생활예절 p88~90

- 상대의 체격에 대한 것
- 필요치도 않은 출신학교나 학력을 묻는 것
- 상대를 비꼬는 듯한 이야기를 하는 것
- 자기나 자기 가족을 자랑하는 것
- 지나치게 말을 많이 하거나 말을 하지 않는 것
- 거짓말이나 과장(허풍)을 하는 것
- 개인의 약점이나 비밀을 잘 아는 체하는 것

(7) 들을 때의 예의[47]

말을 잘한다는 것은 어려운 일입니다. 그러나 그에 못지않게 어려운 것은 듣는 태도와 기술입니다. 다음에 몇 가지를 예로 듭니다.
① 이야기하는 사람을 주시합니다.
② 듣는 일과 관계없는 일을 하지 않습니다.
③ 이야기 내용에서 수긍되는 곳이나 의문 나는 곳은 몸짓 표정으로 나타냅니다.
④ 이야기 도중에 중요하다고 생각되는 것은 메모해 둡니다.
⑤ 이야기 중간이나 끝의 적당한 시간에 의문 나는 사항을 질문합니다.

(8) 소통 능력을 기르기 위한 구체적 실천 방법
① 상대방의 말을 주의 깊게 듣습니다.
② 역지사지의 마음으로 상대의 말을 잘 이해하려고 합니다.
③ 비언어적 표현(몸짓, 표정)도 잘 읽어야 합니다.
④ 발음이 정확하고 논리정연하게 말합니다.
⑤ 예절 바르고 품위 있는 말을 합니다.
⑥ 상대방의 수준이나 상황에 맞게 이야기합니다.
   (이야기, 주머니 준비 활용)
⑦ 상대방의 반응을 감지하고 자신의 말을 조절합니다.
⑧ 좋은 문장이나 말은 메모하여 보관합니다.
⑨ 독해와 작문(글쓰기) 훈련을 합니다.

---
[47] 문교부 생활예절 p90~91

〈질 문〉
① 소통이란 무엇입니까?
② 상대방이 잘 이해하고 공감하도록 하는 방법은?
③ 의사소통 능력 발달에 필요한 능력은 무엇입니까?
④ 초등학교에서 의사소통 능력을 촉진시키는 방법은?
⑤ 유머는 왜 필요한가요?
⑥ 유머는 어떻게 사용해야 하는가요?
⑦ 좋은 화제로 이야기하려면 무엇을 준비해야 하나요?
⑧ 좋은 화제가 될 수 있는 것은?
⑨ 화제의 자료를 풍부하게 하는 방법은?
⑩ 듣는 태도는 어떠해야 하나요?
⑪ 소통 능력을 기르기 위한 구체적 실천 방법은 무엇인가요?

〈평 가〉
일주일 동안 집중적으로 실천한 후 자신의 소통 능력 수준이 어느 정도이며, 또한 소통 능력을 키우기 위하여 얼마나 노력하고 있는지를 살펴서 자신의 능력이 다음 점수표의 어디에 속하는지 그 점수 아래에 ○표를 합니다.

<평가 점수표>　　　　　　　　　　　　　　　　　<5점 만점>

평가 항목 \ 점수	1	2	3	4	5
역지사지의 마음으로 상대의 말을 이해하려고 하나?					
비언어적 표현(몸짓, 표정)을 잘 읽어내는가?					
상대방의 수준이나 상황에 맞게 이야기할 줄 아는가?					
예절 바르고 품위 있게 말하는가?					
유머를 사용할 줄 아는가?					
상대방의 반응을 감지하고 이에 자신의 말을 조절할 수 있나?					
자유롭고 정답게 이야기할 줄 아는가?					
좋은 문장이나 말을 메모해 두는가?					

① 반성
- 가장 보람 있었던 점은 무엇이었나요?
- 가장 힘들었던 것은 무엇이었나요?
- 가장 잘못한 것은 무엇이라고 생각합니까?
- 소통 능력을 기르면 나타나는 효과는 무엇인가요?
- 소통 능력을 기르면서 느낀 점은 무엇이었나요?

② 피드백

　잘한 점은 더욱 잘하도록 칭찬·격려하고 부족한 점은 더 잘 할 수 있게 무엇을 어떻게 하겠다고 구체적으로 계획을 세워서 공책에 기록하여 발표하게 합니다.

8) 협동

　사람은 원래부터 혼자서 살 수 없으며 서로 도우면서 살아가는 존재입니다. 이러한 보편적인 진리를 저버리고 자기 이익만을 생각하면서 이기적으로 산다면 눈앞의 이익을 볼지 모르지만 멀리 보면 자신은 물론 국가 사회에 해악이 될 수 있습니다. 반면에 힘을 합하면 더 큰 힘이 되어 어려운 일도 쉽게 극복할 수 있습니다.

(1) 어려운 문제는 협동으로 해결

사회가 발달할수록 어려운 문제가 많이 발생합니다. 쓰레기 문제, 교통 문제, 공기 오염 문제, 물 오염 문제, 지구 온난화 문제 등은 모든 사람이 협동하지 않으면 해결하지 못합니다. 그래서 협동심은 사회가 발달할수록 필요한 것이며 삶의 질을 높이고 평화롭고 행복하게 살아갈 수 있게 하는 동력이 될 수 있습니다.

(2) '오가는 정'

사람의 정은 서로 도움을 주고받는 데서 더욱더 정이 깊어지고 협동심이 싹틉니다.

그러므로 아이들에게 친구나 이웃과 서로 도우면서 살아가는 방법을 부모가 모범을 보이고 다음과 같이 가르쳐야 합니다.48)

① 자발적으로 이웃의 일 도와주기
② 친구 초대하기(생일날, 명절, 기타 기념이 되는 날)
③ 친구의 어려운 일 도와주기와 기쁜 일에는 축하해주기 등 도움을 줄줄도 알고 받을 줄도 알아야 합니다.
④ 기부의 필요성을 알고 용돈을 절약하여 연말연시 이웃돕기 성금을 냅니다.
⑤ 사람을 차별하지 않고 항상 명랑하고 쾌활하게 생활합니다.
⑥ 선행을 베푸는 일을 즐깁니다. 선행을 베푸는 일이 곧 행복을 만들어가는 일입니다.

(3) 협동의 위대한 힘

'백짓(흰 종이)장도 맞들면 낫다'라는 속담이 있습니다. 그 뜻은 여럿이 힘을 합치면 일을 쉽게 할 수 있다는 뜻입니다. 한 사람의 힘은 비록 약해도 여러 사람이 힘을 합하면 시너지 효과로 큰 힘을 발휘하여 아무리 힘들고 벅찬 일이라도 능히 해낼 수 있습니다. 이와 같은 사례를 몇 가지를 살

---

48) 문교부 생활예절 p133

펴보기로 하겠습니다.

① 행주 대첩

임진왜란 때(조선조 14대 선조 26년) 권율 장군이 행주산성(경기도 고양군에 있는 섬)에서 3만 여의 왜적(일본군)과 싸워 크게 승리했습니다. 당시 부녀자들이 긴 치마를 잘라 짧게 만들어 입고 돌을 치마에 담아서 날라 석전(石戰 : 돌을 던져 싸움)으로 적에게 큰 피해를 입혔는데 여기 '행주치마'란 명칭이 생겼다고 합니다. 무기와 수적 열세한 병력으로 승리할 수 있었던 것은 군인들과 부녀자들이 죽음을 무릅쓰고 일치단결하여 싸웠기 때문입니다.

② IFC(국제금융공사) 국제 구제 금융을 받을 당시(1987년) 온 국민이 자발적으로 금 모으기 운동에 동참하여 힘을 합쳤기 때문에 구제 금융에서 빨리 벗어나 우리나라 경제를 살릴 수 있었습니다.

③ 미국 케네디 대통령의 아버지는 아들들에게 이르기를 집에서는 치열하게 선의의 경쟁을 하더라도 밖으로부터 도전이 오면 형제들이 힘을 합쳐서 대응하라고 가르쳤다고 합니다.

④ 우리나라 초대 대통령 우남 이승만 박사는 "흩어지면 죽고 합치면 산다"라는 것을 강조했습니다. 오늘날에도 유효한 가르침이 아닐 수 없습니다.

⑤ 옛날에 5형제를 둔 아버지가 아들들에게 화살 1개씩 가져오라고 하였습니다. 그런 다음에 먼저 맏아들에게 화살 1개를 부러지게 꺾어보라고 하였습니다. 화살 1개는 쉽게 꺾어졌습니다. 그런 다음에는 화살 5개를 모아서 꺾어보라고 하였습니다. 아무리 힘을 주어도 꺾이지 않았습니다. 여기에 큰 가르침이 있다는 것을 알아야 합니다. 그것은 바로 '한 사람의 힘은 약해도 여러 사람의 힘을 합치면 큰 힘이 생긴다.'는 것입니다.

〈질 문〉

① 왜 협동이 필요한가요?
② 왜 이웃과 오가는 정이 있어야 한다고 했나요?
③ 일상생활에서 어떻게 하면 협동심이 싹틀까요?

④ 우리 역사를 통하여 국민들의 협동심이 위대하다는 것을 보여준 사례를 말해 봅시다.

〈평 가〉

자신의 협동심이 어느 정도인지 평가해 보고 다음 점수표에서 해당된다고 생각하는 점수 아래에 ○표를 합니다.

〈평가 점수표〉   〈5점 만점〉

평가 항목 \ 점수	1	2	3	4	5
○ 도움을 주고받기					
○ 어려운 친구 도와주기					
○ 사람을 차별하지 않기					
○ 함께 하는 일에 협력하기					

① 반성
  ◦ 가장 잘 실천한 것은 무엇인가요?
  ◦ 가장 잘못한 것은 무엇인가요?
② 피드백
  ◦ 잘한 점은 칭찬하고 잘못한 점은 더욱 잘하도록 격려하여 동기를 부여합니다.
  ◦ 어려운 문제일수록 여러 사람이 힘을 합해야 해결할 수 있습니다. 그래서 협동심은 사람이 살아가는데 꼭 필요한 것입니다.

9) 갈등 해소 능력

서로 다른 견해, 처지, 이해 차이로 가족 간, 세대 간, 집단 간, 지역 간, 계층 간에 갈등이 생길 수 있습니다. 이와 같은 갈등이 깊어지고 오래 지속되면 서로 반목하게 되고 대립과 충돌이 생깁니다.

이것은 정신적인 괴로움(마음고생)과 더불어 물질적으로 큰 손실을 가져오기도 하고 개인은 물론 국가 사회의 발전을 저해하는 요인이 되기도 합니다.

(1) 갈등이 생기는 원인

명지대 병원 김현수 정신건강의학과장은 "어린 시절 자기 욕구나 갈등을 해결하는 과정에서 가정과 학교 교육을 통해 적절한 사회화가 이루어져야 하는데, 과잉보호, 게임몰입, 외톨이 생활 등으로 그렇지 못한 채 성장한 결과"라고 합니다.49)

또한 무한 경쟁의 입시 교육과 "효율적인 커뮤니케이션 기술의 결여"에서 갈등이 발생한다고 합니다.50)

① 과잉보호

아이들은 과잉보호로 가정에서 마치 전권을 가진 '독재자' 행세하는 경우가 많아졌고, '양보', '상부상조',' 협동', 어른과 어린이 간에 지켜야 할 예절 등의 미덕으로부터 멀어지게 됩니다.51)

② 게임 몰입, 외톨이 생활

게임에 중독되거나 과잉 행동 장애자가 되기 쉽고 스마트폰 증후군을 얻게 됩니다. 따라서 학습력과 언어능력이 떨어져 자기의 감정이나 생각을 표현하지 못합니다.

③ 무한 경쟁의 입시 교육

학부모의 높은 기대로 학습에서 받는 스트레스가 갈등으로 발전됩니다.

④ 커뮤니케이션 기술의 결여

부모와의 대화할 시간이 부족하거나 거의 단절된 상태에서 자신의 생각이나 감정을 이야기할 기회가 없습니다. 그래서 부모와 자식 간에 갈등이 깊어지기 쉬우므로 대화 기법을 익히고 부모와의 대화시간을 많이 갖도록 합니다.

(2) 대화의 문제점

갈등을 해결하는데 가장 효율적인 방법이 대화라고 생각합니다. 그러나 우리의 가정과 사회는 대화가 적다는 것보다 대화가 되지 않는다는 것이 더 심각한 문제입니다.

갈등을 해결하기 위해 대화나 토론을 하는 것은 상대를 궁지로 몰아넣어

---

49) 조선일보, 2015.3.3. 29284호, 김철중 의학전문기자, 김정한 기자
50) 인간관계심리학p123 제석봉 저, 도서출판 미루나무 1997년
51) 동아일보, 1997.11.13. 23502호

제압하기 위해서 하는 것이 아니고 해결점이나 좋은 방법을 찾자는 것입니다. 그러므로 이기기 위해 토론을 하거나 자기 입장만 고집하면 대화가 되지 않습니다.

① 대화의 기술
- 상대를 존중하고 예의를 지킵니다.
- 상대의 입장에서 생각하고 이해합니다. (역지사지)
- 상대가 무엇을 바라는지 알고 있어야 합니다.
- 화를 내거나 무시하는 말을 하지 않습니다.
- 자신의 생각을 거침없이 솔직하게 말합니다.
- 육하원칙에 따라 조리 있게 말합니다.
- 서로 조금씩 양보하여 합의점을 찾아서 타협합니다.

② 대화 기술의 활용 사례
- 상대가 이치에 맞지 않는 주장을 할 때 "○○의견도 좋지만"하고 일단 상대의 의견을 존중해 준 다음 그의 의견이 문제해결에 왜 좋지 않고 자신의 의견의 맞는지 그 이유를 육하원칙에 따라 논리적으로 설명합니다.
- 상대와의 갈등을 의도적으로 타협하고 해결하려고 한다면 상대가 원하는 것이 무엇인지 정보를 수집하고 예상되는 대화 내용이나 방법을 미리 준비합니다. 즉 자신의 발언에 대한 상대의 반응을 예상하고 그것을 반박하거나 설득할 수 있는 자료를 여러 가지로 준비합니다.

(3) 갈등을 해소하는데 장애가 되는 행동[52]
① 장애가 되는 행동
- 문제가 있다는 사실을 부정하지 않는가?
- 문제에 대하여 말하기를 거부하지 않는가?
- 싸울 듯한 자세를 취하든가 회피하려 하지 않는가?
- 상대방을 무조건 누르려 하지 않는가?
- 충동에 사로잡히거나, 방어적으로 대하거나, 화부터 내지 않는가?
- 현안 문제에서 벗어나 있지는 않은가?

---
52) 제석봉 저 앞과 같은 책 p127

- 자기는 가만히 있고 상대방이 먼저 변화되기를 기다리지 않는가?
- 서로 이기기 위해 경쟁을 하지 않는가?
- 서로 자기 입장만 고수하고 있지 않은가?

② 건설적인 해결 방법
- 서로 자기 개방과 공감적 경청을 통한 협동
  - 자기 개방이란 자기 느낌과 감정을 솔직하게 드러내는 것
  - 공감적 경청이란 상대방의 입장에서 상대방의 말의 모순을 찾아내는 자세로 끝까지 자세히 듣는 것
- 자기의 잘못된 생각은 인정하고, 다른 사람의 합리적이고 옳은 말은 받아들입니다.

(4) 갈등의 치료 방법[53]

백병원 정신의학과 우종민 교수는 "우리나라는 갈등 자체가 많은 데다 이를 적절히 걸러줄 시민 의식이나 제도적 장치가 없어 인격·행동 장애가 어린이 땡강 부리거나 청소년 깽판을 치듯 쌓인 갈등이 분노로 나타날 가능성이 크다"라며 소소한 갈등 야기나 분노가 습관화되면 규모가 커지는 경향이 있기 때문에 적극적으로 치료를 받는 것이 좋다"고 말했습니다.

〈질 문〉
① 갈등이란 무엇인가?
② 갈등이 생기는 원인은 무엇인가?
③ 갈등을 해결하는데 가장 효율적인 방법이 대화라고 합니다. 대화 기법(기술)에는 어떤 것이 있습니까?
④ 왜 갈등 치료를 적극적으로 받는 것이 좋은가?
⑤ 갈등을 효율적으로 해결하는 방법은 무엇일까?

〈평 가〉
갈등 예방과 해소 능력을 기르기 위하여 얼마나 노력했는지 스스로 평가하여 자신의 갈등 해결 능력이 다음 점수표의 어디에 해당되는지, 그 점수 아래에 ○표를 합니다.

---

[53] 조선일보

<평가 점수표>　　　　　　　　　　　　　　　　　　　　　　　　<5점 만점>

평가 항목 \ 점수	1	2	3	4	5
○ 자기 개방과 공감적인 경청을 하는가?					
○ 자기의 생각과 감정을 솔직하게 드러내는가?					
○ 상대방의 입장에서 상대의 말의 모순을 찾아내면서 끝까지 자세히 듣는가?					
○ 대화로 해결점을 찾으려고 협력하는가?					
○ 대화의 예절은 잘 지키는가?					

　① 반성
　　◦ 갈등 해소 능력을 기르면 어떤 효과가 있을까요?
　　◦ 갈등 해소 능력을 기르면서 느낀 점을 발표하자.
　　◦ 가장 힘들었던 것은 무엇이었나요?
　② 피드백
　　가정에서 사회화 교육이 잘 이루어지고 대화 기법을 익혀서 소통과 협력이 잘 이루어지면 갈등이 생기지 않습니다.

10) 도전 정신

새로운 분야를 개척하거나 현재보다 나은 미래로 변화시키려면 실패를 두려워하지 않고 어려움을 이겨내는 도전 정신이 있어야 합니다.

　(1) 도전 정신을 키우는 방법
　　① 실패를 두려워하지 않습니다.
　　　◦ 자신의 약점을 개의치 않고 강점을 키웁니다.
　　　◦ 재능과 적성, 잠재력을 최대한 끌어내어 갈고 닦아 전문성으로 키웁니다.
　　　◦ 설령 놀림감이 돼도 옳다고 생각한 대로 합니다.

② 역경이나 실패를 성취를 위한 디딤돌로 생각합니다.
- 실패를 통해 성장할 수 있다는 긍정적인 마음을 가집니다.
- 어려서부터 어려움을 이겨내는 힘을 길러야 합니다.
- 학교 성적이 나쁘게 나오면, 그 원인을 밝혀서 친구들과 공유하고 다음에는 좋은 성적이 나오도록 노력합니다.

③ 자신이 소중한 존재임을 압니다.
- 사람은 특별한 존재이며 삶의 중요한 목표를 가지고 있다고 믿습니다.
- 나와 다른 사람들을 잘 살게 하려고 공부를 합니다.
- 이다음에 어른이 되었을 때 자신의 모습을 생각해 봅니다.

④ 기초 지식과 창의성을 기릅니다.
- 초등학교 1학년 때부터 학습 결손이 없도록 합니다.
- 독서를 많이 합니다.
- 새로운 것을 배우면 무척 기뻐집니다.
- 모범이 될 수 있는 어른들을 많이 만나봅니다.
- 사물에 대하여 항상 호기심을 갖고 더 좋게 만들 방법은 없는지 생각해 봅니다.
- 관광, 여행, 방문, 견학 등 많은 경험을 합니다.

〈질 문〉
① 현재보다 더 좋게 변화시키려면 어떤 정신이 있어야하나요?
② 도전 정신을 키우려면 어떻게 해야 하나요?
③ 실패를 두려워하지 않으려면 어떻게 해야 할까요?
④ 역경이나 실패를 성공을 위한 디딤돌로 삼으려면 어떻게 해야 할까요?
⑤ 사람은 특별한 존재이며, 중요한 삶의 목적이 있다고 믿는 마음을 가지려면 어떻게 해야 할까요?
⑥ 기초 지식과 창의력을 기르려면 어떻게 해야 할까요?

〈평 가〉
도전 정신을 실천하기 위하여 일주일 동안 집중적으로 실천한 결과를 평가하여 다음 점수표의 어디에 해당되는지 그 점수 아래에 ○표를 합니다.

<평가 점수표>　　　　　　　　　　　　　　　　　　　　　　　　　<5점 만점>

평가 항목 \ 점수	1	2	3	4	5
① 실패를 두려워하지 않는다.					
② 역경이나 실패를 성공을 위한 디딤돌로 생각한다.					
③ 나와 다른 사람들을 잘 살게 하려고 공부를 한다.					
④ 기초 지식과 창의성을 열심히 기릅니다.					

① 반성
  ◦ 가장 보람 있었던 점은 무엇이었나요?
  ◦ 가장 어려웠던 점은 무엇이었나요?
  ◦ 가장 잘못한 것은 무엇이었나요?
  ◦ 도전 정신을 익히면서 느낀 점은 무엇인가요?
② 피드백
  잘한 점은 칭찬 격려하고 부족한 점은 더 말할 수 있게 그 방법을 자세하게 기록하여 실천합시다.

2. 스스로 실천할 덕목 정하기

좋은 인성을 가진 사람이 지녀야 할 덕목은 수없이 많이 있습니다. 그중에서 자신이 도덕적으로 완전한 사람이 되기 위한 덕목에는 어떠한 것이 있는지 살펴보고 실천할 덕목을 선정합시다.

1) 덕목 살펴보기

　　(1) 인성교육진흥법에서 선정한 덕목
  예(禮), 효(孝), 정직, 책임, 존중, 배려, 소통, 협동, 갈등 해결 등 아홉 가지입니다.

(2) 제4차 산업혁명에 걸맞은 핵심 능력

도전 정신, 문제 해결력, 소통 능력, 적응력, 협동 능력, 비판적 사고력, 사람 관리 능력, 경영 능력, 기초 지식, 감성 기능, 인지적 유연성, 협상력 등 (14가지 중에서 12가지를 소개하였음.)

(3) 기업이 원하는 인재

창의력, 문제해결 능력, 탐구력, 통찰력 등 4가지[54]

(4) 미국의 독립선언서와 헌법을 초안하고, 전기를 발명하기도 한 프랭클린은 도덕적으로 완전한 사람이 되겠다는 높은 목표를 세우고 13가지 덕목을 정하고 실천하였답니다.[55]

프랭클린이 실천한 13가지 덕목

덕목	구체적인 실천 방법
• 절제	• 배부르도록 먹지 말라 – 어려움을 이겨낸다.
• 침묵	• 자신이나 남에게 유익하지 않는 말은 하지 말라.
• 질서	• 규칙과 법규를 잘 지킨다.
• 결단	• 우물쭈물하지 말고 분명히 판단을 내려라.
• 절약	• 용돈과 물건을 아껴 쓰라.
• 근면	• 시간을 낭비하지 말라. 게으르지 마라
• 진실	• 말과 행동이 일치하게 하라.
• 정의	• 거짓말을 하지 마라. 바르게 생각하고 행동한다.
• 중용	• 상대방이 나쁘게 생각하더라도 홧김에 상처 주지 말라.
• 청결	• 몸을 항상 깨끗하게 하고 방 안 청소와 정리 정돈을 잘하라.
• 평정	• 침착하고 마음이 흔들리지 않도록 하라.
• 순결	• 이성과의 교제를 깨끗하게 하라.
• 겸손	• 자기 몸을 낮추고 남을 존중하라.

---

54) 조선일보 2019.3.30. 29926호 곽수근 기자
55) 조선일보 2016.6.16. 29684호 한재호 기자

2) 자율적 덕목 선정과 실천 방법

초등고학년~중·고1

(1) 덕목선정
  ① 일상생활에서 실천 가능한 덕목을 10가지 안팎으로 선정한다.
  ② A4 용지를 〈보기 1〉과 같은 양식으로 사전에 컴퓨터로 작성하여 덕목과 실천방법을 기록한다.

〈보기 1〉

덕목	구체적인 실천 방법
절제	• 배부르도록 먹지 말라 – 어려움을 이겨낸다.
•	•
•	•
⋮	⋮

(2) 실천방법
  ① 날마다 자신의 생활을 돌아보고 점검합니다.
  ② 덕목과 실천사항은 조정할 수 있습니다.
  ③ 도덕적인 사람은 짧은 기간에 이루어지는 것이 아니라 평생을 두고 노력해야 합니다.

(3) 평가

평가 문항	점수	1	2	3	4	5
①	실천 사항을 매일점검하고 반성하고 있나?					
②	자신의 나쁜 버릇을 잘하는 점으로 바꾸기 위하여 노력하고 있나?					

(4) 반성
  ① 쉬우면서 잘 안되는 것은 무엇인가?
  ② 실천 덕목을 잘 하는 점으로 만드는 데에 어려운 점은 무엇인가?

(5) 피이드백

잘 실천 되지 않은 것은 그 이유를 밝혀서 고치는 데에 힘쓰고 잘 실천한 것은 더욱 잘 하도록 격려한다. 이것이 행복을 만들어 가는 길이고, 성공의 문으로 들어가는 길이 됩니다.

3. '스마트기기'가 아이들의 인성에 미치는 영향

1) 초등학교 5·6학년인 12세, 뇌 발달의 결정적 시기

교육·의학 전문가들은 "정서와 뇌 발달의 결정적 시기에 시청각 자극이 큰 스마트폰, 테블릿 PC 같은 동영상 등을 많이 본 아이들은 정서적, 신체적, 지적 발달에 나쁜 영향을 받을 수 있다."라고 지적합니다.

(1) 스마트폰을 많이 본 아이들은 충동적이거나 사회성이 부족한 성인으로 자랄 수 있습니다.
(2) 스마트폰에 빠지는 시기가 어릴수록 지능, 감성, 학습 능력이 떨어집니다.
(3) 공감 능력이 떨어지며 공격적인 성질로 변할 수도
(4) 스마트폰을 처음 사용하기 시작한 나이가 어릴수록 우울, 불안, 공격성 수준이 높아질 수도 있습니다.[56]

2) 초·중·고생의 인터넷 중독

(1) 인터넷에 빠지거나 중독되면
  ① 인터넷 게임중독 - 지능 떨어뜨림
  ② 학습 능력 떨어뜨림[57]
  ③ 폭력 게임, 이성과 감성을 마비시킴[58]
    ◦ 왕따·폭력의 배후는 게임[59]

---
56) 조선일보
57) 조선일보, 2012. 1. 17. 김태준, 이영완 기자
58) 조선일보, 2012. 2. 2. 이영완

(2) 중독된 이들 대다수가 초등학교 때부터 온라인 게임에 빠지기 시작해 중독이 점점 강해졌다고 한다.60)

3) 스마트폰에 빠지지 않게 하려면 어떻게…

영·유아의 스마트폰 사용 문제에 대하여 의사들은 대부분 "가급적 스마트폰을 처음 접하는 시기를 늦추고 보여주더라도 짧은 시간만 보고, 부모도 아이 앞에서 스마트폰을 덜 사용해야 한다."라고 권고합니다.

(1) 유아 게임 중독 예방
  ① 전문가들이 보는 유아 게임 중독 예방
   ◦ 게임 시간 약속 지키기
     정해진 날 약속한 시간만 게임을 하도록 철저히 관리한다.
   ◦ 게임 매일 30분보다 1주일에 한 번 90분이 더 낫다.
   ◦ 약속한 시간 게임이 끝나기 10분 전에 끝나는 시간을 예고하고 제시간에 게임을 끝내면 "약속을 잘 지키는 아이구나." 하고 동기 부여를 해주어야 한다.
   ◦ 정해진 날과 시간은 금요일 저녁 시간이 무난할 것 같다. 토요일 일요일이 있어 다른 활동을 통해 잔상을 지울 시간이 많기 때문이다.
   ◦ '혹시 중독이 아닌가'를 늘 확인합니다.

(2) 스마트폰·TV 시청 시간 관리
  ① 5~6세 미만 아이의 스마트폰·TV 시청 권장 시간

나이	0세	1세	2세	3~4세
스마트 폰	0시간	0시간	최대 60분	최대 60분
TV보는 시간	보여주지 말것	보여주지 말것	짧을수록 좋음	짧을수록 좋음

---
59) 조선일보, 2012. 2. 1. 한상혁 기자
60) 조선일보, 2012. 1. 19. 김철중 기자

② 아이들이 일단 스마트폰을 가지고 놀기 시작했다면 사용 시간을 줄이는 것이 중요합니다.

③ 정보영 분당병원 소아과 교수는 "초등생 때보다는 중학생이 되었을 때 스마트 폰을 사주는 것이 났다."라고 했습니다.

④ 일본의 어느 학자는 아이들이 중학교를 졸업할 때까지 스마트폰을 접하지 못하게 해야 한다고 주장합니다. 시대상에 맞지 않는다고 생각되지만, 뇌 발달 이론에서 볼 때 합리적인 주장이 아닐까 생각합니다.

⑤ 스마트폰·TV를 언제까지 사용하지 못하게 하고 시청할 시간을 어떻게 관리할 것인가는 부모의 냉철한 판단에 의하여 결정할 문제이지만 분명한 것은 시청할 시간을 제대로 관리 못하면 아이들의 성장발달에 독이 된다는 사실입니다.61)

⑥ 홍나래 한림대 성심병원 정신건강의학과 교수는 "스마트폰은 손가락만 움직이면 즉각적이고 자극적인 반응이 오기 때문에 어떤 것들보다 '행위 중독'에 빠지기 쉬운 물건이다. 태어날 때부터 스마트 기기에 둘러싸여 있는 요즘 아이들에게는 강제적인 방법을 통해서라도 스마트폰 없는 환경을 만드는 것이 필요하다"라고 했습니다.

〈질 문〉
① 뇌 발달의 결정적 시기는 언제입니까?
② 시청각 자극이 큰 스마트폰, 테블렛 PC 같은 동영상을 많이 본 아이들은 정서적, 신체적, 지적 발달에 나쁜 영향을 받는다고 합니다. 어떠한 영향을 받는지 말해 봅시다.
③ 영·유아들이 스마트폰을 많이 보면 어떻게 될까요?
④ 초·중·고생이 인터넷에 빠지거나 중독되면 어떻게 될까요?
⑤ 아이들이 스마트 폰에 빠지지 않게 하려면 어떻게 해야 하나요?

---

61) 조선일보, 2019. 7. 4. 30625호 홍문기 기자

4) 소셜미디어의 나쁜 영향

소셜미디어에서 어린이와 10대 청소년을 보호하려는 움직임은 세계 각국에서 확대되고 있습니다.

(1) 미의회는 스냅챗, 틱톡, 유튜브 고위관계자를 불러 미성년자 보호 방안을 내놓으라고 요구했다. 의회의 압박에 메타(페이스 북)은 13세 미만용 인스타그램 앱 개발을 중단했습니다.

(2) 영국 정부는 소셜미디어 업체들이 어린이를 보호하는 적절한 조치를 고안하지 않으면 수백만 달러의 벌금을 부과하는 제도를 시행하고 있습니다. 이에 따라 인스타그램은 18세 이하 이용자들에게는 타킷형 맞춤 광고를 중단했고, 유튜브는 10대 이용자의 경우 추천 영상이 연달아 이어지는 자동 재생 기능을 사용하지 못하게 했다.

(3) 중국
  ① 중국 정부에서는 학생들의 시력보호, 학업집중, 인터넷 중독 방지를 위해서 초·중·고교에서 휴대전화를 사용할 수 없도록 하는 '고시'를 발표했습니다.
  ② 학생들이 휴대전화를 활용해야 하는 숙제를 내거나 컴퓨터를 이용해 학습 자료를 배포하는 것도 금지하고 있습니다.[62]

(4) 이스라엘
  통신기능만 있는 스마트 폰을 사용합니다.

(5) 한국의 경우 소셜미디어에서 10대들이 성범죄 등에 노출되는 사례가 빈번하게 발생하고 있지만 미성년자의 소셜미디어 이용에 대한 별도의 규제는 마련되지 않고 있습니다.[63]

이와 같이 세계의 선진국들은 기업주를 설득하거나 법을 제정하여 어린이와 청소년을 소셜미디어에서 악영향을 받지 않도록 보호하고 있습니다. 그러나 우리나라는 아무 대책 없이 방치하고 있으니 아이들과 국가 장래가 걱정스럽습니다. 그러므로 부모들이 현명하게 판단하여 아이들이 스마트 기기를 바르게 사용하도록 관리할 수밖에 없습니다.

---
[62] 조선일보, 2021. 2. 2.
[63] 조선일보, 2021. 11. 12. 변리원 기자

〈질 문〉
① 중국에서는 초·중·고교에서 휴대전화를 사용할 수 없도록 하는 '고시'를 발표했습니다. 왜 그랬을까요?
② 선진국들은 '소셜미디어'에서 어린이와 10대 청소년을 보호하려는 움직임이 확대되고 있습니다. 그 까닭은 무엇일까요?

5) 인공지능 교육

인공지능기술이 급속한 발전으로 챗GPT는 논문, 칼럼, 과제, 시, 작문 등을 정확하고 신속하게 작성하게 되었다. 이로 인하여 인간은 AI에게 사고과정, 창의력, 집중력을 빼앗기게 되었다.

그리고 미국의 10대가 챗봇에 빠져서 친구, 학교, 가족 등 현실을 부정(조선일보, 2024. 10. 26, 변희원)하는 사태가 일어나 사람들을 놀라게 하고 있다. 인공지능은 원래 인간을 위해 만든 것이지만 잘못 사용하면 오히려 큰 위협이 될 수 있다. 이와 같이 인간에게 미칠 수 있는 위험성을 근본적으로 예방하고 제어하기 위해서는 인성과 창의성 교육을 더욱 강화해야 하겠다.

(1) 챗GPT 문맹자가 없도록 한다.
  인공지능의 지나치게 의존하지 않고 종속되거나 지배되지 않으며 인간 생활을 더욱 풍요하게 하는 미래를 위해서라도 인공지능 문맹을 최소화하는 방안을 강구해야 한다.
(2) 챗GPT를 인간의 창의성을 증폭시키는 도구로 활용한다.
  챗GPT에게 인간의 사고능력을 빼앗기지 않도록 한다.(조선일보)
(3) 코딩교육의 강화
  코딩은 인간의 생각과 계획을 컴퓨터가 이해하는 언어로 정확하고 효율적으로 변환하고 컴퓨터의 입력하는 작업을 '코딩'이라고 한다. 코딩을 효율적이고 경제적으로 하려면 프로그래밍 언어, 컴퓨터 구조, 데이터 구조, 메모리 계층, 나아가 구현하려는 알고리즘도 정확하고 깊이 있게 이해해야 한다.(조선일보, 2023. 2. 15, 김정호)

에듀컨텐츠·휴피아
CH Educontents·Huspia

제2부
창의성 교육

인간은 오랜 옛날부터 새로운 것을 생각해 내는 특성, 즉 창의성이 있었기에 일상생활에서 생기는 어려운 문제를 해결하고 새로운 물건을 만들어 내는 힘(창의력)으로 인류 문명을 창조해 왔습니다. 이러한 창의성과 창의력은 거의 동시에 일어나는 개념들이지만 선후(先後)의 차이를 따져보면 창의성이 먼저라고 생각합니다.

"창의성은 특정 교재에 의하여 길러주는 것도 아니고 전 교과의 교수·학습과 생활경험을 통하여 길러지는 것입니다. 그중에서 많은 책 읽기와 대화·토론에서 창의성이 싹트고 길러지는 것이다."[64]라고 했습니다. 그래서 말하기, 듣기, 독해력 기르기, 독서 대화·토론, 쓰기 등을 통하여 창의성을 기르고자 합니다. 힘들고 어려워도 꾸준히 반복하여 연습하면 이루어질 것입니다.

꾸중은 반발을 낳고 칭찬은 성장의 날개를 달아줍니다.

---

64) 조선일보, 2017.1.4., 29855호, 박승혁 기자

제1장 말하기·듣기를 통한 창의성 기르기

　말하기와 듣기는 꽃과 꿀벌과 같아서 서로 도와주는 관계입니다. 말을 잘하려면 듣기를 잘해야 하고 듣기를 잘하려면 말을 잘해야 합니다. 이 두 가지 기능은 "평생의 두뇌 발달과 학습 능력에 직접적인 영향을 준다."[65]라고 했습니다. 그러므로 어느 것 하나 소홀히 할 수 없습니다.

1. 유아들의 말 익히기

　자녀가 뛰어난 언어능력을 가지기를 바란다면 뇌가 활성화되는 시기 3~5세까지 적절한 언어적 자극을 제공해야 합니다.

　1) 말 걸어주기
　　말을 못 하는 아이한테도 다정하게 자주 말을 걸어줍니다.

　2) 어른들 대화 들려주기
　　하루 평균 5~6시간 이상 어른 대화를 들려주는 것이 언어 발달에 매우 중요합니다. 아이가 아무리 똑똑해도 제대로 된 말을 들어야 제대로 된 언어를 배울 수 있습니다.
　　아이와 대화를 하면서 정확한 단어를 사용하고 적절한 감정 표현 등을 섞어주는 것도 도움이 됩니다.

　3) 동화책 읽어주기
　　아이의 언어능력을 온전하게 발전시키도록 하려면 우리말을 정확하게 해야 합니다. 그런데 모든 부모가 우리말을 잘하는 것은 아닙니다. 이 문제를 해결하는 방법은
　　(1) 우리말을 바르고 예쁘게 쓴 동화책을 읽어줍니다.
　　(2) 완전한 문장으로 이루어진 책을 친숙한 목소리로 읽어줄 때 아이의 뇌는 그 음성 정보를 해독하기 위해 편안한 분위기 속에서 최

---
[65] 조선일보, 2018.8.23. 30359호, 하정훈 소아청소년과 전문의

선을 다하게 됩니다.
- (3) 읽어주는 시기

    태아 (임신 6개월) 때부터 3~5세까지
- (4) 읽어주는 사람

    어머니보다 아버지가 좋다고 합니다.

    책을 충분히 읽어주면 소리 듣기가 잘 발달해 글을 잘 읽고 부모와 정서적인 따뜻한 교류를 경험하는 선순환으로 이어줍니다.66)

4) 그림을 보고 이야기 꾸미기

유치원, 초1 수준

〈그림 1〉을 보고 이야기를 꾸며 보세요.

이야기 꾸미기를 어려워하면 다음과 같이 단서를 줍니다.
① 아이의 이름을 무엇이라 지으면 좋겠나요?
② 어깨에 무엇을 메고 있나요?
③ 손에 든 것은 무엇인가요?
④ 어디로 가는 것 같나요?

위의 네 가지 물음에 대한 답을 이어서 이야기를 꾸며 봐요.

〈그림 1〉

---

66) 조선일보

〈그림 2〉를 보고 이야기를 꾸며 봅시다.

① 그림에 나오는 어린이의 이름을 무엇이라 지으면 좋을까?
② 어디에 앉아서 무엇을 하나요?
③ 책을 많이 읽으면 무엇이 좋아질까요?

위의 세 가지 문제의 답을 이어서 이야기를 꾸며 봅시다.

〈그림 2〉

〈그림 3〉을 보고 이야기를 꾸며 보세요.

① 그림에 나오는 어린이 이름을 무엇이라 지으면 좋을까요.
② 언제 어디에서 무엇을 하고 있습니까?
③ 줄넘기 운동을 하면 무엇이 좋아질까요.

위의 물음에 대답할 답을 이어서 이야기를 만들어 봐요.

〈그림 3〉

인성과 창의성

〈그림 4〉를 보고 이야기를 꾸며 보세요.

① 토끼 몇 마리가 뛰어갑니까?
② 토끼는 왜 뛰어갈까요?
③ 토끼는 어떻게 뛰어갑니까?

위의 물음에 대답한 답을 이어서 이야기를 꾸미세요.

〈그림 4〉

〈그림 5〉를 보고 이야기를 꾸며 보세요.

초·중 수준

① 그림에 나오는 어린이의 이름을 무엇이라고 지으면 좋을까요.
② 누가 언제 어디에서 무엇을 합니까?
③ 이 닦기는 언제 닦는 것이 좋을까요?
④ 이를 닦지 않으면 어떻게 될까요?

위의 물음에 대답할 답을 이어서 이야기를 만들어 보세요.

〈그림 5〉

〈그림 6〉을 보고 이야기를 꾸며 보세요.

① 꽃 몇 송이가 피어있었습니까?
② 꽃이 어떻게 피어있습니까? (곱게, 아름답게, 활짝)
③ 어디에 가면 꽃이 많이 피어있는 것을 볼 수 있을까요?

위의 물음에 대한 답을 이어서 이야기를 꾸며 봐요

〈그림 6〉

〈그림 7〉을 보고 이야기를 꾸며 보세요.

중·고1 수준

① 봄, 여름, 가을, 겨울 중 어느 계절인가요?
② 왜 그렇게 생각하나요?
③ 나무 밑에서 사람들이 모여서 무엇을 합니까?

위의 문제의 답을 이어서 이야기를 꾸며 보세요.

〈그림 7〉

      인성과 창의성

〈그림 8〉을 보고 이야기 꾸미기

① 참새 두 마리가 날아갑니다.
   어떻게 날아갈까요?
② 왜 날아갈까요?
③ 참새는 어떻게 웁니까?

위의 물음에 대한 답을 이어서
이야기를 꾸며 봐요

〈그림 8〉

∘ 유의할 점
이야기 꾸미기 교재가 더 필요하면 직접 촬영한 사진이나 제작한 그림, 신문·잡지의 사진·그림, 동화책의 그림 등을 교재로 활용할 수 있습니다.

2. 초·중고생의 말하기 능력 기르기

1) 그림을 보고 질문에 답하기

〈그림 1〉의 질문 초등학교 적용
그림을 보고 이야기를 꾸며 보셔요?

〈그림 1〉

[유의할 점]
답을 말할 때 단답형으로 하지 말고 하나의 문장으로 꾸며서 발표합니다.

〈그림 2〉의 질문 초등학교 적용

두 사람이 길을 가다가 자신들 키보다 높은 바위로 된 절벽을 만났습니다. 그 위에는 아름다운 꽃과 소나무들이 자라고 있었습니다. 어떻게 하면 꽃을 꺾을 수 있을까요[67]

〈그림 2〉

〈그림 3〉 그림을 보고 질문에 답하시오.

적용학년: 초고학년, 중·고1

[준비물] : 노트, 연필(2H 컴퓨터용), 지우개

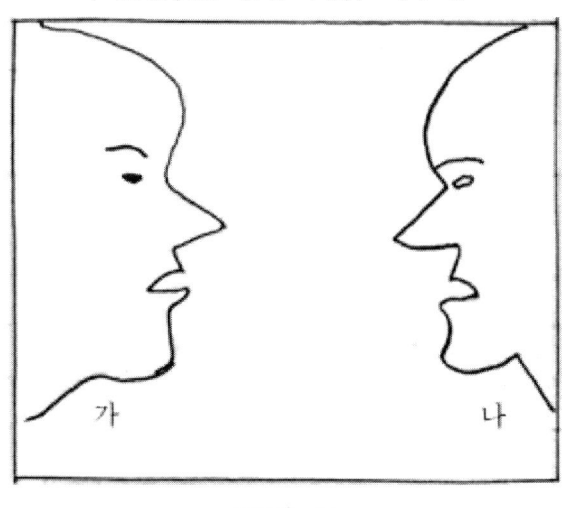

〈그림 3〉

---
[67] 조선일보

[유의할 점]
  ◦ 부모도 같이 참여합니다.
  ◦ 질문에 대한 답은 노트에 기록하여 발표합니다.
  ◦ 논리성이나 합리성을 따지지 않습니다.
  ◦ 그림을 보면서 이야기 주제를 정하여 답을 마련하는 것이 좋습니다. (운동, 야구, 숙제, 책읽기 등)
① '가'가 '나'에게 무엇을 이야기하고 있을까요?
② '가'의 이야기를 듣고 '나'는 무엇이라고 이야기하였을까요?
③ '나'의 대답을 듣고 '가'는 무엇이라고 말했을까요?
④ 두 사람의 대화에서 우리들이 느낄 수 있는 대화의 중심은 무엇입니까?
⑤ 부모나 형제간의 것을 자기 것과 비교하여 얻어진 느낌을 발표합니다.
⑥ 이 프로그램이 우리에게 주는 효과를 요약하여 발표합니다.[68]

〈그림 4〉를 보면서 질문에 대한 답을 노트에 기록하고 발표하세요.

〈그림 4〉

① 사람이 개에게 무슨 말을 하고 있을까?
② 개가 사람에게 대답하고 있는 내용은 무엇인가?
③ 개의 말을 듣고 다시 사람이 개에게 하고 있는 말은 무엇인가?

---
68) 서울시교육연구원 인성교육자료 p68~69

〈그림 5〉를 보면서 질문에 대한 답을 노트에 기록하고 발표하세요.

〈그림 5〉

① 그림 제목을 무엇이라 하면 좋겠나요?
② 고양이와 쥐 중에서 먼저 이야기를 한 쪽은 누구이며, 무엇이라고 말했을까요.
③ 쥐가 고양이에게 하고 있는 말은 무엇인가요?
④ 쥐와 고양이의 결과는 어떻게 되었을까요?
⑤ 만일 쥐와 고양이가 아니고 쥐와 쥐의 관계였으면 대화는 어떻게 전개되었을 것인가요?
⑥ 쥐와 고양이의 대화가 우리에게 준 가르침은 무엇인가요?

〈그림 6〉을 보면서 질문에 대한 답을 노트에 기록하고 발표하세요.

〈그림 6〉

① 새와 꽃이 하고 있는 대화는 무엇인가요?
② 현재 새의 심정은 어떤 것이라고 생각하는가요?
③ 꽃과 새의 관계는?
④ 만일 너희가 새였다면 어떻게 했을까요?69)

〈그림 7〉을 보고 질문에 답하시오.70)

① 무엇을 나타낸 그림일까요?
② 어머니의 마음은 어떨까요?
③ 아들의 마음은 어떨까요?
④ 그림이 우리에게 주는 가르침이 있다면 무엇일까요?
⑤ 그림을 보고 느낀 점을 말해 봐요.

〈그림 7〉
조선일보 2018.12.28

〈평 가〉
① 관찰력·표현력이 길러졌나요?
② 상상력과 창의력이 길러졌나요?
③ 대화 능력이 길러졌나요?

평가 항목 \ 점수	1	2	3	4	5
관찰력·표현력					
상상력과 창의력					
대화 능력					

자신의 능력이 해당된다고 생각하는 점수란에 V 표를 하세요.

〈피드백〉
① 재미있었던 것은 무엇이었나요?
② 힘들었던 것은 무엇이었나요?

---

69) 서울특별시교육연구원 앞과 같은 책 p69
70) 조선일보 2019.12.28

③ 사람과 사람, 사람과 동물, 동물과 동물, 식물과 동물, 꽃과 곤충 등을 서로 마주 보고 대화를 하도록 하여 그 내용을 기록해보면 관찰력과 표현력, 상상력과 창의력, 대화 능력이 크게 향상될 것입니다.

2) 문장 완성하기

고1 수준

(1) 준비물 : 유인물(참가자 수만큼) 연필 지우개
(2) 유의할 점
  ① 자신의 성격과 관련 있는 내용으로 문장을 작성하도록 합니다.
  ② 채우는 글자 수는 공백 수와 꼭 맞도록 합니다.
  ③ 부모도 같이 참여합니다.
(3) 빈칸이 있는 문장 만들기
  ① 자녀와 부모가 상의하여 자신들의 관심 있는 것으로 예시문과 같은 문장을 3~4개 만듭니다.
  〈예시문〉
   ◦ 나는 음식 중에서 ○○○을 좋아한다.
   ◦ 나는 꽃 중에서 ○○를 제일 좋아한다.
   ◦ 지금 나에게 돈 1억 원이 있다면 ○○○○을 하고 싶다.
   ◦ 나는 이번 일요일에 ○○○을 하겠다.
  ② 예시문은 어렵지도 쉽지도 않게 만드는 것이 좋습니다.
  ③ 부모와 자녀는 문장의 빈칸을 따로 따로 채운다. 그리고 채워진 내용을 보고 의견이 같고 다름에 관하여 이야기를 나눕니다.[71]
  〈질문〉
  ① 재미있었으면 그 이유를 말하세요.
  ② 재미없었으면 그 이유를 말하세요.
(4) 평가
  나의 문장 완성하기 능력이 어느 정도인지 살펴보고 해당되는 점수 아래에 V 표를 하세요.

---

[71] 서울특별시교육연구원, 인성교육자료 p37, 1984년

<평가표>   <5점 만점>

종류 \ 점수	1	2	3	4	5
문장 완성능력					

위의 4개의 문장 만들기 중 모두 틀리면 1점
1개 맞으면 2점
2개 맞으면 3점
3개 맞으면 4점
4개 맞으면 5점

(5) 피드백
① 재미있었거나 기쁨을 느꼈던 점은 무엇이었나요?
② 가장 힘들었던 일은 무엇이었나요?
③ 자기 주변에서 보고 들은 것이나 자신의 생각과 관련 있는 내용으로 문장을 만들고 빈칸 채우기를 하면 어휘력과 사고력을 기르는 데 도움이 되고 글짓기 공부에도 도움이 될 것입니다. 그리고 어려운 문제를 자기 힘으로 해결해 보려는 도전 정신이 싹트게 될 것입니다.
④ 책 읽기를 많이 하면 어휘 수가 늘어나서 문장 완성하기를 잘 할 수 있습니다.

3) 주제에 따라 이야기 꾸미기

초·중 수준

(1) 우리 집 자랑[72]
① 준비물 : 200자 원고지 10매, 연필, 볼펜, 지우개
② 지도상의 유의점
  ◦ 자랑스러운 점과 자랑스럽지 않은 점의 비율을 3:2 정도 되게 합니다.
  ◦ 솔직하게 기록할 수 있도록 자연스럽게 권유합니다.
  ◦ 자기 스스로 깨달은 장점 또는 단점을 쓰도록 합니다.

---
72) 서울특별시교육연구원 앞과 같은 책 p45

③ 활용 방법
　평소 '우리 집'에서 자랑스럽게 생각하는 점과 자랑스럽지 않은 점을 생각해 보고 다음과 같이 노트에 쓰고 발표합니다.
- 자랑스러운 점 3가지
- 자랑스럽지 않은 점 2가지
- 가정이 자랑스러워지기 위해 갖추어야 한다고 생각하는 점
- 위의 3가지를 이어서 하나의 문장으로 만들어서 발표해요.

〈질문〉
- 우리 집 자랑을 쓰고 난 뒤 느낀 점은 무엇인가?
- 자랑스러운 우리 집을 만들기 위하여 어떻게 노력하고 있나요?

④ 평가
　자신의 발표가 막힘없이 자연스럽게 되었는지 평가하고 다음 평가표의 어디에 해당되는지 ○표로 표시합니다.

〈평가 점수표〉　　　　　　　　　　　　　　　　　〈5점 만점〉

평가항목 \ 점수	1	2	3	4	5
우리 집의 장점과 단점을 막힘없이 자연스럽게 썼는가?					
자랑스런 우리 집을 만들기 위하여 노력하는가?					
원고지 쓰는 법에 맞게 썼나?					

⑤ 피드백
- 우리 가정의 나쁜 점을 가족이 함께 고치도록 노력합니다.
- 글을 쓸 때에는 어려워하지 말고 생각나는 대로 쓰면 됩니다. 많이 쓰다보면 좋은 글을 쓸 수 있습니다.
- 잘된 점을 칭찬·격려하고, 자랑스러운 가정을 가꾸기 위하여 자신이 할 일이 무엇인지 알고 실천하도록 합니다.

(2) 나는 누구인가?73)

중·고등학교 수준

① 계획 단계
- 준비물 : 200자 원고지 10매, 2H 연필, 지우개
- 지도상의 유의점
  - 나의 장단점, 우리 학교, 우리 민족으로 확대하여 장단점을 확대할 수 있습니다.
  - 장단점은 좋은 점, 고쳐야 할 점으로 바꿔서 안내할 수도 있습니다.

② 활동 내용
- A4 용지에 자기의 장단점을 모두 기록한다.
  - 비중이 큰 것부터 차례로 쓴다.
  - 있는 대로 생각나는 대로 쓰는 것이 좋다.
- 기록한 내용을 발표한다.
- 장단점을 기록할 때의 기분이나 느낌을 발표한다.
- 자신의 장점이나 단점이 대인관계에 주는 영향을 생각하여 발표하게 한다.
  - 부모와의 관계에 미치는 영향
  - 형제와의 관계에 미치는 영향
  - 친구와의 관계에 미치는 영향
  - 선생님과의 관계에 미치는 영향
  - 기타 사회생활 면에 미치는 영향

③ 평가
나의 좋은 점과 나쁜 점을 원고지에 쓰고, 그 내용을 평가하여 해당되는 점수 아래에 ○표를 합니다.

---
73) 서울특별시교육연구원 앞과 같은 책 p46

<평가 점수표>   <5점 만점>

평가항목 \ 점수	1	2	3	4	5
장점과 단점을 막힘없이 자연스럽게 썼는가?					
나의 장단점이 대인관계에 미치는 영향을 아는가?					
원고지 사용법에 맞게 글을 썼는가?					

④ 피드백

재능은 고치기 어렵지만, 성격은 고칠 수 있습니다. 자신의 장단점이 인간관계에 미치는 영향을 알고 장점은 더욱 키우고, 단점은 고쳐서 친구들과 좋은 인간관계를 맺도록 노력 합시다.

(3) 자기소개

초, 중·고1 수준

① 자기 소개문 쓰기
  ◦ 준비물 : 소개문 용지(8절지) : 사전에 복사, 원고지 10매
  ◦ 소요 시간 : 20~30분

<소개문 보기>
  ○ 나의 장점 :
  ○ 나의 단점 :
  ○ 내가 가장 잘하는 일
  ○ 내가 가장 좋아하는 음식
  ○ 내가 가장 싫어하는 음식
  ○ 나의 꿈(장래 희망) :
  ○ 현재 내가 가장 갖고 싶은 물건 :

② 소개문을 쓸 내용 발표
   소개문에 쓸 내용을 발표한 다음 그것을 문장이 되게 이어서 원고지에 씁니다.

③ 평가

소개문을 쓰는 능력을 평가하여 해당하는 점수 아래에 ○표를 합니다.

<평가 점수표>   <5점 만점>

평가항목 \ 점수	1	2	3	4	5
다른 사람이 알 수 있게 자세히 썼는가?					
막힘이 없이 자연스럽게 썼는가?					
원고지 사용법에 맞게 썼는가?					

④ 피드백
- 나의 장단점을 어떻게 하면 좋을까요?
- 누구나 가장 좋아하는 음식과 싫어하는 음식이 있지만, 어머니께서 만들어주시는 음식은 가리지 말고 골고루 먹어야 건강하게 자랄 수 있습니다.
- 칭찬과 격려로 동기 부여

(4) 기뻤던 일 슬펐던 일 생각해 보기[74]

초·중 수준

① 준비 단계

눈을 감고 설명하는 것을 잘 들어요. 최근 일주일 동안에 있었던 일 중 기뻤던 일이나 슬펐던 일은 무엇이었는지 생각해 보세요. - 사이 - 눈을 뜨자.
- 다른 말로 응용할 수 있습니다.
- 기뻤던 일 : 기분 좋았던 일, 흐뭇했던 일, 감사했던 일, 보람 있었던 일
- 슬펐던 일 : 기분 나빴던 일, 서운했던 일, 안타까웠던 일

② 기뻤던 일, 슬펐던 일 이야기하기 (노트에 기록하여 발표)

③ 기뻤던 일, 슬펐던 일을 겪으면서 생각한 점이나 느낀 점을 이야기하기 (노트에 기록하여 발표)

---
74) 서울특별시교육연구원, 인성교육자료 P34, 1984년.

④ 평가

기뻤던 일이나 슬펐던 일을 겪으면서 생각한 점이나 느낀 점을 원고지에 쓰고 그 내용을 평가하여 해당하는 점수 아래에 ○표 합니다.

<평가 점수표>   <5점 만점>

평가항목 \ 점수	1	2	3	4	5
기뻤던 일이나 슬펐던 일을 겪으면서 생각한 점이나 느낀 점을 자세히 썼는가?					
친구가 기쁜 일이나 슬픈 일을 겪을 때 어떻게 하면 좋을까?					
쓴 글에서 재미있게 잘 표현한 곳이 있는가?					
원고지 쓰는 법에 맞게 썼는가?					

⑤ 피드백

자신의 기쁨이 남에게는 슬픔이 되는 경우도 있고 나의 슬픔이 남에게는 기쁨이 될 수도 있습니다. 이렇게 되는 마음은 좋은 마음이라고 할 수 없습니다.

'남이 기뻐할 때 같이 기뻐하면 그 기쁨은 배가 되고, 남이 슬퍼할 때 같이 슬퍼하면 그 슬픔은 반으로 줄어든다'라고 합니다.

그러므로 남이 기뻐할 때 같이 기뻐해 주고, 남이 슬퍼할 때 같이 슬퍼해 주는 것이 인간 본래의 좋은 마음이에요.[75]

(5) 함께 토론하기

초 · 중·고1 수준

① 준비물 : 노트, 2H(컴퓨터용 연필), 지우개
② 활동
  ◦ 그림을 보고 의문점이 있으면 질문하고 협의합니다.
  ◦ 어떤 그림인가?

---

[75] 서울특별시교육연구원, 앞과 같은 책 P67

:• 인성과 창의성 :•

관정

- 다음 질문에 알맞은 답을 부모나 친구와 같이 토론하여 정하고 자녀가 발표합니다.
- 누가 관정을 팠을까요?
- 왜 팠을까요?
- 어떻게?
- 언제!
- 그림 전체의 윤곽을 보고 제목을 정하여 보자.
- 농부가 손에 잡고 있는 것은 무엇일까요?
- 농부가 무엇을 하고 있고 무엇을 하려고 계획하고 있을까요?
- 자연에 대한 소감은?
- 내가 그림 속의 주인이라면 여기에서 현재와 미래에 어떤 계획을 세우면 좋을까 상상해서 발표해 봐요.

③ 평가

그림을 감상하는 능력과 물음에 대한 답을 창의적으로 생각하고 발표하는 능력을 평가하여 해당되는 점수 아래에 ○표를 합니다. 위의 9개 질문 중에서 1~2개 맞으면 1점, 3~4개 맞으면 2점, 5~6개 맞으면 3점, 7~8개 맞으면 4점, 모두 맞으면 5점(만점)으로 환산합니다. 해당하는 점수 밑에 ○표로 표시하세요.

<평가 점수표>   <5점 만점>

평가항목 \ 점수	1	2	3	4	5
창의적으로 생각하여 발표했는가?					
그림을 감상하는 능력이 길러졌나?					

④ 피드백

사물을 보고 관찰할 때 호기심과 왜? 어떻게? 라는 의문과 더 좋은 방법이 없을까?라고 생각할 때 창의성이 길러집니다.

3. 듣기 능력 기르기

듣기를 잘해야 말도 잘 할 수 있고 집중력이 생겨서 읽기도 잘할 수 있습니다.

1) 듣기 능력의 향상 방법

(1) 부모가 읽어주는 글을 잘 듣고 이야기의 중심 내용이나 느낌에 대하여 부모와 의견을 나눕니다.
  ① 1단계 : 무엇이 어떠하다는 이야기인지 문제의식을 갖고 집중하여 듣도록 합니다.
  ② 2단계 : 흥미를 느끼는 점이 있는지 질문합니다.
  ③ 3단계 : 이야기의 핵심 내용 알기와 느낀 점 발표
(2) 아이들은 듣는 경험이 부족하기 때문에 알기 어려운 자료를 가지고 듣는 훈련을 해야 합니다. 구체적으로 말하면 텔레비전의 토의와 인터뷰, 강연장의 연설 등을 듣고 부모와 의견을 나누는 시간을 갖습니다.
(3) 주제에서 '흥미를 창출'합니다.
  ① 흥미를 느낄 수 있는 글을 교재로 선정합니다.
  ② 내용이 어떤 것이든 흥미를 가질 수 있게 합니다.
  ③ 주제가 직접적인 응용을 시도해 볼 수 있는 것일 때 주제에 흥

미를 갖게 됩니다.
④ 흥미가 상승할 때 집중력과 학습 능률이 높아집니다.76)

2) 듣기 훈련 자료

(1) 유의할 점
이야기를 할 때 말의 높고 낮음과 감정을 넣어서 정확한 발음으로 이야기합니다. 물음에 대한 오답이 있으면 한 번 더 들려줍니다.

(2) 다음 이야기를 듣고 물음에 답하세요.

〈주제 1〉 개구리와 황소

유아·초1 수준

아침 햇살이 유난히 빛나는 이른 아침에 개구리 한 마리가 풀밭으로 엉금엉금 기어 나왔습니다. 조금 떨어진 곳에는 황소 한 마리가 한가롭게 풀을 뜯어 먹고 있었습니다. 그 황소는 몸집이 대단히 크고 햇빛을 받아서 아름답게 보였습니다. 개구리는 "아! 크고 아름답구나!"하고 부러워하면서 황소처럼 커지려고 숨을 계속해서 크게 쉬었습니다. 그러자 개구리의 배는 풍선처럼 부풀어 오르더니 '펑'하고 터지고 말았습니다.

〈질 문〉
① 황소를 본 개구리는 왜 숨을 계속하여 크게 쉬었나요?
② 개구리 이야기를 듣고 느낀 점을 말해 보세요.
〈도움말〉
① 황소처럼 크게 되려고 숨을 크게 계속해서 들어 쉬었습니다.
② 세상 모든 일에는 내가 할 수 있는 일과 할 수 없는 일이 있다고 봅니다. 개구리처럼 안 되는 일에 지나치게 욕심을 내면 손해를 보게 된다는 가르침을 받았습니다.

---
76) 전영우 지음 토의 토론 회의 p147, 집문당 1996년

〈주제 2〉 제비

유아·초1 수준

　우리 집 처마 밑 높은 벽에 제비들이 집을 짓고 새끼를 기르고 있었습니다. 노란 주둥이를 둥지 밖으로 내밀고 어미 제비가 물어다 주는 먹이를 받아먹는 모습이 귀엽게 보였습니다.

　어느 날 뱀 한 마리가 벽을 타고 올라가 제비 새끼들을 잡아먹으려고 하였습니다. 이 광경을 보신 아버지께서 뱀을 잡아 버렸습니다. 목숨을 구한 그 새끼들은 크게 자라서 어미 제비와 같이 마을 하늘을 힘차게 날아다니며 살다가 날씨가 서늘해지는 가을이 다가오자 어디론가 모두 날아가 버리고 보이지 않았습니다.

　〈질 문〉
　① 제비는 왜 사람이 사는 집에만 집을 지을까요?
　② 사람들은 왜 제비들을 보호해 줄까요?
　③ 가을이 되어 날씨가 서늘해지면 제비들은 보이지 않습니다.
　　 어디로 갔을까요? 답변을 못 하면 아시아 지도를 단서로 제공하여 설명하여 줍니다.

〈주제 3〉 배낭을 메고 대중교통을 이용할 때

초·중·고 수준

　배낭은 메고 다니기 편하고 물건을 많이 넣을 수 있어 남녀노소 모두 즐겨 사용합니다. 최근에는 '백팩(backpack)'으로 불리며 패션 아이템으로도 큰 인기를 끌고 있지요.

　하지만 혼잡한 버스·지하철에서는 내가 멘 배낭이 다른 승객에게 큰 불편을 줄 수 있답니다. 물건을 넣은 배낭을 메고 있으면 마치 거북이처럼 자신의 등에 한 사람만큼의 공간을 차지하게 됩니다. 이렇게 버스·지하철 가운데에 서 있으면 오가는 승객들이 배낭에 부딪혀 큰 불편을 겪지요. 배낭을 멘 체 몸을 갑자기 돌리다 다른 승객이 배낭에 부딪혀 다치거나 불쾌감을 느끼는 경우도 종종 있습니다.

〈질 문〉 내가 멘 배낭(백 팩)이 다른 승객에게 부딪혀 불편을 주거나 다치지 않도록 할 수는 없을까요.

〈도움말〉 가방을 메고 대중교통을 이용할 때는 탑승하기 전 배낭을 자신의 가슴 쪽으로 돌려서 메도록 한다. 아니면 배낭을 벗어 자신의 발아래 내려놓는 것도 좋습니다.[77]

〈주제 4〉 빈집

중·고1 수준

소설가 김주영은 신작 '빈집'에서 오늘날 가정의 모습은 '집은 있어도 빈집과 같다'고 했습니다.

"우리가 살고 있는 시대는 가족을 가족이라 말할 수 없을 만큼 가족 서로 간의 대화가 부족하고 함께 가지는 가치가 없으며 너무 동떨어져 있습니다. 집은 있지만, 사람이 배제됐고 가족을 통합하는 힘이 사라진 곳"입니다. 그래서 사람이 있건 없건 그곳은 '빈집'과 같다는 것입니다.[78]

〈질 문〉
① 소설가 김주영은 신작 '빈집'에서 오늘날 가정의 모습을 왜 '집은 있어도 빈집과 같다'라고 했을까요?
② 사람이 사는 집 (화목하고 활력이 넘치는 집)을 만들 수 없을까요?

---

[77] 조선일보 2017.4.4. 29980호 어린이 매너교실
[78] 동아일보 2011.3.11. 27873호 박선희 기자

〈주제 5〉 할머니께서 가장 기뻐하신 일

초고학년, 중 수준

　1970년대에 있었던 이야기입니다. 읍내에서 멀리 떨어진 시골 마을에 앞을 못 보는 어머니를 모시고 살아가는 효자가 있었습니다. 그는 어머니를 업고 병원까지 오가며 치료를 받게 하고 정성을 다하여 간호를 하였으나 어머니의 눈을 뜨게 하지는 못했습니다.

　그의 딸은 아버지를 본받아 있는 힘을 다하여 할머니를 보살펴 드렸습니다. 중학생인 그는 학교 일과를 마치고 집에 돌아오면 제일 먼저 할머니 방을 찾아가 "우리 방구석 할머니 심심했지예"하면서 할머니를 안아주고 어리광을 부렸답니다.

　그리고 할머니 손을 잡고 밖으로 나와 정답게 이야기를 나누면서 마을 길을 한 바퀴 산책하곤 하였습니다. 집에 와서는 할머니 손발을 씻어드리고, 어깨와 다리를 안마해 드렸습니다. 그리고 주무시기 전에 침구를 펴 드리고 아침에 일어나서는 이부자리를 정리하고 방 청소를 하는 등 할머니께서 불편하지 않도록 항상 노력하였습니다.

　〈질 문〉
　① 할머니께서 가장 기뻐하신 일은 무엇일까? 왜 그렇게 생각하나요?
　② 할아버지와 할머니, 부모님을 기쁘게 해 드린 일이 있으면 말해봐요.
　③ 이야기를 읽고 느낀 점을 말해 봐요.

〈주제 6〉 인사말로 당락을 결정한다.

중·고1 수준

　어느 언론사 면접에서 같은 학과 여학생 둘이 올라왔다. 필기 성적도 비슷했지만, 채용 숫자가 적어 둘 다 합격시키기 곤란했습니다. 당락(當落)은 두 학생이 면접을 마치고 일어서면서 한 말에 갈렸습니다. 한 명은 "수고하세요" 다른 한 명은 "고맙습니다"라고 했습니다.

　※ 이야기를 중단하고 다음과 같이 물어봅니다.
　〈질 문〉
　① 면접 위원들은 어느 쪽에 점수를 더 주었을까? 왜 그렇게 생각하나요?

아이들의 의견을 들은 다음 이야기를 계속한다.

'수고하세요'는 국립국어원 표준어 예절에 윗사람에게 해서는 안 되는 말로 올라있습니다. '수고하다'는 '일하느라 힘을 들이고 애를 씀'이다. 어른에게 먼 길 오시느라 '수고하셨습니다' 하는 것은 괜찮다. 그러니 헤어질 때 흔히 건네는 '수고하세요'는 같은 연배(나이가 비슷한 또래)나 아랫사람에게 할 인사입니다. 존대한다고는 해도 윗사람에게 명령하는 셈이고 '고생하라'고 하는 것은 예가 아닙니다. '먼저 가서 죄송합니다', '내일 뵙겠습니다'라고 하는 것이 맞습니다.[79]

② '수고하세요'라고 하는 인사는 윗사람에게 하면 왜 예가 아닐까요?

〈주제 7〉 별의 신비

중·고1 수준

어려서부터 시골에서 자랐기 때문에 광대한 밤하늘의 반짝이는 별과 초승달이 보름달에 이르기까지 변화하는 과정을 신비하게 보면서 자랐다. 도시에 이사를 오고부터는 밤하늘의 별을 까맣게 잊어버리고 지냈는데 어느 날 신문 아침 논단에 신선한 느낌을 주는 기사를 읽게 되었습니다.

"북구(北歐) 도시의 한 시장은 밤에도 낮처럼 환하게 불을 밝히는 가로등을 얼마쯤 꺼버렸다고 한다. 시민들에게 밤의 아름다움을 보여주고 별들을 되찾아 주기 위해서였다. 그는 시인 같은 상상력을 가진 시장이었던 것 같습니다."[80]

〈질 문〉
① 유럽 도시의 한 시장은 밤에 환하게 불을 밝히는 가로등을 얼마쯤 꺼버렸습니다. 왜 그렇게 했을까요?
② 별을 쳐다보면 무엇이 좋아질까요?

---

79) 조선일보, 만물상 오태진 논설위원 2015.9.23
80) 문정희, 시인 동국대 석좌교수, 조선일보, 2012.9.3. 28514호

〈주제 8〉 나의 고향은 한반도

중·고1 수준

　교통이 불편한 시골에서 나이가 엄청 많아 보이는 노신사 한 분이 손을 들기에 차를 세우고 태워드렸습니다. 할아버지는 외모가 단아하고 매우 정결해 보였습니다. "할아버지 어디까지 가십니까?"하고 물었더니 "한반도까지 갑시다."라고 하기에 "할아버지 고향은 어디십니까?", "한반도", "할아버지 지금 사시는 거주지가 어딥니까?", "한반도", 가는 곳도, 고향도, 거주지도 '한반도'라고 한다. 어느덧 차는 직장 진입로 입구까지 왔다. 노인을 내려 드리고 잠시 생각에 잠겼습니다.

　정신이 이상한 할아버지 같기도 하고 전혀 아닌 것 같기도 했습니다. 단정한 옷차림에 넉넉함과 지성미가 풍기는 노신사이기 때문입니다. 그는 여러 가지 정황으로 보아 외국에 거주하는 교포같이 보였습니다. 이것을 물어봐도 '한반도' 저것을 물어봐도 '한반도'다. 그의 말 한반도에는 어떤 메시지가 있는 것 같기도 했습니다. '한반도!' 뼈에 사무치도록 그리워했던 모양입니다.

　〈질 문〉
　① 운전기사가 잘못한 점이 두 가지가 있습니다. 무엇일까요?
　② 할아버지의 말씀에서 우리에게 주는 메시지가 있다면 무엇일까요?

〈주제9〉 전기를 절약하는 사람들

초등고학년, 중·고1 수준

　몇 해 전에 늦은 가을 어둑어둑할 무렵 일행과 같이 승합차를 타고 광주광역시 외곽지대에 있는 어느 아파트 단지 앞을 지날 때였다. 일행 중 한 사람이 "야! 저것 봐"하고 감탄하면서 "저기 보이는 아파트에는 애국자들만 사는 것 같습니다."라고 말했습니다. "왜 그렇게 생각하시나요"하고 물었더니 그는 "저 아파트의 창문을 보세요"라고 하면서 손으로 가리켰습니다. 그 아파트에는 세대마다 가운데 위치한 방 한 칸에만 불이 켜져 있고 다른 방은 모두 전등이 꺼져 있었습니다.

　〈질 문〉
　① 승합차를 타고 여행하던 사람이 왜 "저 아파트에는 애국자들만 사

는 것 같다."라고 생각했을까요?
　② 전기를 절약하는 방법을 이야기해 봅시다.

〈주제 10〉 백전백승의 장수 한신

초·중·고1 수준

　한나라의 고조 유방이 항우를 이기고 천하를 제패 할 수 있었던 것은 뛰어난 참모 셋이 있었던 덕이다. 그중 한 사람이 백번 싸워서 백번 이기는 장수 한신이다.
　한신은 서양의 알렉산더나 나폴레옹에 비견할 이름난 장수이지만 이런저런 고사(古事)로 유명하다. 젊은 시절 한신이 큰 칼을 차고 다니는 걸 보고 동네 불량배들이 시비를 건다. "내 가랑이 밑으로 기어가라"며 일부러 욕을 보인다. 그래도 한신은 태연하게 가랑이 밑으로 기어간다. 사람들은 겁쟁이라 비웃었지만, 한신은 수모를 받아들인다. 훗날의 큰일을 하기 위해 바로 그 자리의 분함을 참았다고 합니다.[81]

　〈질 문〉
　① 한신은 언제 어디서 무엇을 한 사람인가요?
　② 젊은 시절 동네 불량배들이 한신에게 어떻게 시비를 걸었나요?
　③ 사람들은 겁쟁이라 비웃었지만, 한신은 수모를 받아들였다. 왜 그랬을까요?

〈주제 11〉 욕심은 작게 꿈은 크게

중3·고1 수준

　2014년 노벨 평화상을 받은 카일리시 사타아르티는 한국 청소년들에게 "큰 꿈을 가지되 자신만이 아니라 이웃과 사회를 위한 큰 꿈을 꾸라"고 조언하였습니다.[82]
　성현들도 욕심은 작게 가지되 원(願)은 크면 클수록 좋다고 했습니다. 왜냐하면 욕심은 자기 이익만을 생각하는 것이고 원은 자신과 이웃과 사회를

---
81) 조선일보 2017.9.12. 30068호
82) 조선일보, 2015.5.21. 29351, 강경환 기자

위한 꿈이기 때문입니다.

　〈질 문〉
　① 노벨 평화상을 받은 카일리시 사타아르티는 한국 청소년들에게 무엇이라고 말했나요?
　② 왜 이웃과 사회를 위한 큰 꿈을 가지라고 했을까요?
　③ 욕심과 원이 다른 점은 무엇인가요?

〈주제 12〉 걸음걸이

중·고등학교 수준

　걸음걸이는 사람마다 제각각이다. 걷는 품새는 부모로부터 물려받는다는 얘기도 있다. 인상학(人相學)에선 걸음도 중요한 관찰 대상이다. 걷는 모습에서 성격·기질·건강을 보아 내고 운명까지 내다보려 한다.
　걸을 때 어깨와 팔이 벌어지는 '킹콩 형'은 힘을 과시하는 형(型)이다. 어깨를 펴고 하늘을 보고 걷는 사람은 자신감과 자기주장이 강하고, 잰걸음은 마음이 여리고 성급하며, 엉덩이를 빼는 걸음은 뒷심이 부족하다고 한다. 그렇지만 꼭 그렇다고 할 수 없는 것 같다. 우리는 꾸준한 단련으로 걸음걸이를 교정할 수 있기 때문이다.
　독일의 신경·언어 전문가로만 브라운은 책 '말의 힘'에서 "슈퍼맨의 망토가 등 뒤에서 펄럭이는 기분으로 걸어라"고 권한다. 고른 보폭으로 성큼성큼 걸으면 인생의 기둥이 바로 선 듯 든든하다. 내 걸음걸이는 어떤지 거울 앞에서 걸어보세요.[83]

　〈질 문〉
　① 인상학에서 걸음도 중요한 관찰 대상이다. 걷는 모습에서 무엇을 보아 내는가요?
　② 걸을 때 어깨와 팔이 벌어지는 '킹콩 형'은 어떤 사람인가요?
　③ 엉덩이를 빼는 걸음은 어떤 형인가요?
　④ 어떻게 걷는 것이 가장 좋은 걸음걸이일까요?

---

83) 조선일보, 2013.7.11. 28779호 오태진 수석논설위원

⑤ 인상학에서 말하는 걸음이 꼭 그렇다고 할 수 없는 것 같다. 왜 그럴까요?
⑥ 독일 신경·언어 전문가로만 브라운은 그의 책 '말의 힘'에서 걸음 걸이를 어떻게 하라고 했는가요?
⑦ 글을 읽고 느낀 점을 말해 봅시다.

〈주제 13〉 용서와 화해(和解)

중·고1 수준

드골 프랑스 대통령과 벤구리온 이스라엘 초대 총리는 숙적(宿敵)이었던 서독 총리 아데나워 장례식 맨 앞자리에 나란히 앉아서 조의(남의 죽음을 슬퍼하는 뜻)를 표하고 고인의 명복을 빌었습니다.

마음이 너그러워서가 아니라 원수를 용서함으로써 나라와 시대를 과거로부터 해방시켜 앞으로 새 시대 새 역사를 열어가겠다는 마음 때문일 것입니다. 묵은 시대 묵은 인물에 붙들려 있으면 새 시대 새 역사를 열어갈 수 없습니다.84)

〈질 문〉
① 프랑스 대통령과 이스라엘 총리는 왜 숙적(오래된 원수)의 죽음에 조의를 표했을까요?
② 우리의 일상생활에서의 원수는 내가 잘못해서 맺어진 원수가 있고 상대가 잘못해서 맺어진 원수가 있습니다. 그 원수를 왜 풀어야 하나요.

〈주제 14〉 한눈에 보는 경제

초·중·고1 수준

요즘 신문을 펼치면 돈 때문에 일어난 사건·사고 기사를 쉽게 볼 수 있어요. 돈이 없어서 물건을 훔치기도 하고, 돈을 빌려주지 않는다는 이유로 친한 사람들과 등을 돌리기도 합니다. 이러한 일은 대개 필요한 순간에 돈

---
84) 조선일보

을 쓰지 못하여 발생한 것이지요. 즉 미래를 위해 쓸 돈을 미리 준비하지 않았기 때문입니다.

 돈이 생기면 모두 써 버리는 사람도 있고 한푼 두푼 모아서 저축을 많이 하는 사람도 있습니다. 저축을 통해 마련한 자금은 갑자기 목돈이 필요할 때 유용하게 쓸 자금이 되므로 안정적인 경제생활을 할 수 있게 해주는 바탕이 됩니다. 즉, 토지나 주택, 가구나 대형 전자 제품의 구매를 위한 목돈 마련이 될 뿐만 아니라 재난 대비나 안정된 노후 생활이 될 수 있기 때문입니다.[85]

〈질 문〉
① 돈 때문에 일어난 사건·사고는 왜 발생하나요?
② 저축은 왜 필요한가요?

〈주제 15〉 모두가 '나의 잘못'

초·중·고1 수준

 어느 시골에 할아버지, 할머니, 아들, 며느리 그리고 젖먹이 아기 등 다섯 식구가 살고 있었습니다. 어느 날 며느리는 아기를 할머니에게 맡기고 빨랫감을 작은 솥에 가득히 넣고 불을 지펴 끓이고 있었습니다. 그때 아기가 자지러지게 울었습니다. 며느리는 급하게 달려가서 젖도 먹이고 오줌싸게 갈아주며 울지 않게 한 뒤에 부엌에 돌아와 보니 빨랫감이 까맣게 타버렸습니다. 어찌할 바를 몰라 발을 동동 구르고 있었습니다.

 이 광경을 보고 있던 시어머니는 "예야 너의 잘못이 아니다. 내가 잠깐 자리를 비워서 아기가 울었기 때문에 나의 잘못이다."하고 위로하니 며느리는 "아닙니다. 제 잘못입니다. 용서하여 주십시오"하고 용서를 빌었습니다. "아니다 내 잘못이 더 크다." 이렇게 서로 탓하지 않고 자기 잘못이라고 했습니다.

 이 광경을 보고 있던 할아버지는 "할멈 잘못도 아니고 며느리 잘못도 아니다"라며 "내가 돈을 모아서 큰 솥을 구입하여 사용했으면 이런 일이 생기지 않았을 것이다. 모두가 나의 잘못이다." 그때 들에서 들어온 아들이 "아닙니다. 저가 좀 더 일찍 일어나서 저 장작을 잘게 쪼개서 금방 불에

---

[85] 김창훈, 금융감독원 금융교육국, (조선일보)

타고 꺼질 수 있도록 준비했으면 이런 일이 없었을 것입니다. 모두가 저의 잘못입니다."라고 말하고 모두를 위로하였습니다. (종범스님 법문 중에서)

〈질 문〉
① 며느리가 잘못한 점은 무엇인가요?
② 이 가족의 훌륭한 점은 무엇인가요?
③ 글을 읽고 느낀 점을 말하여 봅시다.

〈주제 16〉 '선풀(착한 댓글) 운동본부' 민병철 이사장

초고·중·고1 수준

민 교수는 "사이버 세상에서 생활하는 비중이 점점 늘어나고 있다"라면서 "남을 깎아내리거나 헐뜯는 대신에 칭찬하고 배려하는 '긍정 에너지'를 인터넷과 소셜미디어에 불어넣는 것이 선풀 운동의 기본 정신"이라고 했습니다.

우리는 가정이나 학교에서 이기는 방법만 가르쳤지, 남을 사랑하고 칭찬, 배려하는 교육엔 소홀한 측면이 많습니다.

선풀 달면 악풀 준다.
아무리 훌륭한 기사라도
나쁜 댓글은 올라오지만
선풀이 줄줄이 달리면
악풀은 그만큼 줄죠

영어 조기 유학 필요 없다.
영어로 된 재미있는 만화영화
수십 번 보면 자연스레 습득
외국엔 학문 배우러 가야지
영어 배우러 가는 건 잘못[86]

〈질 문〉
① 선풀 운동의 기본 정신은 무엇인가요?
② 가정이나 학교 교육에서 소홀한 측면은 무엇인가요?

---

86) 조선일보 2017.4.8. 29934호 강훈 기자

〈주제 17〉 자기 주도적 학습 노트 쓰기…
학습 낙오자 한 명도 없다.

초·중1 수준

1. 여주 능서초 필기의 기적
   한두 문장으로 학습 내용 정리
   집중력, 어휘력 등 키우는 효과
   스스로 공부하는 힘 길러준다.
   그래프·그림 이용한 노트 정리
   전교생 보통 이상 학력

이 학교 아이들은 매 수업이 끝나면 방금 배운 내용과 생각을 공책에 적습니다. 이제 막 학교에 들어온 1학년부터 6학년까지 똑같이 합니다. (적게는 1~2분, 많게는 5분)

손상호 교사는 "아이들은 뭔가를 쓰면서 집중력, 어휘력, 기억력은 물론 자기 스스로 공부하는 자기주도학습 능력을 키우는 효과가 있다고 말했습니다.[87]

〈질 문〉
① 여주 능서초등학교 학습 노트 쓰기는 어떤 효과가 있었나요?
② 학습 노트 필기는 무엇을 어떻게 씁니까?

〈주제 18〉 골고루 잘 사는 세상

중·고1 수준

"인류에게는 골고루 잘 사는 세상을 만들고 싶다는 오랜 염원이 있습니다. 참으로 훌륭한 이상입니다. 그 이상을 실현하는 데는 진리가 있습니다. 정도(正道)로 가면 골고루 잘살게 되지만 사도(邪道)로 가면 골고루 못살게 됩니다.

인류의 역사를 보면 잘 사는 흥국(興國)의 길보다 망국(亡國)의 길을 택한 경우가 적지 아니했습니다. 왜냐하면 망국의 길은 듣기는 그럴듯하여 국민을 속이기 쉽고 대중적 인기가 높기 때문입니다. 포퓰리즘 정책이 그

---

[87] 조선일보 2016.1.4. 295469호 박세미 기자

길입니다.[88]

우리 개인의 생활에 있어서도 늘 잘 살기를 바라면서도 실제 행동은 그와 반대로 불행해지는 길로 가는 사람이 많이 있습니다. 이를테면 담배를 피우거나 술을 지나치게 많이 마시면 건강에 해롭다는 것을 알면서도 계속 피우고 마시는 것이 그 예입니다. 이와 같이 우리의 행복을 방해하는 것들을 제거하고 불행의 길로 가지 않기 위해서는 모든 사람이 정도(正道)로 가야 합니다.

정도로 가기 위해서는 생각과 행동을 하기 전에 내가 지금 할려고 하는 일이 옳은 일인지, 옳지 않은 일인지 순간적으로 판단한 후에 행동하는 습관을 기르면 사도로 가지 않고 항상 정도로 가게 될 것입니다.

그러나 우리 인간에는 악한 감정과 욕심이 있어서 정도로 가는 것을 방해할 때가 있습니다. 이런 경우에는 "내가 사도로 가면 안 돼지"하면서 그 악한 감정을 물리쳐야 합니다. 그 물리치는 힘은 바른 인성에서 나옵니다.

〈질 문〉
① 골고루 잘사는 길은 무엇인가요?
② 정도로 가자면 어떻게 해야 하는가요?
③ 정도와 사도의 기준을 무엇으로 하면 좋겠는가?

〈주제 19〉 너 자신을 알라

중·고1 수준

소크라테스의 '너 자신을 알라'는 말은 '그대가 얼마나 대단하고 소중한 존재인지, 얼마나 큰 잠재력을 가지고 있는지를 알라'는 뜻. 그것은 곧 '너는 미천한 존재가 아니라 영혼을 가진 소중한 존재라는 뜻입니다.[89]

〈질 문〉
① 소크라테스의 '너 자신을 알라'는 말은 무슨 뜻인가요?

---
[88] 조선일보 2011.4.9. 28079호 박세일
[89] 조선일보

② 우리는 왜 소중한 존재입니까?
③ 내 몸 안에 잠자고 있는 잠재력을 어떻게 끌어내야 합니까?

〈주제 20〉 반복의 힘

초·중·고1 수준

먼저 학습한 내용을 완전하게 잘 알고 있으면 다음 학습이 쉬워집니다. 그렇지 않으면 다음 학습이 어려워지는 경우가 많아서 뒤떨어지게 됩니다. "특히 지적 기능을 다루는 학습 과제의 경우에는 먼저 배운 학습의 질이 중요한 역할을 합니다. 수학이나 과학 교과가 대표적인 예입니다.

숭실대 남정욱 교수는 "선행학습은 그 대상이 상위 5%의 영재의 경우에 한해서만 효과가 있다"라고 말하고 그 외는 효과가 없다고 합니다.

학습법을 연구하는 조남호 선생의 조사 결과 지난 2000년부터 2007년까지 서울대 입학생 3,121명을 대상으로 설문조사를 했더니 대부분의 공부 방법이 복습이었습니다.

특히 방학 때의 공부 방법이 달랐습니다. 서울대생들이 방학 때마다 지난 학기 총정리와 복습에 치중한 반면 일반 학생들은 선행학습과 예습에 매달렸습니다. 공부의 본질이 기억과 되새김과 보충과 심화학습이란 말씀이다. 즉, 반복 연습에 의하여 실력은 길러집니다.[90]

〈질 문〉
① 먼저 배운 학습의 질이 다음 학습에 어떤 영향을 줍니까?
② 선행학습은 어떤 학생에게 효과가 있습니까?
③ 서울대 입학생의 공부 방법은 무엇이었나요?
④ 서울대 학생들이 방학 때에 어떻게 공부를 하나요?
⑤ 공부의 본질은 무엇인가요?
⑥ 왜 반복 연습해야 실력이 길러지나요?
⑦ 먼저 학습한 내용을 잘 모르면 본시 학습이 어려워져 뒤떨어집니다. 이러한 경우에는 어떻게 공부해야 할까요?
⑧ 먼저 배운 학습의 질이 중요한 역할을 하는 과목은?

---
90) 조선일보 2013.4.6. 기사

〈주제 21〉 집안이 가난해도 …신문·책 읽으면 '개천 용' 된다.

초·중·고1 수준

인터넷·SNS 등이 범람하는 세상이지만 신문·책 등 활자매체가 여전히 효과가 있다는 사실이 한국직업능력개발원의 11년 추적조사를 통해 확인됐습니다.

(1) 독서량 같아도 신문 읽기가 효과
똑같은 양의 책을 읽었더라도 신문을 구독한 학생의 경우 모든 과목에서 상대적으로 수능 성적이 높았다.
(2) 교양서적 많이 읽어야!
고교 시절의 독서도 신문과 마찬가지로 수능과 취업에 긍정적인 효과를 보였다. 특히 일반 서적보다 교양서적의 효과가 더 컸다. 고교 재학 시절 교양서적을 11권 이상 읽은 학생의 경우 좋은 직장 취업률은 44%로 1권도 읽지 않은 경우(24%)보다 20% 포인트 더 높았습니다. 사이토 다까시 메이지대 교수는 '읽기'를 통해 생각하는 힘, 풍부한 간접 경험, 나아가 세상을 이해하는 유연성을 키울 수 있다."라고 했다. 알고 보면 신문이 선생님이었습니다.[91]

〈질 문〉
① 신문을 읽으면 수능에 어떤 효과가 있나?
② 고교 재학시절 교양서적을 11권 이상 읽은 학생이 한 권도 읽지 않은 학생보다 직장 취업률이 얼마나 높았다고 했나?
③ 신문은 왜 선생님이라 할 수 있나요?

〈주제 22〉 감정 조절

초등고학년·중·고1 수준

우리는 일상생활에서 화가 날 때가 있습니다. 만약 화를 참지 못하고 폭발하면 이성을 잃고 판단력이 흐려져서 소리를 지르거나 욕설을 하기도 하고 상대를 때리기도 합니다. 그래서 상대보다 자신의 마음이 먼저 상하게

---
91) 조선일보 만물상 2015.10.28. 29487호 김인선 논설위원

되고 거칠어진다. 반대로 화를 참고 감정을 잘 조절하면 마음이 편안해지고 넓어지며 행복해집니다.

화가 올라올 때 이제 '내가 화를 내려고 하는구나!', '나는 소중한 사람이다.', '화를 내면 지혜가 없어지고 판단력이 흐려진다' 하고 좋은 생각을 반복하여 입속으로 말하거나 긍정적인 생각을 하면 감정이 조절되고 이성적인 대화로 갈등을 없애 버릴 수 있습니다. 또한 현장을 떠나서 몇 초라도 심호흡을 하고 좋은 생각을 하면 화가 내려앉습니다.[92]

〈질 문〉
1. 화를 참고 감정을 잘 조절하면 마음이 어떻게 되는가요?
2. 감정을 조절하는 방법을 말해 봐요.

〈주제 23〉 나눔으로 행복해지는 세상

고등학교 수준

재물이 없으면 세상을 살아갈 수 없습니다. 그러므로 젊을 때 돈을 많이 벌어서 아끼고 모아야 노후에 가난의 고통 없이 베풀면서 행복하게 살아갈 수 있다.

김일섭 한국경영원장은 세상에서 돈을 버는 방법은 두 가지 '거래'와 '투자'라고 했습니다. 투자로 번 돈은 일정 부분 사회에 내놓아야 한다고 했습니다. 안 그러면 우리 사회가 불안해지고 사회가 불안하면 결과적으로 부자도 살기 나빠진다는 얘기입니다.

"빈부 격차가 심화되면 직업과 생활이 불안한 사람들이 미워할 대상을 찾게 됩니다. 그래서 미국의 월가 점령이나 영국의 폭동 사태와 같이 소요 사태가 일어나 사회 전체가 불안해집니다.

그러므로 투자로 큰돈을 번 사람이 솔선해서 기부를 해야 사회 전체가 더 건강해져 그들 자신을 포함한 모든 사람이 행복해질 수 있습니다."[93]

재화에 밝은 이가 말하기를 "한 달 앞을 내다볼 줄 알면 부자가 되고, 일 년 앞을 내다볼 줄 알면 갑부가 된다"는 말에 공감이 갑니다. 이와 같이 앞날을 내다볼 줄 알려면 시대의 흐름을 잘 알아야 합니다.

---

92) 조선일보 2013.2.29. 28664호 김연주 기자
93) 조선일보 2011.4.26. 28222호 김수혜 기자

〈질 문〉
① 왜 젊을 때 돈을 벌어야 하나요?
② 돈을 버는 방법은 '거래'와 '투자'라고 했습니다. 그것을 잘하려면 어떻게 해야 할까요?
③ 왜 기부를 해야 하나요?
④ 빈부 격차가 심화되면 어떤 현상이 일어날까요?
⑤ 이야기의 중심 내용은 무엇인가요?

〈주제 24〉 한용운의 고함 '죽지 마라'

초등고학년·중·고1 수준

1942년 10월 조선어학회 사건이 터졌다. 학자들이 대거 체포되고 조선어사전 원고는 압수되었습니다. 핑계를 갖다 붙이면 아무나 체포되고 학생은 태평양전쟁 학도병으로 징집당하는(군대에 복무할 의무를 부과하여 불러 모으는) 사태가 몇 달을 갔습니다. 혜화전문학교 불교학과 박설산 또한 징집영장을 받았습니다. 그해 말 박설산이 인천에 있는 여운형을 찾아갔습니다. 여운형은 "끌려가서 총 쏘고 칼 쓰는 법을 배우라"고 말했습니다. 그리고 심우장으로 가 한용운을 찾아갔습니다. 한용운은 방응모, 정인보와 함께 바둑을 두고 있었습니다. 사정을 들은 한용운이 갑자기 바둑판과 바둑알을 집어 던지며 고함을 질렀습니다. "죽지 마라, 이놈들아!"

박설산은 이렇게 회상합니다. "여운형 선생의 깊은 뜻을 몰라 심장이 터질 것 같았고 살기 위해 죽지 말라는 게 아니라 살아남아야 할 지상명령이 있음을 알게 되었다."라고 말했습니다.(박설산. '뚜껑 없는 조선 역사책' 1994. 도서 출판 삼자, p227) 조선인은 각성 중이었습니다. 2년 뒤 한용운은 심우장에서 죽었습니다. 100년 전 각성과 반성을 주문했던 한용운이었습니다. 그 화두(話頭), 100년이 지난 지금 더욱 절실하지 않습니까?[94]

〈질 문〉
① 일본은 왜 조선어학회 학자들을 체포하고 조선어사전 원고를 압수했을까요?
② "끌려가서 총 쏘고 칼 쓰는 법을 배우라고 했다" 이 말의 숨은 뜻

---
[94] 조선일보, 2019.12.31. 30777호 여행 전문기자, 박종인의 땅의 역사, A28

은 무엇인가요?
③ "죽지 마라, 이놈들아!" 이 말은 누구에게 하는 말이며 숨은 뜻은 무엇인가요?

〈주제 25〉 마음에서 나오는 효심

초·중·고1 수준

머나먼 옛날 두메산골에 수갑(가명)이라 부르는 청년이 살았습니다. 그는 효성이 지극하여 마을 사람들로부터 효자라고 칭찬을 받았습니다. 그의 친구는 부럽기도 하고 어떻게 부모를 모셨는지 궁금하기도 하여 친구를 찾아가 "자네는 부모님을 어떻게 모셨기에 효자라고 칭찬을 받는가?"라고 물었습니다.

효자는 "부모님을 위해 특별히 자랑할 만한 일을 한 것이 없고 다만 늘 감사하는 마음으로 불편함이 없도록 모시고 있다네"라고 말하자, 친구는 그 방법을 알려줄 것을 간절히 청하였습니다.

효자는 할 수 없이 자기가 실천하고 있는 효행 이야기를 들려주었습니다. "겨울철에 엄친(아버지)께서 일어나시기 전에 방에 들어가 아버지께서 벗어 놓은 옷을 입고 있다가 따뜻해질 때 다시 옷을 벗어 놓으면 아버지께서 옷을 입으실 때 차가운 느낌이 들지 않게 하고 있다네"라고 말했습니다. 옛날에는 내복도 없고 난방시설이 되지 않아 방이 몹시 추웠기 때문이죠. 그 말을 들은 친구는 자기도 그렇게 하기로 결심하고 집으로 돌아왔습니다.

그는 이튿날 아침에 일찍 일어나 아버님 방에 들어가서 자기 옷을 벗어 놓고 대신 아버지 옷을 입고 밖으로 나왔습니다. 그때 갑자기 눈비가 쏟아져서 자신이 아버지 옷을 입고 있다는 사실을 잊은 채 이리저리 뛰어다니면서 비에 젖어서는 안 되는 물건들을 치우고 정리한 다음에 방으로 들어가니, 옷은 눈비에 흠뻑 젖어 있었습니다. 이 모양을 바라보고 있던 그의 아버지는 "야! 이놈아 자기 옷이 아무리 소중해도 어찌 어른 옷을 입고 설거지를 한단 말인가"하면서 크게 호통을 쳤습니다. 그는 무릎을 꿇고 용서를 빈 다음에 조용히 반성을 했답니다.

〈질 문〉
① 아버지에게 호통을 받은 효자 친구는 어떤 반성을 했을까요. 자기가 부모님 옷을 젖게 했다는 입장에서 생각하여 봅시다.
② 내가 부모님께 효도할 수 있는 방법을 찾아서 말하여 봅시다.
③ 어떤 부분이 가장 재미있었나요?

제2장 독서 지도

책을 읽으면 모든 뇌 부위가 발달하여 기억력, 사고력, 창의력, 문제해결 능력 등 모두가 좋아져 직장에서 두각을 나타내는 데 필수적인 조건입니다.

이야기를 읽으면 뇌가 활성화돼 실제 경험하듯 느끼고 등장인물의 처지에서 생생한 간접 경험을 하고 인생을 풍요롭게 만들 수 있습니다.[95] 또한 독서는 인간의 지혜를 발전시켜 주며 행복하고 아름다운 생활을 만드는 데 반드시 필요합니다.[96]

1. 독서 교육은 언제부터 하는 것이 좋은가?

"책 읽어주는 건 말과 상상력 키워주는 것 아이가 서너 살 될 때까진 꼭 해줘야 해요."

1) 읽어주는 시기
   (1) 태어나 3세 이전까지가 책을 읽어주는 최적기입니다.
   (2) 사람이 청각은 임신 6개월부터 발달하기 때문에 태교를 좋은 음악을 듣고 책을 읽어주는 것입니다.
   (3) "스스로 책을 읽을 수 있는 생후 3~5년까지는 끊임없이 부모가 읽어줘야 합니다.

2) 책 읽어주기의 효과
   (1) 소리 듣기가 잘 발달
   (2) 부모와 정서적인 따뜻한 교류를 경험하는 선순환

---
[95] 조선일보 2016.3.16. 29605호 곽금주, 서울대 교수
[96] 권계동 외 4인 부모교육자료 안동시교육삼락회 2009년

3) 책을 읽어주는 사람

책은 누구나 읽어주어도 좋습니다. 하지만 "아빠가 읽어주는 것이 가장 좋다."고 하는 이도 있습니다.

4) 읽어줄 때 유의할 점
(1) 아이가 책을 읽다가 딴청을 피우거나 엉뚱한 질문을 해도 받아줍니다. 아이의 반응을 무시하면서 책을 읽어주는 건 의미를 반감시키는 것입니다.
(2) 아이가 책 읽기를 방해하더라도 아이의 반응을 존중해 줘야 합니다.

5) 심영면 선생님의 알려주는 책 읽어주기 Tip
(1) 또박또박 정확한 발음으로 읽어주세요.
(2) 과장된 목소리나 표정, 동작 같은 구연동화 방식으로 읽지 않아도 됩니다.
(3) 읽으면서 아이와 대화(읽기를 중단하고 다음은 어떻게 될까요?)
(4) 아이가 좋아하면 같은 책을 반복해서 읽어도 좋아요.
(5) 하루 10~20분, 최소한 잠들기 전 꼭 읽어주세요.

6) 책 읽는 아이로 키우는 8계명
(1) 아이가 좋아하는 책, 흥미를 느끼는 책을 더 많이 읽도록 도와주세요.
(2) 무릎에 아이를 앉히고 원할 때까지 읽어주세요.
(3) 인터넷 스마트폰 등 영상매체는 통제해 주세요.
(4) 아이 주변에 책이 차고 넘치게 해주세요.
(5) 책을 읽고 독후감 활동을 강요하지 마세요.
(6) 책 읽을 시간을 확보해 주세요.
(7) 아이의 수준 연령대에 맞는 책을 골라 읽어주세요.
(8) 스스로 찾아서 읽을 때까지 관심을 놓지 마세요.[97]

---
97) 조선일보 2018.8.23. 30359호 남강호 기자

7) 어릴 때부터 책을 읽는 습관 기르는 방법

(1) 부모님이 아이들에게 책을 큰 소리로 읽어줍니다.

(2) 초등학교 아이들에게도 책을 읽어주면 아이가 평생 동안 책 읽는 습관을 갖는 데 도움이 됩니다. (20~30분)

(3) 서울 고은초등학교 채연실 교장은 "일주일 한 번씩 책을 15~20분씩 읽어준 것만으로도 독서 토론 시간에 발표도 높고 학생들의 생각이 점차 풍족해진다는 게 피부로 느껴졌다."라고 했습니다.

(4) 부모가 3~5세 자녀에게 동화책을 읽어줬을 때 아이들의 시각과 청각 정보 처리를 담당하는 좌뇌 속 일정 부위(두정·후두 옆)가 활성화됩니다.

(5) 책을 읽어주면 어린이들의 상상력과 창의성에 날개를 달아주고 학업성취도 높인다는 실증적 연구가 있습니다.

(6) 소리내어 읽어주기는 책을 접하기를 꺼리는 어린 학생들에게 '책 재미'를 붙이는 가장 좋은 방법이라고 전문가들은 말합니다. 청각과 시각을 함께 자극해 어휘력을 발달시키며, 뇌 발달을 촉진해 창의력을 기르는 데 도움이 됩니다. 읽어주는 성인과 어린이 간 정서적 교류 수단이 되기도 합니다.[98]

(7) 엄마보다 아빠가 읽어줄 때… 더 똑똑해진다.
하버드대·옥스퍼드대 추적조사 결과 아빠가 책 읽어준 아이들의 성적이 높고 성인기에 정서적인 문제를 겪을 확률도 낮았습니다.

① 왜 이런 걸까? 예를 들면 엄마는 아이한테 책을 읽어줄 때 '사과가 몇 개 보이니?' 등 '사실적 질문'에 집중했지만 '아빠들은 '오'이 사다리 좀 봐, 너 지난번에 내 트럭에 있던 사다리 생각나니?'와 같이 아이들의 '뇌를 자극하는 질문'을 던진다는 것입니다.

② "책을 큰 소리로 읽을 경우 좋아하는 음악을 듣거나 산책을 하는 것보다 스트레스를 해소하는 데 더 큰 효과가 있다."라는 것으로 나타났습니다. (영국 서석대 연구팀)

③ 독서 전문가인 짐 스텔리즈씨는 "비록 아동용 책이라도 소리내어 읽으면 어릴 적 얻지 못했던 읽기의 즐거움을 느끼게 되고 자신의 독서 취향을 깨달을 기회를 갖게 되기 때문"이라고 말했습니다.

---

[98] 조선일보 2016.3.28. 29615호 신문은 선생님

(8) 좋은 책 고르기
① 다양한 목록에서 읽을 책을 스스로 찾아 고를 수 있게 합니다.
(형식 기준, 주제의 효율적 측면, 저자, 출판 관련 기준)
② 고르기 힘들 땐 보관 도서 대장을 보고 가장 많이 대여되는 책을 고른다.
③ 부모와 함께 서점 가기

(9) 유대인 가정에서의 독서와 대화
수천 년 전 유대인들이 탈무드와 토라를 연구하며 만들어 온 하브루타(질문하고 대답하는 공부법)의 전통입니다.
매일 자녀와 마주 앉아 질문하고 대답하는 시간이 일과처럼 되어 있다. 토론의 텍스트는 주로 동화책이고 그 중심에는 아버지가 있습니다.
무스카텔씨는 '매일 30분씩 책을 읽으며 아이들과 '왜'라는 질문으로 꼬리에 꼬리를 무는 대화를 합니다.[99]

2. 읽기 기초 실력 키우기

아이들이 스마트폰에 빠져 책을 읽지 않습니다. 그리하여 부모는 아이가 어릴 때부터 서점이나 도서관에 같이 가서 쉽고 재미있는 책부터 골라 같이 읽고 내용에 대한 대화와 토론을 함으로서 책 읽기를 즐거워하는 습관을 키우고 독서능력을 향상 시킵니다.(조선일보)

1) 초등학생의 읽기 지도
"초등학교 때 읽기 쓰기 능력을 탄탄하게 갖추면 모든 학과 공부의 80% 이상을 한 셈"이라고 합니다. 5세 때 한글을 깨친 이후 동화책을 많이 읽게 하고, 어휘와 문장을 충분히 익히게 합니다.(동아일보)

2) 중학생이 읽어야 할 책
중학생이 되면 현대소설, 동서양 고전을 비롯해 과학 및 신문 시사 잡지 등을 두루 읽게 합니다.[100]

---
99) 조선일보, 2016.4.5. 정경화 기자

3) OECD의 독서 개선안

초·중·고생들의 생각 없는 독서가 늘고 있습니다. 학생들의 독서량이 늘어나는 데도 독서 시간은 오히려 줄고 있습니다. 책을 많이 읽는 학생 그룹을 국제적으로 비교해보니 한국 학생의 읽기 능력 경쟁력이 OECD 다른 회원국에 비해 떨어졌습니다. 학생들의 독서 방식이 외형적으로는 화려하지만, 내실(內實)이 없다는 뜻입니다.

(1) 한국 학생 독서의 문제점
   ① 독서량(책 권수)은 늘어나고 있으나 같은 기간 중 평일 독서 시간은 줄었습니다.
   ② 학생 4명 중 1명은 책 읽기를 피하고 있습니다. 이유는 책 읽기가 싫고 독서 습관이 들지 않아서(25%) 책 읽기를 피하고 있습니다.
   ③ 한국 학생은 암기력이나 응용 능력은 뛰어나지만, 과제의 목적이나 텍스트의 중심 생각을 파악하는 독해력과 독서통제력은 부족합니다.
(2) 스스로 찾는 능력 키워줘야!
   ① 책의 중심 생각을 파악하는 능력 강화에 부모들이 관심을 가져야 합니다.
   ② 단기간에 부모의 눈높이에 맞추려고 강요하는 것은 오히려 역효과를 냅니다.
(3) 책 내용을 자유롭게 이야기하는 분위기가 중요
   책으로 따뜻한 세상을 만드는 교사들(책따세) 허병두 대표는 "독서를 당장의 학습 효과와 연관 짓는 태도는 오히려 아이들의 추리력과 상상력에 걸림돌이 된다."라며 "아이들의 독서 효과가 성에 안 차더라도 자꾸 아이 입으로 책 내용을 자유롭게 이야기하는 분위기를 만들어주는 것이 중요하다."라고 조언하였습니다.[101]
(4) 배경지식을 풍부하게
   배경지식을 풍부하게 하는 것도 독서 능률과 학업 성취 향상에 도움이 된다. 미국 버지니아대 윌링햄 교수(인지과학 전공)는 "다양한

---

100) 동아일보, 2004.12.9. 25937, 송효림 기자
101) 조선일보, 2011.2.28. 김성욱 인턴 기자

배경지식을 집약해 놓은 신문이나 잡지를 아이들이 계속 접하게 하도록 하라"고 권고합니다. 그리고 대화·토론에도 많은 도움이 됩니다.102)

4) 독서를 많이 하는 아이와 싫어하는 아이

(1) 독서를 많이 하는 아이들
① 독서는 교과 과목의 기본인 표현력(말하기, 글쓰기)과 공부의 핵심 능력인 독해력을 향상시킵니다.
② 주제나 안건에 대한 자신의 생각을 논리적으로 말할 수 있게 합니다.
③ 2차 언어 발달의 결정적 시기인 유년기 초등학교 과정을 통해 표현력을 기를 수 있습니다.
④ 향후 학습 능력뿐 아니라 의사 결정을 내리는 데도 도움이 됩니다.103)
(2) 독서를 싫어하는 아이들
① 독서를 못 하는 아이들은 문자식별을 넘어선 이해와 추론을 할 수 없습니다. 그리고 자신들이 가진 잠재력에 접근하지 못합니다.
② 독서 습관을 들이는 데 실패한 학생들은 다른 사람에게 자신의 의견을 피력하거나 남의 상황을 공감하고 이해하는 능력도 점차 떨어지게 됩니다.
③ 모바일 기기를 통해 읽으면 그때그때 정보 얻는 데만 그쳐 수준 있고 유익한 독서는 하지 않게 됩니다.104)(메리언 울프)

5) 독서 습관, 만 12세까지 골든타임

(1) 뇌 발달의 결정적 시기
전문가들은 "뇌가 완성되는 시기인 어린 시절 독서가 무엇보다 중요하다."라고 말합니다. 인간의 뇌 발달에는 결정적 시기가 있는데 그 시기는 대체로 생후 8개월부터 6세 이전입니다. 이 시기에는 뇌가 새로운 자극을

---
102) 조선일보, 2018.1.17. 28319호
103) 조선일보, 2014.3.3.
104) 조선일보, 2016.3.4.

받아 학습하거나 기억할 때 세포들이 서로 연결돼 뇌의 신경회로를 형성하는 활동이 가장 활발하고 이후로는 속도가 조금 늦어지지만, 초등학교 5~6학년인 만 12세까지는 뇌신경 회로의 숫자가 늘어납니다. (김대식 카이스트 교수)

　　(2) 고차원의 이해력 사고력이 뛰어난 아이로 키우려면 적어도 만 12세 이전에 독서 습관을 길러주는 것이 좋습니다. [105]

　　(3) 부모가 3~5세 자녀에게 동화책을 읽어주었을 때 아이들의 청각과 시각 정보 처리를 담당하는 좌뇌 속의 일정 부위(두전·측두·후두엽)가 활성화됩니다. (존 휴튼)

3. 독해력 기르기

독해력의 사전적 의미는 '글을 읽어서 이해할 수 있는 능력'이라고 하지만 여기서는 글을 한번 읽고 중심내용을 파악하여 요약할 수 있는 능력을 말하며 독해력 지도의 목표로 합니다.

1) 독해력은 모든 학습의 기본

독해력이 뛰어난 사람은 같은 시간에 다른 사람보다 더 많이 문장을 읽고 더 넓게 이해하여 학업성적이 우수합니다. 그러므로 독해력은 모든 학습의 기본이 됩니다.

독해력 없이는 국어는 물론 과학, 심지어 수학조차도 상위권 진입이 거의 불가능합니다. '수학을 풀어간다'라는 '스토리텔링 수학'의 본질과 역량 또한 독해력에 뿌리를 두고 있습니다. 글을 읽고 주제를 파악해 자신의 생각을 정리하는 능력은 매우 중요합니다.(조선일보)

이와 같이 중요한 독해력은 "초등학교 6학년까지 완벽하게 길러져야 하며 늦어도 중학교 1학년까지는 길러져야 후속학습에 도움이 되고 그렇지 못하면 학년이 높아질수록 학습에 어려움을 겪게 되고 학습부진의 요인이 된다."라고 하였습니다.(동아일보)

---
105) 조선일보, 2016.3.28. 김은주 강남 세브란스병원 정신의학과

2) 독해력 진단과 단계적 지도

(1) 독해력 진단

독해력은 독서습관에 따라 엄청난 차이가 있습니다. 그래서 학생들의 독해력을 진단하여 수준별로 단계적 과정에 따라 반복하여 연습해야 합니다.

지시문은 해당 학년이 1학년 국어교과서 설명문 한 단원의 글을 한 번 또는 2~3번 읽고 문장의 핵심 내용을 이해하고 간추리는 수준에 따라 5등급으로 구분하여 각자의 수준에 맞게 지도합니다.

① 상급 : 문장을 한 번 읽고 중심 내용을 요약할 수 있다.
② 상하급 : 문장을 2~3번 읽어야 핵심 내용을 요약할 수 있다.
③ 중급 : 글의 단락을 나누어 읽고 각 단락의 중심 내용과 구체적 사항을 이어서 글 전체의 내용을 요약할 수 있다.
④ 중하급 : 글의 한 단락을 여러 번 읽어야 중심 내용을 간추릴 수 있다.
⑤ 하급 : 문장을 구성하는 작은 단락의 글을 여러번 읽어도 중심 내용을 간추릴 수 없다.

(2) 수준별 단계별 지도

첫째 단계 : 작은 단락을 읽고 중심 내용 간추리기(요약)
① 글을 읽으면서 "무엇이 어떠하다"에 해당하는 어휘에 줄을 긋는다.
 ◦ 무엇은 → 글의 중심 내용
 ◦ 어떠하다 → 글의 중심 내용을 설명하는 구체적 사항
② 글의 중심 내용과 구체적 사항을 공책에 기록합니다.
 ◦ 글의 중심 내용 :
 ◦ 구체적 사항 :
③ 중심 내용과 구체적 사항을 이어서 글의 내용을 요약하여 기록하고 발표합니다.
④ 미달이면 반복 연습하고 목표에 달성했으면 다음 단계로 갑니다.

둘째 단계 : 한 단락의 글을 여러 번 읽고 중심 내용 파악하기
① 글의 단락을 나누어 주고, 단락별로 글을 읽을 때 "무엇이 어떠떠하다"는 글인가를 생각하면서 읽고 중심 내용과 구체적 사항을 파악하여 기록합니다.

◦ 중심 내용 :
　　　◦ 구체적 사항 :
② 중심 내용과 구체적 사항을 이어서 단락 전체의 내용을 간추려서 기록하고 발표합니다.
③ 수준 미달이면 다른 문장으로 될 때까지 반복 연습합니다.(읽은 회수 기록)

셋째 단계 : 단락별 중심 내용과 구체적 사항을 이어서 글의 내용 요약하기
① 글을 읽고 단락을 나눈다.(내용이나 장면이 바뀌는 곳에서 나누어짐)
② 부모와 같이 단락이 바르게 나누어졌는지 점검합니다.
③ 각 단락의 글을 읽고 중심 내용과 구체적 사항을 〈보기〉와 같이 기록합니다.
　〈보기〉
　단락의 중심 내용 :
　구체적 사항 :
④ 각 단락의 중심 내용과 구체적 사항을 이어서 글 전체의 내용을 요약하여 발표합니다.
　이때에 앞 단락의 중심 내용이 뒤의 단락에 포함시킬 수 있으면 앞의 것은 줄입니다.
⑤ 부족한 점이 있으면 다른 문장으로 반복하여 연습합니다.

넷째 단계 : 문장을 2~3번 읽어야 핵심 내용을 요약할 수 있습니다.
① 긴 문장을 '무엇이 어떠어떠하다'는 글일까를 생각하면서 글을 읽고 중심 내용과 구체적 사항을 기록합니다.
　　　◦ 중심 내용 :
　　　◦ 구체적 사항 :
② 중심내용과 구체적 사항을 이어서 글의 내용을 요약하여 발표합니다.
③ 읽은 회수를 기록하고 부족하면 다른 문장으로 반복 연습합니다.

다섯째 단계 : 글을 한번 읽고 중심내용을 요약할 수 있다.
① 긴 글 한 번 읽고 중심 내용이 빠진 곳 없이 요약하여 발표할

수 있으면 최상의 독해력을 가진 학생입니다.
　　② 부족한 점이 있으면 넷째 단계로 돌아가 학습합니다.
　(3) 독해력이 미약한 학생의 지도
　　① 독해력이 미약한 학생은 옆에서 늘 관심을 가지고 꾸준히 지도해야 합니다. 그러나 학교 선생님은 여러 학생을 지도하기 때문에 여기까지 힘이 미치지 못합니다. 그래서 부모가 관심을 가지고 독해력을 반드시 길러줘야 합니다.
　　② 학생들은 문장을 읽을 때 문제의식 없이 겉으로 대강대강 읽기 때문에 책 읽기를 어려워하고 기피하려고 합니다. 이런 마음을 없애고 글 읽기는 즐겁다는 분위기를 만들어 줘야 합니다. 그 방법은 쉽고 재미있는 글부터 시작하여 차차 어려운 글을 읽게 합니다.

3) 글의 중심 내용 파악

　(1) 글의 중심 내용을 파악할 때 유의할 점
　　① 글 전체의 중심 내용이 글 속에 나타나 있을 때는 거기서 글 전체의 중심 내용과 구체적 세부 내용을 찾으면 됩니다.
　　　그러나 글 전체의 중심 내용이 글 속에 드러나 있지 않고 단지 구체적 세부 중심 내용만이 나타나 있을 때는 이 세부 중심 내용으로부터 글 전체의 중심 내용을 만들어내야 합니다.
　　② 이때 주의할 것은 한 단락으로 된 짧은 글에서는 단락의 중심 내용이 글 전체의 중심 내용이 되고, 긴 글에서는 각 단락의 중심 내용이 구체적 세부 중심 내용이 되며, 글 전체의 중심 내용은 모든 단락을 전부 포함하는 내용이어야 한다는 것입니다.[106]
　　③ 이때에 가장 중요한 것은 글의 중심 내용과 구체적 세부 중심 내용을 구분하는 눈을 뜨게 하는 것입니다. 이러한 힘을 기르기 위해서는 "무엇이 어떠하다"는 글일까? 또는 "무엇이 어떠어떠하다"는 글일까?라는 문제의식을 가지고 글을 읽어야 합니다.
　　④ 중심 내용을 파악할 때까지 여러 번 읽어야 합니다.

---
[106] 한국교육개발원, 중심 내용 파악 학습 전략 일러두기

(2) 자료를 활용할 때 유의할 점
① 자녀가 먼저 과제를 풀어서 공책에 기록하고 부모는 그 기록 내용을 '부록'의 도움말(정답)과 맞추어 보고 대화를 나눕니다. 이때 정답과 다르게 썼다고 틀리는 것은 아닙니다. 많이 달라도 꾸중하지 말고 노력한 점에 칭찬을 해줍시다.
② 과제에 대한 도움말은 뒷부분 부록에 있습니다. 절대로 먼저 봐서는 안 됩니다.
③ 모르는 낱말이나 어휘의 뜻을 찾을 수 있도록 사전을 준비합니다.
④ 본서의 읽기 학습 자료가 부족할 때 독해력이 부족한 아이는 현재 사용하고 있는 국어 교과서 보다 한 학기 낮은 정도의 것을 활용하기를 권합니다. 독해력이 우수한 아이는 동화. 우화. 고전. 신문. 잡지 등에서 잘 짜여 진 글을 골라 활용하면 많은 도움이 될 것입니다.
⑤ 주제는 '무엇에 대하여 쓴 글'인가를 생각하면서 읽고 '무엇'에 해당하는 낱말이나 어휘를 찾아 씁니다.
⑥ 중심 내용은 글의 줄거리를 요약하여 씁니다.
⑦ 구체적 사항은 중심 내용을 설명한 글을 간단하게 간추려서 씁니다.

4) 읽기 학습자료

〈자료 1〉
다음 글을 읽고 물음에 답하세요.

초등 저학년 수준

> 사람이 살아가는 데 꼭 필요한 것은 옷, 음식, 그리고 집이다. 옷은 우리의 몸을 보호하고 예절을 지키기 위해서 필요하다. 음식은 우리의 건강을 유지하고 생명을 이어가게 하는 데 필요하다. 집은 재산을 보호할 수 있고 우리가 편히 쉴 수 있는 공간이기도 하다.[107]

---
107) 한국교육개발원 중심내용 파악 학습전략 p1

> 인성과 창의성

〈과제〉
① 글의 제목 (주제)은 무엇일까요?
② 글의 중심 내용은 무엇입니까?
③ 글의 중심 내용을 설명하는 구체적 사항은 무엇입니까?
④ 위의 글을 몇 번 읽고 중심 내용과 구체적 사항을 파악했는지? 읽은 횟수를 기록하세요. (   )번

〈자료 2〉
다음 글을 읽고 물음에 답하세요.

초 3·4 수준

물벼룩은 녹색말을 먹고 살며, 진딧물이나 매미는 식물의 진을 빨아먹고 산다. 그런가 하면 소와 말, 토끼, 노루, 사슴과 같은 동물은 나뭇잎이나 풀을 뜯어 먹고 사는 동물을 우리는 초식 동물이라 합니다.

그러나 호랑이, 사자, 독수리, 뱀, 상어, 고래 같은 동물들은 작은 짐승이나 물고기와 같은 동물들을 잡아먹고 산다. 이와 같이 동물을 잡아먹고 사는 동물을 육식 동물이라 합니다.

또 닭, 오리와 같은 새 종류 중에는 식물의 씨앗도 먹고 벌레나 물고기 등 작은 동물을 잡아먹는 것도 있다. 사람, 돼지, 쥐도 식물성 먹이와 동물성 먹이를 함께 먹는다. 이와 같은 동물을 잡식 동물이라 합니다.[108]

〈과제〉
① 글의 주제는 무엇입니까?
② 중심 내용은 무엇입니까?
③ 구체적 사항은 무엇입니까?
④ 위의 글을 읽은 횟수 (   )번

---
[108] 한국교육개발원 앞과 같은 책 p50

〈자료 3〉
다음 글을 읽고 물음에 답하세요.

초등 고학년 수준

> 미국 정부는 1978년 시끄러운 제트엔진과 로켓엔진 소음을 견뎌야 하는 전투기 조종사와 미 항공우주국(NASA) 우주 비행사를 위해 노이즈 캔슬링 연구를 의뢰합니다. 미국 음향업체 보스(BOSE)가 8년간의 연구 끝에 개발해 성공했죠. 보스는 1986년 첫 군용 노이즈 캔슬링 헤드폰을 내놓았습니다.
>
> 민간에서는 독일 음향업체 젠하이저가 1987년 민간용 노이즈 캔슬링 헤드폰을 출시합니다. 독일 항공사 루프트한자가 비행 중 계속해서 기내 소음에 시달리는 항공기 승무원용으로 개발을 의뢰했거든요.
>
> 승용차에 노이즈 캔슬링이 설치되기도 합니다. 차량 엔진음을 상쇄하는 음파를 만들어서 차내 소음을 줄이는 역할을 합니다. 일본 자동차 회사 닛산이 1990년대 초반 '블루버드' 차종에 노이즈 캔슬링 기능을 탑재한 것이 시초입니다. 그렇지만 널리 퍼지지는 않았고, 최근에야 고급 차량에 쓰이고 있어요. 현대차는 지난 11일 제네시스 GV80 차량에 노면 소음도 줄여주는 노이즈 캔슬링 시스템을 탑재했다고 밝혔습니다.[109]

〈과제〉
① 글의 주제는 무엇입니까?
② 중심 내용
③ 구체적 사항
④ 글을 읽은 횟수 (   )번

---
109) 조선일보 2019.11.20. 30742호 신문은 선생님

:: 인성과 창의성 ::

〈자료 4〉
다음 글을 읽고 물음에 답하세요.

초등 고학년 수준

> 지구의 표면을 떠나면, 처음에 대기권의 밑 부분인 대류권이라 불리는 층을 통과하게 된다. 이곳에는 구름이 떠 있고, 바람이 불며, 때로는 폭풍이 일어나는 등 기상 현상이 나타나기도 한다.
>
> 고도가 높아질수록 기온은 점점 내려가서 고도 약 12km에 이르면 기온이 약 −506℃ 정도로 된다. 이 고도에서부터 성층권이라 불리는 곳에 들어가게 되며 이곳에는 수증기가 없기 때문에 구름이 없고, 더 올라갈수록 기온이 높아지며 대류 현상도 일어나지 않는다.
>
> 고도 50km로부터 85km 사이에서는 올라갈수록 기온이 낮아져서 85km 높이에서는 약 −85℃ 정도로 내려간다. 이 층을 중간권이라 한다.
>
> 이 층보다 더 높이 올라가면 기온은 상승하게 되는데 이로부터 열권이라는 층에 들어가게 된다. 기온은 고도 300km까지 계속 상승하여 낮에는 1700℃나 되는 높은 온도에 이른다.[110]

〈과제〉
① 글의 주제는 무엇인가요?
② 글의 중심 내용
③ 중심 내용을 설명하는 구체적 사항
④ 글을 읽은 횟수 (   )번

---

[110] 한국교육개발원 앞과 같은 책 p53

〈자료 5〉
다음 글을 읽고 물음에 답하세요.

초등 고학년 수준

> 콩과 모래의 혼합물을 분리하려면, 먼저 알갱이의 크기가 다른 점을 이용하여 체를 써서 분리할 수 있다. 모래는 체의 가는 구멍을 빠져 아래로 떨어지지만, 콩은 체의 구멍을 빠져나갈 수 없기 때문에 체 안에 남게 된다.
> 　철가루와 톱밥의 혼합물은, 무게의 차이점을 이용하여 물로 이는 방법도 있지만, 철가루에 물이 묻으면 녹슬기 쉬우므로, 자석 붙는 성질을 이용하여 철가루와 톱밥의 혼합물 속에 비닐이나 종이로 감싼 자석을 넣어 휘저으면, 철가루만 간단히 분리할 수 있다.
> 　소금을 땅에 흘러 흙과 섞인 경우에는, 그대로 버릴 필요가 없이 소금과 흙의 차이점을 이용하여 분리하면 된다. 소금의 물에 녹는 성질을 이용하여 흙과 섞어 소금을 물에 넣고 저으면 소금이 녹게 된다. 소금이 다 녹은 다음, 걸음 장치로 거르면 소금물과 흙으로 분리할 수 있다. 소금물을 사용하거나 증발시켜서 소금을 다시 얻어내어 사용하면 된다.
> 　물과 기름이 섞인 것을 분리하려면 무게의 차를 이용하면 된다. 기름은 대체로 물보다 가볍기 때문에, 물과 기름이 섞인 것을 가만히 놓아두면 기름이 물 위에 뜨게 된다. 이때 위에 있는 기름을 따라 내거나 아래에 있는 물을 빼어내면 간단히 분리할 수 있다.111)

〈과제〉
① 글의 주제
② 중심 내용
③ 구체적 사항
④ 글을 읽은 횟수 (　)번

※ 참고 사항
위의 글은 글 전체의 중심 내용이 글 속에 드러나 있지 않고 단지 구

---

111) 한국교육개발원 앞과 같은 책 p60

체적 세부 중심 내용만이 나타나 있다. 이런 경우는 이 세부 중심 내용으로부터 글 전체의 중심 내용을 만들어내야 합니다.

〈자료 6〉
다음 글을 읽고 물음에 대한 답을 노트에 기록하고 발표하여 봅시다.

초등 고학년 수준

우리가 생활하는 주변 환경은 산업이 발달하고 인구가 증가하면서 심하게 오염되고 있다. 대도시는 농촌이나 어촌, 산촌보다 공기 오염이 더욱 심하다. 도시 지역에서는 거리를 달리는 자동차, 공업 지대의 굴뚝에서 나오는 매연, 거리의 먼지 가정에서 나오는 연탄, 석유 등에서 나오는 가스, 쓰레기를 태울 때 나는 유독 가스 등의 물질이 공기를 더럽히기 때문이다.

그래서 맑은 날에도 하늘이 뿌옇고, 숨쉬기가 불편하며, 목이 아픈 때도 있다. 특히 공기의 오염이 심한 공업 지대 주변에서는 빨래가 쉽게 더러워지거나 식물의 잎이 누렇게 변하여 잘 자라지 못하기도 하며 사람의 건강에 커다란 해를 끼치기도 한다.

또, 대도시나 공장 지대의 주변을 흐르는 물은 색깔이 이상하고, 심한 악취가 나기도 한다. 이와 같이 물이 오염되는 것은 가정에서 사용한 생활 폐수나 공장에서 사용한 공장 폐수, 농작물을 키우는 논과 밭에서 흘러나오는 농약 성분, 선박에 의한 오염, 바다에서의 핵 실험에 의한 방사능 오염, 여러 가지 매연이 빗물에 녹아 다시 물로 흘러 들어가기 때문이다.

농약은 농작물에 생기는 병이나 벌레를 막아 증산에 도움을 주기도 하지만, 이로운 벌레까지도 함께 죽이게 되고, 때로는 사람에게조차 직접적인 위험이 되기도 한다. 농작물에 스며들거나 땅속에 스며들어 토양을 오염시키기도 하며 물을 오염시키기도 한다.

그 밖에도 많은 사람이 쓰고 버리는 쓰레기는 환경오염의 커다란 문제가 되고 있다. 쓰레기들이 흩어져 있으면 보기에도 더러울 뿐만 아니라 썩을 때 나는 냄새와 쓰레기들을 태울 때 나는 유독 가스 등은 공기나 물, 토양 등을 모두 오염시키기 때문이다. 요즈음의 쓰레기 중에서는 쉽사리 썩지도 않는 금속제 깡통이나 비닐 제품들도 많아 큰 문제 거리가 되고 있다.112)

〈과제〉
① 글의 주제
② 중심 내용
③ 구체적 사항
④ 글을 읽은 횟수 (   )번

〈자료 7〉 학교 운동장이 빈 나라의 미래

초등 고학년·중 수준

캐나다 초등학교 점심시간은 밥 먹는 데 20분, 노는 데 40분으로 나뉘어 있다. 아이는 밥 먹은 뒤 운동장이나 체육관에서 마음껏 뛰논다. 축구, 야구, 하키, 배구 같은 운동 프로그램도 마련되어 있다. 스웨덴에서는 점심시간에 아예 교실 문을 걸어 잠그고 모두 운동장에 내보낸다. 프랑스 중학교에선 체육 수업이 주 4시간으로 프랑스어·수학과 함께 가장 많다. 선진국에선 거의 공통적인 모습이다.

우리나라에서는 점심시간이나 쉬는 시간에 운동장에서 뛰놀지 못하게 하는 학교가 늘고 있다. 아이가 다치면 학부모 항의를 받기 때문이다. 실제 재작년 한 초등학교에서 체육 시간에 아이가 넘어져 찰과상을 입자 학부모가 교사를 고소했다. 초·중등 교육은 아이들 책 읽히고 운동시키는 게 핵심이다. 그런데 아이 무릎 깨졌다고 교사를 고소하고, 그게 무서워서 체육을 안 가르치면 교육을 포기하는 것이다.

그러나 각종 연구 결과는 '뛰어놀아야 공부를 잘한다.'라는 것이다. '세이브더칠드런'이 재작년 실험해 보니 일주일에 한 시간 마음껏 뛰어논 아이는 공부에 대한 흥미와 태도가 6%포인트 올랐다. 특히 하위 10% 아이는 21%포인트나 올랐다. 뛰놀지 않는 아이는 변화가 없었다. 존 레이디 하버드대 정신의학과 교수는 작년 인터뷰에서 "세계적으로 운동 기반 교육이 강화되는 추세인데 한국은 역행하고 있다며 매일 최소 40분 운동을 해야 피와 산소가 뇌로 공급되면서 학습 능력이 좋아진다"라고 했다.

스포츠는 신체를 단련하는 동시에 인간관계를 비롯한 사회성 훈련에 반드시 필요하다. 아이들은 스포츠를 통해 규칙과 명예 승복, 협동과 희생의

---
112) 한국교육개발원 앞과 같은 책 p73~74

가치를 깨닫는다. 선진국에서 다른 어떤 과목보다 체육을 중시하는 이유도 여기에 있다. 그런데 우리 청소년은 안경 쓰고 휴대폰으로 게임을 하는 것이 표본적인 모습으로 바꾸어가고 있다. 학교 운동장이 빈 나라에는 미래가 없다.

이상에서 보듯이 선진국에서는 아이들의 체력 향상과 학력 증진 및 사회성을 기르기 위하여 체육 기반 교육을 강화하고 있으나 우리나라는 뒷걸음치고 있으니 안타까운 일이 아닐 수 없다. "체력을 우선시한다고 해서 덕(德)과 지(智)를 등한시하는 것이 아니라 다 같이 중요하지만, 체력이 튼튼해야 덕과 지를 더욱 증장시켜 행복한 생활을 할 수 있기 때문이다.[113]

〈과제〉
① 중심 내용
② 구체적 사항
③ 글의 내용 익히기
  ◦ 점심시간과 쉬는 시간에 운동장에서 뛰놀지 못하게 하는 학교가 늘고 있다. 그 이유는 무엇입니까?
  ◦ 뛰어놀아야 공부를 잘 할 수 있다고 한다. 그 이유는 무엇인가요?
  ◦ 학교 운동장이 빈 나라는 왜 미래가 없나요?
  ◦ 선진국에서는 왜 체육 기반 교육을 강화하고 있습니까?
④ 글을 읽은 횟수 (   )번

〈자료 8〉 가난 방치하면 사회 무너진다는 것 알아

중·고1 수준

박순호(65) 세정그룹 회장은 경남 함안군 산골에서 자랐다. 중학교를 마치고 마산으로 뛰었다. 그때는 6.25가 일어났던 어려운 시기였다. 쌀밥은 일 년에 몇 번 구경하기 힘들었고 주로 고구마와 보리죽으로 먹고사는데 공부를 더 할 생각은 감히 생각조차 못 하였고, 중학교를 졸업한 것만도 분에 넘치는듯하여 고맙게 생각했다. 그는 공부도 그만하면 됐고 돈을 한 번 원 없이 벌어보겠다고 마음먹었다.

---
113) 조선일보 만물상 2018.10.30. 30415 한현우 논설위원

새벽에 신문 돌리고 낮 동안 메리야스 도매상에서 일했다. 저녁때 야학(밤에 공부하는 학교)에 가고 밤에 주산(수판셈)을 독학했다. 28세 때 부산 변두리에 공장(132㎡-40평) 차리고 환 편직기 4대와 재봉틀 9대를 놓았다. 그 공장이 10여 개 패션 브랜드를 거느린 연 매출 9,500억 원의 세정그룹이 됐다. 대표 브랜드는 중저가 양복 전문 '인디언'이다.

의류 사업 말고 혼(魂:정신)을 기울인 유일한 사업이 '기부'였다. 개인 돈 1억 원 이상 기부한 '아너소사이어티' 회원 가운데 평생 기부한 금액이 가장 많은 사람이 박 회장(120억 이상)이다. 그는 직원들과 달동네와 복지시설을 돌면서 어려운 이웃을 돕고 있다. 그는 "돈만 벌다 가는 인생은 허망하고 어려운 사람들과 손 붙들고 재물 나눌 때가 살맛 나더라"고 말했다.[114]

〈과제〉
① 중심 내용
② 구체적 사항
③ 내용 익히기
  ◦ 박순호 회장이 진주에서 중학교를 마치고 왜 마산으로 갔을까요?
  ◦ 마산에 가서 무엇을 했나요?
  ◦ 연 매출 9,500억 원의 세정그룹은 어떻게 출발했으며 대표 브랜드는 무엇입니까?
  ◦ 박순호 회장이 의류 사업 말고 혼을 기울인 사업은 무엇이며 왜 가난한 사람들을 도울까요?
  ◦ 박 회장이 어려운 이웃을 도우면서 한 말은 무엇인가요?

〈자료 9〉 대한민국 대표 '모범생 가족'

초등 고학년 · 중 · 고1 수준

아버지 민영성은 의사였다. 경성제대 의학부에 재학했을 때 학생 120명 중 조선인은 그를 비롯해 6명뿐이었다. 그런 그가 다섯 살 민계식에게 가르친 것이 '만인 평등'이었다. 아버지는 'man is equal by nature(사람은 태어날 때부터 평등하다.)'란 구절을 써서 내 목에 걸어주시곤 달달 외우게

---
[114] 조선일보 2011.9.27. 28223호 김혜림 기자

했다. 그러곤 종종 '인간관계는 어떻게 해야지?'라고 물으셨다. 그때 'man is bom~'하고 바로 읊어야지, 안 그러면 야단을 들었다.

'이 사회의 대부분은 다 너만큼 훌륭하고 능력 있는 사람들'이라고 하셨다. 그 속에서 두각을 나타내려면 열심히 하는 수밖에 없다는 이야기를 가훈처럼 들려주셨다. 또한 목에 걸고 다니며 외우도록 한 영어 문장이 'Heaven helos those who help themselves(하늘은 스스로 돕는 자를 돕는다.)'였다.

어느 날 아버지는 민계식을 불렀다. 놋그릇 뚜껑을 주면서 "이걸 저 앞에 가는 거지에게 갖다 주어라"라고 말했다. 민계식은 "뚜껑을 왜 거지에게 갖다 줍니까?"하고 물었다. 아버지는 "돈이 궁해서 그릇을 가져간 모양인데 뚜껑이 없으면 제값을 못 받으니 뚜껑까지 갖다 주어라"라고 말했다. 민계식이 달려가 뚜껑을 건넸다. 거지가 펑펑 울었다.

민계식의 가정교사는 형이었다. 첫째가 둘째, 둘째가 셋째를 챙기는 방식이었다. 그를 챙긴 건 문학 소년이던 넷째 형(한양대 불문과 민희식 전 교수)이었다. 훗날 서울대를 수석 입학한 넷째 형은 정말로 책을 사랑한 독서광이었다.

"나는 다섯 살 때 한글을 뗐다. 똑똑해서가 아니라 넷째 형이 내가 3~4살 때부터 펜글씨 교본을 주고 익히게 했기 때문이다. 초등학생이 된 뒤에는 '내일 밤까지 독후감 써 와'하며 '폭풍의 언덕', '제인 에어' 같은 책을 던져줬다. 그 나이에 고전이 재미가 있었겠나, 8살이나 많은 형이라 무서웠다. 억지로 읽었다. 그러면서 역사책을 접하게 되고 '역사를 배워서 앞날을 예측할 수 있다'라는 것을 깨쳤다."

넷째 형은 민계식을 독서광으로 만들었다. 그는 "울산에 있을 때 아무리 바빠도 매주 목요일 밤엔 반드시 역사와 리더십 등 서양 고전을 통독하였다"라고 말했다. 지금까지 그가 읽은 2,400여 권, 독서 일기가 두꺼운 파일로 9권이다.

그는 술과 골프를 안 한다. 9대조(祖)가 술로 인해 멸족할 위기를 겪은 뒤 금주를 가계(家戒)로 삼았기 때문이다. 골프는 "누구나 즐길 수 있는 일이 아니면 멀리하라"라는 부친의 가르침을 따랐다. 스트레스는 오직 달리기로 풀었다.

민계식 전 현대중공업 회장은 "우리가 일본 혹은 선진국을 추월하는 분야가 있다. 하지만 연구개발 기술만으로 선진국이 될 수 없다는 것을 절감(절실하게 느낌)했다"라고 했다. 경제 발전과 더불어 정신적인 것이 뒷받침되지 않으면 선진국이 될 수 없기 때문이다.115)

〈과제〉
① 중심 내용
② 구체적 사항
③ 내용 익히기
   ◦ 아버지가 5살 민계식에게 가르친 것은 무엇입니까?
   ◦ 민계식 아버지는 이 사회의 대부분은 능력 있는 사람들이다. 그 속에서 두각을 나타내려면 어떻게 일해야 한다고 했나요?
   ◦ '하늘은 스스로 돕는 사람을 돕는다'라는 말은 무슨 뜻인가요?
   ◦ 민계식 아버지는 왜 거지에게 놋그릇 뚜껑을 갖다주라고 했을까요?
   ◦ 민계식이 건네주는 놋그릇 뚜껑을 받은 거지는 왜 펑펑 울었을까요?
   ◦ '경제적인 발전과 더불어 정신적인 것이 뒷받침되지 않으면 선진국이 될 수 없기 때문이다'에서 정신적이란 무엇을 말하는가요?
   ◦ 민계식 전 현대중공업 회장은 어떤 책을 읽었나요?
④ 글을 읽은 횟수 (   )번

〈자료 10〉 열린 사회와 닫힌 사회

초등 고학년·중·고1 수준

20세기 사회철학자 '칼 포퍼'는 증거를 제시하지 못하는 주장은 비과학적이라고 비판했다. 열린 사회로 만들기 위해서는 반대되는 의견도 존중할 줄 알아야 한다. 포퍼는 반증 가능성이 없는 주장만 고집하는 태도, 명백한 반증에도 불구하고 그것을 인정하지 않는 태도는 열린 사회를 가로막는 적이라고 표현해요.

포퍼의 철학 이론을 이해하려면 '반증(反證:어떤 주장에 대한 반대되는 증거) 가능성이 있는 주장'과 '반증 가능성이 없는 주장'은 어떤 차이가 있

---
115) 조선일보, 2013.5.4~5, 28721호 토요세션 why, 이일성 기자의 人사이드

는지 알아야 해요.

반증이 가능한 주장 "까마귀는 까맣다."

반증 가능성이 없는 주장 "머리에 뿔 달린 유니콘"이 있다. 각 주장의 사실 여부를 가릴 증거를 누군가가 찾을 수 있는 가능성을 포퍼가 강조하는 '반증 가능성'이랍니다.

포퍼는 "반증이 명백히 제시되었는데도 이를 인정하지 않는 꽉 막힌 태도는 비과학적인 주장 자체보다 훨씬 위험하다"라고 주장했죠. 포퍼에 따르면 이러한 막힌 태도가 우리 사회의 발전을 가로막는다고 해요. 반대로 열린 주장들이 활발히 제시되는 '열린 사회'는 우리 사회의 문제점을 고쳐 더 살기 좋게 하고요. 지금까지 모르는 척하고 감췄던 문제점이 드러났을 때 바로 고칠 수 있는 사회가 훨씬 건강한 사회니까요.116)

〈과제〉
① 중심 내용
② 구체적 사항
③ 내용 익히기
 ◦① 포퍼가 강조하는 '반증 가능성'이란 무엇입니까?
 ◦② 열린 주장이란 어떤 주장입니까?
 ◦③ 어떤 사회가 열린 사회입니까?
 ◦④ 어떤 사회가 닫힌 사회입니까?
 ◦⑤ 열린 사회를 만들기 위하여 어떻게 해야 할까요?
④ 글을 읽은 횟수 (　)번

〈자료 11〉 애국심이 국민을 뭉치게 한다.

초등 고학년·중·고1 수준

8월은 잔인한 달이다. 1945년 8월 15일이 일제에서 해방된 광복절이라고 하지만 우리의 힘으로 이루지 못한 해방은 남북분단이란 새로운 아픔을 안겨 주었고 민족이 갈라져 서로 다투고 싸우는 전쟁으로 이어갔다. 이보다 35년 앞서 1910년 8월 29일에 일본 제국주의(황제가 통치하는 자본주

---
116) 조선일보, 2016.6.23, 29690호 신문은 선생님

의)에 나라를 빼앗기는 부끄러움과 욕됨을 겪어야 했다. 해방 70년이 넘는 오늘날 다시 꿈틀거리는 일본 군국주의의(군사적 목적에 따르는 정치) 남아 있는 세력과 우리 머리 위에 놓인 핵폭탄은 우리를 두렵게 하고 있다. 강력한 중국은 언제 다시 조공(조세 등을 바침)을 강요할지 모른다.

통일신라 이래 우리는 운명을 스스로 결정하지 못하는 힘이 없는 작은 나라로 떨어졌다. 60만 대군을 자랑한다고 하지만, 걸핏하면 핵무기로 위협하는 북한, 막강한 군사력의 중국, 조금도 뉘우침이 없는 일본 군국주의 세력은 대한민국을 초라하고 작게 보이게 한다. NLL, 독도, 이어도를 자기들 영토라고 주장하며 위협하고 있다.

대다수의 국민들이 우리나라가 강대국들의 위협으로 위기에 처해 있다는 사실을 모르는 것 같다. 이러다가 피와 땀으로 이룩한 산업화와 민주화가 무너지지 않을까 걱정이 된다. 이와 같이 어려운 시기에 필요한 것은 모든 국민이 나라 사랑하는 마음으로 굳게 뭉쳐서 전쟁을 두려워하지 않는 강하고 용감한 국민이 되어 작지만, 힘이 강한 나라로 발전시켜야 한다.

힘이 강한 나라를 만들고 발전시킬 사람은 모든 국민이다. 하지만 나이 많은 사람은 생각은 있지만, 힘이 달린다. 그러므로 이 일을 할 사람은 다음 세대를 이끌어갈 청소년과 학생들이다.117)

〈과제〉
① 중심 내용
② 구체적 사항
③ 내용 익히기
　◦ 8월은 왜 잔인한 달이라고 했나요?
　◦ 우리를 두렵게 하는 것은 무엇인가요?
　◦ 대한민국을 초라하고 작게 보이게 하는 것은 무엇 때문입니까?
　◦ 왜 피와 땀으로 이룩한 산업화와 민주화가 무너지지 않을까 걱정이 되나요?
　◦ 나라가 어려울 때 필요한 것은 무엇인가?
　◦ 힘이 강한 나라를 누가 만들고 발전시켜야 하나요?
④ 글을 읽은 횟수 (　　)번

---

117) 조선일보

〈자료 12〉 금관리 촌놈

초등 고학년·중·고1 수준

박근희 전 삼성생명 사장은 충북 청원군 미원면 시골에서 태어나 청주상고와 청주대학을 졸업했다. 삼성이란 대기업에서 지방대 졸업장으로 성공하는 게 녹록한 일은 아니다.

청주대 상학과를 졸업한 그는 군 제대 후 1978년 삼성에 입사했다. 공채 동기 200여 명이 가고 싶은 그룹 자회사를 1, 2, 3지망으로 나눠 쓰고 배치되던 시절이었다. 그는 삼성물산, 제일모직, 삼성전자를 지망했지만, 삼성SDI 수원공장 경리과로 발령 났다. "꿈꾸던 자리는 아니었지만, 조직 내에서 경리 업무는 내가 최고여야 한다는 각오로 일했다"라고 한다. 경리과 업무 특성상 매월 20일쯤부터 월말까지는 숱하게 밤을 새워야 했다.

한·중 수교 후인 1994년 하반기부터 그는 삼성SDI의 중국 공장 인수 업무를 맡았다. 그는 그때부터 적어도 삼성그룹 안에서 중국 얘기가 나오면 '박근희에게 물어봐라'라는 말이 나오게 만들자는 마음으로 중국 현안을 샅샅이 훑었다."라고 했다. 그의 지론은 단순했다. 박지성·이승엽만 프로가 아니라, 모든 월급쟁이가 프로패셔널이어야 한다는 것이다.

그는 2004~2005년 삼성카드와 삼성그룹 중국 본사 사장을 거쳐 2010년 12월에 삼성생명 사장이 됐다. 연 매출(2010) 당시 26조 원으로 삼성그룹 내 최대 금융 계열사인 삼성생명에서 임직원 6,000여 명을 이끄는 자리이다. 금융계에서는 그를 "실력과 성실함으로 지방대 출신을 가로막는 유리천장을 뚫은 인물"로 평가해 왔다.[118]

〈과제〉
① 각 문단의 중심 내용을 요약하세요.
② 글 전체의 중심 내용 요약하세요.
③ 내용 익히기
   ◦ 청주대학을 졸업한 박근희 씨는 삼성그룹에 입사하여 삼성SDI 경리과 발령받아 어떻게 일했나요?
   ◦ 삼성SDI의 중국 공장 인수 업무를 맡은 박근희 씨는 어떻게 근무

---
118) 조선일보, 2012.1.30. 28328호 김정훈 기자

했나요?
　　◦ 박근희 씨의 지론은 무엇인가요?
　　◦ 금융계에서는 박근희 씨를 어떻게 평가하나요?
　　◦ 다음 격언의 뜻은 무엇일까요?
　※ 적극적인 사람은 성공의 음률에 맞추고 소극적인 사람은 실패의 음률에 맞춘다.

〈자료 13〉 '선진 사회 만들기' 공동 대표

민계식 전 현대중 회장

초등 고학년·중·고1 수준

　민계식(76)의 형제는 모두 경기고-서울대를 나왔다. 누나 3명은 모두 경기여고-이화여대를 졸업했다. 그의 인생 항로가 조선업으로 정리된 것은 이순신의 난중일기를 읽은 다음이었다. 서울대 조선공학과 1학년 때인 1961년 그는 전설의 마라토너 아베베 비킬라가 참가한 서울마라톤대회에 출전해 2시간 23분 48초로 7위를 했다. 그 자리에서 발탁돼 태릉 선수촌에 입촌했으나 아버지에게 들켜 일주일 만에 퇴촌했다.

　지금도 민계식은 미국 금속노조로부터 2년마다 노조위원장 투표용지를 받는다. 미국 버클대 유학 시절, 아들 병원비와 학비 마련을 위해 금속노조에 가입해 부두 노동자, 대륙횡단 트레일러 기사를 한 경력 때문이다. 석사 취득 후 그는 미국 방산 업체에서 돈을 벌어 MIT 박사가 됐다.

　귀국한 민계식은 '김우중의 대우'를 거쳐 '정주영의 현대'에 인생을 바쳤다. 울산 현대중공업에서 일한 22년 동안 그는 매일 새벽 2~3시까지 새 기술을 찾고 신사업을 구상했다. 일주일에 1~2번은 밤을 새웠고 오전 6시 30분 중역 회의가 열리는 구내식당으로 직행했다. 그때 별명이 '최후의 퇴근자'다. IMF 위기 때인 1998년, 금융위기였던 2008년에는 월급을 단 한 푼도 받지 않았다. 그동안 특허 300개를 얻었고 발전기 엔진의 대명사인 '힘센 엔진'을 만들었다. 그러면서 매일 울산 조선소 방파제 위를 10km씩 뛰었다. 그의 분(分)당 심박수는 40, '산소 탱크' 박지성과 이봉주 수준이다.

　2011년 12월 현대중공업을 떠난 그는 대전 KAIST 해양 시스템공학 교수로 부임해 대학원생을 가르치고 있다.[119]

〈과제〉
① 중심 내용
② 구체적 사항
③ 내용 익히기
  ◦ 민계식의 인생 항로를 조선업으로 결정한 것은 무엇 때문인가요?
  ◦ 민계식은 석사와 박사 학위를 취득하기까지 어떻게 학비를 마련했나요?
  ◦ 귀국한 후 현대중공업에서 어떻게 일했으며 그가 남긴 업적은 무엇인가요?
  ◦ 민계식 회장은 왜 매일 10km씩 뛰었습니까?
④ 글을 읽은 횟수 (   )번

〈자료 14〉 오늘의 나를 있게 한 원동력은 학습의 힘

초등 고학년·중·고1 수준

계란 유통회사 조인은 자체 운영하거나 위탁하는 전국 20여 곳의 농장에서 생산하는 계란을 하루 200여만 개씩, 연간 7억 개 넘게 전국에 공급하는 국내 1위 계란 유통 기업이다. 자체 브랜드인 누리웰을 갖고 있고 CJ 제일제당, E마트 등에 납품도 한다.

한재원 회장은 가정 형편 때문에 초등학교를 졸업 후 진학을 포기하고 고향인 충남 논산에서 농사를 지었다. 큰돈을 벌어 장학 사업을 하겠다며 스무 살에 상경했다. 직업을 처음 구한 양계장에서 닭똥 냄새를 참아가며 10년 모은 돈을 털어 서울 서초구 내곡동에 작은 병아리 부화장을 세웠고 이후 30여 년간 사업에 매달렸다. 올해 매출액은 2,800억 원이다.

조인은 병아리 부화부터 산란계를 키우고 계란을 생산하는 전 과정을 일관 공정으로 진행해 경쟁사보다 품질과 가격 측면에서 뛰어나다고 업계에서 평가한다. 그는 "달걀 생산 기술력에서 우리는 국내 최고 수준"이라며 "인도네시아와 미얀마, 인도 등 신흥국 시장 진출 준비를 하고 있다"라고 한다.

한 회장은 "오늘의 나를 있게 한 원동력은 학습의 힘"이라고 했다. 배움

---
119) 조선일보, 2013.3.15, 10 28726호 양상훈 컬럼

에 대한 목마름을 심하게 느낀 40대부터 독파한 경영·경제·미래 관련 서적이 1,000권이라고 했다. 하루 5시간 이상 눈 붙인 적 없을 정도로 시간을 아꼈어요. 지방 농장 출장길에는 자동차 뒷좌석을 독서실로 삼았습니다. 새벽 전화 강의로 영어를 익혔고 휴대폰 앱 강좌도 활용했지요.

그는 "전경련이나 IGM(세계경영연구원) 등의 학습프로그램을 통해 경영 노하우를 배웠고, 세계 흐름을 읽는 눈을 떴다"라고 했다. 그의 휴대폰 전화 일정표에는 새벽과 저녁 시간을 이용해 매월 15~20회씩 듣는 강연과 강좌 이름이 빼곡히 적혀 있다.

그는 좋은 강의와 동영상을 구해 본사와 농장 직원들이 함께 돌려보도록 하여 도서 구입비는 전액 지원하고 있다. 한 회장은 "당기순이익의 10%(총 24억 원)를 직원들과 나누는 '이익공유제'를 10여 년 전부터 하고 있는 것도 학습을 통해 동기(動機) 부여의 중요성을 깨달았기 때문"이라고 말했다. 실제로 조인은 지난해 당기순이익의 10%(17억 5,000만 원)를 포함해 총 24억을 직원 성과급으로 썼다.

경기 용인시 신갈의 본사 외벽에는 3층 건물 높이의 대형 황금알 조형물이 붙어 있었다. 그는 "황금알을 낳는 기업이 되자는 뜻"이라고 했다. 앞으로 뚝심 있게 밀고 나가면 조(兆) 단위 매출의 회사도 못 만들 것 없지 않겠습니까! 세상은 꿈꾸는 자들이 바꾸고 그 꿈은 쉼 없는 학습을 통해 스스로 키워가는 것입니다." [120]

〈과제〉
① 중심 내용
② 구체적 사항
③ 내용 익히기
   ◦ '조인'이 계란 생산 기술력이 국내 최고 수준이 된 원동력은 무엇입니까?
   ◦ 한 회장은 왜 장학 사업을 하겠다고 꿈을 세웠나요?
   ◦ 언제부터 어떻게 공부를 했나?

---

[120] 조선일보 2015.5.3. 29363호 채성진 기자

5) 독해력 평가

(1) 독해력 평가 1

다음 문장은 수필 형식의 설명문으로 글의 중심 내용이 글 속에 나타나 있습니다.

그리고 글의 문단은 두 개 이상의 작은 문단이 모여서 구성되어 있습니다.

이 글을 한 번 읽고 문제를 풀어 노트에 적고 발표하세요. 그리고 부모와 같이 도움말과 맞추어 봅니다. 세부 중심 내용이 빠지지 않고 문맥이 잘 연결되었으면 독해력이 상위에 속합니다.

초등 고학년·중·고1 수준

저녁상을 물리고 마당에 펴 놓은 평상에 누우면 하늘에는 별이 총총하였다. 마당 가에서는 모깃불이 매캐한 연기를 뿜으며 타고, 누런 암소는 가끔씩 까닭 없이 음매 하고 울어 댔다.

어머니 무릎을 베고 있던 소년은 갑자기 아랫배가 아파져 왔다. 칭얼대며 모두에게 아픔을 호소하였지만, 돌아오는 것은 온종일 일없이 또래들과 돌아다니고, 오이 서리 같은 것을 많이 해서 벌 받는다는 누나와 형의 핀잔뿐이었다.

이런 때 어머니께서는 콩깍지 같은 까칠한 손가락이 배꼽에 느껴지도록 소년의 배를 쓰다듬으면서 말씀하셨다.

"엄마 손은 약손, 아기 배는 똥배."

소년은 속으로

'엄마 손은 정말 아픈 배가 나을까?'

하고 생각하는데, 어머니께서 얼마쯤 쓸어주시자, 신기하게도 배는 점점 편해졌다. 이윽고 「소년은 한 번도 가보지 못한 먼 동네 위를 쏜살같이 흐르는 별똥별을 따라가다가 스스로 잠이 들었다.」

소년의 배가 나은 것처럼 수많은 사람들이 엄마 손의 약효를 경험하면서 자랐다. 효과 좋은 약이 얼마든지 있는 요즈음에도 어머니들은 칭얼거리는 아이에게 약보다 먼저 엄마 손은 약손을 처방하고 있다.

약보다 먼저인 엄마 손의 치료 효과는 얼토당토않은 것이 아니라 과학적으로 여러 가지 근거가 있다. 먼저, 이것은 위약 효과가 있다. 「위약 효과는 환자의 불안감을 없애기 위하여 의사가 환자에게 주사하거나 먹게 하는, 해도 없고 그렇다고 치료 효과도 없는 약물로 생기는 효과」를 말한다. 약이 실제로 효과가 없어도 그 약을 먹으면 나을 것이라는 믿음 때문에 고통이 사라진다고 한다.

예를 들어 약 모양으로 만든 비스킷을 배가 아플 때 듣는 좋은 약으로 알고 먹은 사람 가운데에 많은 사람이 아픔이 없어졌다고 말한다. 또, 실제 아프지도 않은데 심리적인 이유로 아픔을 호소하는 사람들에게도 밀가루로 만든 약을 주면 아픔이 사라지기도 한다. 그래서 전쟁이 일어난다든지 하는 끔찍한 상황에서 가벼운 병에 걸린 병사들에게 이러한 약을 주는 경우도 있다고 한다.

흔히 아이들은 어른들이 무엇이라도 할 수 있다고 믿는다. 특히, 자기를 늘 보호하여 주는 할머니나 어머니는 아이들이 가장 믿고 따르는 존재이다. 이 때문에 아이들은 엄마 손이 고통을 없애 줄 수 있다고 굳게 믿고, 이러한 믿음이 배앓이를 멈추게 한다.

이는 병원이나 의사가 전혀 없는 지역에서 이루어지는 주술적인 치료와 관계가 있다. 변변한 약이 없는 사회에서는 주문을 외거나 주술사가 하라는 대로 하는 것이 병을 고치는 중요한 처방이 된다.

고대 이집트의 파피루스는 어지럼증이 있을 때 피를 뽑으면서 "닭 우는 소리를 내라."라는 등의 치료법이 기록되어 있다. 보통 사람들은 주술사가 신의 능력을 지니고 있거나 신을 대신해서 능력을 보여준다고 믿고 있다. 이런 믿음을 지닌 사람에게 주술사에게 병을 고치는 행위는 사실상 치료 효과가 전혀 없는 것일지라도 좋은 영향을 끼치는 것이다.

아이들이 배가 아픈 것은 낮에 차가운 것을 많이 먹었기 때문일 수 있다. 흔히 배가 차가운 상태에서는 소화가 제대로 되지 않는다. 배에 탈이 났을 때, 따뜻한 손길로 배 주변을 쓸어주는 것은 치료 효과를 가져온다. 손에 있는 온기가 배의 온기와 만나 배를 따뜻하게 해주면 차가운 상태에 있는 배가 안정되어 배앓이가 치료되는 것이다.

또, 배를 쓸어주면 장운동이 활발해지기 때문에 아픔이 사라지기도 한다. 한의학에서는 위와 장이 약한 사람에게 배를 둥글게 비벼 주는 운동을 적극적으로 권한다. 배꼽을 중심으로 시계 방향으로 원을 그리면서 배를 꾹꾹 누르며 쓸어주면 장운동이 활발해져서 변비가 사라지고 아랫배의 살이 빠지는 효과를 볼 수 있다는 것이다. 그렇다면 엄마 손뿐만이 아니라 모든 손이 약손이 될 수 있다.

몸에 있는 기를 주고받기 때문에 치료 효과가 있다는 주장도 있다. 아이들의 배앓이는 몸에 맞지 않는 기운이 들어와서 생긴다고 한다. 배를 쓸어줄 때 어머니의 기가 아이에게 전달되면 배 부분에 막혀 있던 기운이 풀리면서 아픔이 사라진다는 것이다. 이런 원리로 잠잘 때 두 손을 깍지껴서 배 위에 올려놓고 잠을 자는 습관을 들이면, 손바닥의 기가 배에 전해져 뱃속을 풀어주기 때문에 건강에 좋다고 한다.

엄마 손의 약효는 '사랑 확인 이론'으로 설명되기도 한다. 영국의 한 유명한 동물학자는 동물들끼리 서로 털 손질을 해주면서 병에 걸리는 것을 막는다고 주장하였다. 그런데 인간은 이 털 손질의 행위를 서로 친밀감을 느끼는 것으로까지 발전시켰다.

또, 그는 사람들이 겪는 아픔을 매우 심각한 병과 비교적 가벼운 병으로 나누었다. 이 구분에 따르면, 배앓이는 가벼운 병에 속한다. 흔히 사람들은 배앓이, 감기, 몸살 등의 병은 심각한 병이 나타나려는 초기 증상이라고 생각하는 경향이 있다. 물론 그렇기도 하지만, 이러한 가벼운 병은 가족 간의 친밀감을 확인하고 강하게 하는 데에 도움이 된다. 즉, 배앓이 같은 병은 몸에 이상이 생겨서 나타나기도 하지만, 사랑을 확인하고 싶은 마음이 병으로 나타난 것이라고 할 수도 있다는 것이다.

배앓이와 같은 증상들은 가족과 친척이나 친구들의 관심을 불러일으킨다. 그래서 아픈 사람에게 주위 사람들의 동정심과 보살핌이 전해지면, 아픈 사람은 심리적인 안정을 얻게 되어 병이 치료되는 것이다.

혹시 주변에 있는 사람이 가벼운 병으로 아프다면, 그 사람에게 따뜻한 마음을 그에게 전해주면 그의 병은 곧 나을 것이다.121)

〈문제〉
① 글의 주제
② 중심 내용
③ 구체적 사항
④ 글을 읽은 횟수 (   )번

---

121) 교육인적자원부 국어 읽기 5-1, p58 교학사 2006

(2) 독해력 평가 2
다음 글을 읽고 물음에 답하시오.

초등 고학년 · 중 · 고1 수준

수많은 실패 겪고 세계의 기업 키운
'중국의 빌 게이츠' 마윈

최근 중국 상거래업체 '알리바바'의 창업자인… 마윈 회장은 '중국의 빌 게이츠' 21세기 가장 주목받는 '경영자'로 불러요. 1999년 그가 8,800만 원을 가지고 설립한 '알리바바'는 쇼핑·B2BC(기업 간 거래) 결재·금융을 아우르는 세계 최대 종합상거래 기업으로 성장했어요. 마윈의 재산은 약 30조 원으로 중국은 물론 아시아 최고 부자 1~2위 자리를 다툽니다. 또 올 초 미국 경제지 포천이 선정한 '가장 위대한 지도자 50인' 가운데 2위에 오를 만큼 세계적으로 널리 인정받고 있어요.

하지만 마윈의 젊은 시절은 실패의 연속이었지요. 마 회장은 중학교 시절 시험 세 번 떨어졌고, 대학 입시에도 세 번 낙방했어요. 간신히 항저우 사범대학을 졸업한 뒤 월 1만 500위안 받는 영어 강사로 활동했는데, 취업 준비를 할 땐 무려 30번 넘게 떨어졌다고 해요. 중국에 진출한 KFC에 취업 원서를 냈을 때 마윈이 지원자 24명 중 혼자 떨어진 에피소드는 유명하지요. 그는 미국에서 공부하고 싶어 하버드대에도 10번이나 입학원서를 보냈지만 다 거절당했어요.

하지만 마윈은 좌절하지 않았어요. 미국을 여행하고 돌아온 그는 '인터넷이 세상을 바꿀 것'이라는 확신을 가지고 중국 최초의 기업 간 전자상거래 사이트 '알리바바'를 만들었고, 첫 5년간은 거의 돈을 벌지 못했지요. 하지만 2003년 소비자와 판매자를 직접 연결하는 사이트인 '타오 비오'를 오픈하면서 엄청난 성공을 거두기 시작했어요. 많은 사람들이 "곧 미국 전자상거래업체 '이베이'가 들어 올 텐데 뭣 하러 그런 사이트를 만드느냐"고 말렸지만, 그는 뜻을 꺾지 않았지요.…

마윈의 성공 뒤에는 7억 명에 이르는 거대한 중국 네티즌이 있었던 게 사실이에요. 국내에서만 성공해도 해외 진출 없이 회사를 글로벌 수준으로 키울 수 있었던 거죠. 현재 알리바바는 중국 전체 전자상거래 시장의 80% 이상을 점유하고 있는데, 총거래액 기준으로는 아마존닷컴이나 이베이 등 미국 기업을 제치고 전 세계 1위랍니다. 하지만 마윈은 소비자 판매자 모두에게 친화적인 서비스를 제공하는 전략을 통해 알리바바가 중국을 넘어 전 세계가 널리 이용하는 전자상거래업체로 성장하는 것을 꿈꾸고 있어요[122]

〈문 제〉
① 중심 내용
② 구체적 사항
③ 글을 읽고 느낀 점을 200자 이내로 써 보세요. (쓰지 못하면 과제로 제시)
글을 한 번 읽고 중심 내용과 느낀 점을 쓰고 말할 수 있으면 독해력이 상위에 속합니다. 그렇지 못하면 될 때까지 반복하여 읽습니다.
④ 글을 읽은 횟수 (   )번

6) 독해력 교정훈련

(1) 독해력 개인차
글을 읽고 이해하는 독해력은 학생들의 독서 습관에 따라서 엄청난 차이가 있다. 긴 글을 '1번 읽고' 글의 중심 내용을 정확하게 이해하는 학생도 있고 2~3번 읽어도 이해를 못 하여 다시 읽는 학생이 많습니다.

(2) 독해력 교정훈련 안내
고교생 중에서 독해력 경험이 있는 학생은 '스피드북'으로 "일정 기간 체계적인 교정훈련만 받으면 대부분의 결함은 상당 부분 교정되고 독해 속도도 4~5배 빨라져 1분에 2,000자 혹은 그 이상 읽을 수도 있게 됩니다."
① '스피드북'을 통한 독해력 교정 방법
편한 시간에 아무 때나 컴퓨터 앞에 앉아 인터넷 '스피드북'에 접속해 프로그램이 안내하는 대로 공부에 지친 하루를 정리하는 마음으로 스트레칭, 명상, 안구 운동성 교정훈련 실전, 지문 읽기 훈련과 테스트 등을 30분 동안 따라 하면 됩니다.
② "훈련 결과는 개인 편차가 적지 않으나 약 3~6개월 정도 훈련을

---
[122] 조선일보, 2017.11.2. 30109호 박세미 기자

받으면 글을 정확하고도 빠르게 읽을 수 있습니다."123)

7) 논술 시대 '어휘·독해력'부터 키워라.

> ── 다시 주목받는 독해력 ──
> 통합교과교육 강화 과목 간 연계율 높아
> 국어능력 떨어지면 암기과목에도 영향

최근 언어·독해력 교육 열풍이 달아오르고 있습니다. 과거 영어 수학에 밀렸던 언어·독해력이 교육 키워드로 자리 잡은 이유는 '어휘와 독해력'은 모든 공부의 기본이 된다는 인식이 확산됐기 때문입니다.

특히 단답형에 그쳤던 서술형 평가가 독해력과 표현력이 없으면 풀 수 없는 형태로 강화되고 수능에서 고도의 독해력을 요구하는 문제가 출제되면서 독해력 교육 수요는 늘고 있습니다.

(1) 어휘·독해력의 파급 효과

중·고등 내신 전문학원으로 유명한 아이비학원 이성곤 원장은 "어휘력과 독해력은 타 과목 파급 효과가 매우 크다."라고 말했습니다. 특히 통합교과 교육 강화로 수학 과학 등에서도 지문을 이해해야 풀 수 있는 문제가 늘면서 '수학 독해법'이란 신조어가 생겼습니다.

"논술은 말할 것도 없고 수능에서도 영역을 불문하고 최상위권에서 등급을 가르는 고난도 문제는 대부분 지문에 대한 이해와 이를 토대로 한 통합 사고력을 요구하는 것들입니다.

(2) 국어 교육의 핵심은 독서와 글쓰기

어휘력과 독해력은 단기간에 습득하기 어렵기 때문에 초등학교 때부터 지속적으로 독서와 글쓰기를 통해 훈련해야 한다는 것이 전문가들 일관된 견해입니다.

대치동에서 독서·토론·글쓰기 부분 최고로 꼽히는 문예원을 운영하는 오길주 교수는 "초·중등 시기는 고등학교 공부를 대비한 준비기간으로 생각하고 문제 풀이나 선행학습보다 독서와 글쓰기를 통해 언어 능력을 키우는 데 상대적으로 많은 시간을 투자하는 것이 좋다"고 조언하였습니다.124)

---
123) 조선일보, 2011.2.28. 김정욱 인턴 기자
124) 조선일보

4. 정보 제공 매체(SNS·인쇄물) 리콜 능력 비교

1) 종이 글의 힘 : | 종이 글이 SNS 글보다 이해, 기억 효과 46% 높아 |

조선일보와 성균관대 최명원 교수팀과 공동으로 수행한 '정보 제공 매체(SNS·인쇄물)에 따른 리콜 능력 비교' 실험에서 같은 글을 읽고 6시간 후 글 내용에 대한 기억력 등을 검사한 결과 종이 매체를 읽은 집단이 38.6점(100점 만점)으로 SNS·페이스북으로 읽은 집단 평균 27.5점보다 11.1점(40%) 높았습니다.

2) 고등학생과 대학생들 진단 결과 비교

(1) 단문(짧은 글) 933자 (항목별 100점 만점)

대학생	SNS 42.7 점	고등학생	SNS 50.4 점
	종이 65.7 점		종이 41.7 점

(2) 그래픽 비중이 크고 짧은 글 251자

대학생	SNS 27.1 점	고등학생	SNS 29.4 점
	종이 45.3 점		종이 40.8 점

(3) 긴 글(장문) 1673자

대학생	SNS 20.4 점	고등학생	SNS 24 점
	종이 44.9 점		종이 29.7 점

(4) 시 84자

대학생	SNS 27.1 점	고등학생	SNS 10.4 점
	종이 43.7 점		종이 19.4 점

(5) 4항목 평균 값

대학생	SNS 30.1 점	고등학생	SNS 26.1 점
	종이 49.9 점		종이 32.9 점

(6) 전체의 평균값 (진단 점수는 100점 만점)

SNS 진단	종이책 진단
27.5 점	38.6 점

3) 진단 결과 분석

(1) 대학생의 경우 길고 복잡한 글을 종이책으로 읽을 때 효과 2배
(2) 고등학생은 종이책으로 읽은 학생들이 SNS로 읽은 학생보다 6.8 점 높았습니다.[125]

5. 독서와 대화

다양한 책을 읽고, 대화와 토론으로 논리적 사고와 표현 능력을 기르고, 기억력, 이해력, 상상력, 창의력이 키워질 수 있게 합니다.

1) 자료 활용상 유의할 점

(1) 정답이 틀렸을 때는 이유 설명
  ① 정답이 있는 질문에서 답이 틀렸을 때는 왜 틀렸는지 설명을 한 뒤에 다시 정답을 찾도록 합니다.
  ② 질문에 대한 답은 노트에 기록하여 발표하고 부모와 같이 맞춰 봅니다.
(2) 강요는 역 효과
단기간에 부모의 눈높이에 맞추려고 억지로 강요하는 것은 오히려 역효과를 냅니다. (하지 않는 것보다 못하다)
(3) 즐겁게 독서하는 습관을 길러야 한다.
  ① 자녀의 독서 효과가 성에 안 차더라도 자꾸 아이 입으로 책 내용을 자유롭게 이야기하는 분위기를 만들어주는 것이 중요합니

---

[125] 조선일보, 2016.3.19. 29608호

다. 그리고 아이들이 좋아하는 책을 읽도록 하여 즐겁게 독서하는 습관을 길러주어야 합니다.
② 초 1~2학년 때는 쉽고 재미있는 동화책을 읽고 대화를 나누고 차차 어려운 문장으로 된 책이나 텍스트를 선택하도록 합니다.
③ 여기에 모은 자료는 책 대신에 활용할 수 있는 자료입니다.

2) 독서 대화 지도 사례 (이호은 교사 '마주 읽기')

'마주 읽기'란 엄마와 아이가 같은 책을 읽고 대화하는 것을 말한다. 이 교사는 초등학교 1학년 때 '마주 읽기' 시작했다. 주말에 토론을 격렬하게 했습니다.

책을 읽고 대화하면 아이가 어떤 생각을 하는지, 사고력이 얼마나 깊어졌는지 알 수 있음을 깨달았다고 합니다.

(1) 대화 방법
어떻게 질문해야 아이가 신나게 생각하고 대답할까? 늘 고민해야 합니다.
① 어떤 부분이 가장 재미있었나요?
② 그 장면에서 주인공의 행동에 대해 어떻게 생각해요?
③ 친구들 사이에 이런 일이 벌어진 적이 있어요?
④ 만약 너한테 이런 일이 생기면 어떻게 하겠어요?

책에 대한 아이의 생각을 이끌어 내고 책 내용을 실생활과 연결해 생각할 수 있는 질문을 다양하게 던졌습니다.

(2) '마주 읽기'의 원칙
① 엄마의 생각을 먼저 말하지 않습니다. 최대한 말을 아끼고 아이가 말을 많이 하도록 유도합니다.
② 엄마의 관점을 먼저 이야기하는 것도 좋지 않습니다.
"먼저 아이의 생각을 충분히 듣고 공감해 준 다음에 엄마의 생각이나 관점을 이야기하는 것이 좋다"고 덧붙였습니다.

(3) 마주 읽기를 통한 글쓰기 지도
① 마주 읽기는 자연스럽게 글쓰기로 연결된다. 대화 내용을 잘 기록해서 다듬으면 한 편의 독서 기록이 됩니다.

"아이들은 독서·내용을 금세 잊어버림으로 엄마가 틈틈이 내용을 정리해 두라"라고 조언했습니다.

② "처음에 아이가 글쓰기를 어려워할 때, 엄마한테 말하듯이 써 보라" 했습니다.

아이가 말한 내용을 다양하게 글을 쓰다 보면 저절로 글, 솜씨가 늘어나고 '절대로 잘못 썼다'라고 지적하지 말고 '이 부분을 앞뒤로 바꾸어 보면 어떨까?'하고 의견을 제시하는 식으로 지도하는 것이 좋습니다.126)

3) 독서 대화 자료

본 자료는 자녀가 먼저 읽은 다음 부모가 다시 읽어주고 서로 질문하고 답합니다. 질문과 답변에서 의문점이 있으면 질문합니다.
(초등학교 저학년은 동화책을 활용합니다.)

〈주제 1〉 독서의 힘 ①

초등 고학년·중·고1 수준

성공하는 사람들은 책을 많이 읽습니다. 마이크로소프트사의 공동 창업자 빌 게이츠도 1년에 50권 이상 책을 읽는다고 합니다. 최신 과학 기술 전문가이자 프로그래머인 빌 게이츠가 왜 종이책에 의존할까?

종이책을 읽음으로써 참다운 지식을 얻고 세상을 이해하기 위해서다. 운동하면 몸이 건강해지는 것처럼 책을 읽으면 두뇌도 튼튼해져서 기억력이 좋아지고 이해력, 상상력, 창의력이 키워집니다. 독서는 나이가 들어서도 예리한 두뇌를 도와주고 치매도 예방합니다.127)

〈질 문〉
① 빌 게이츠가 왜 전자책을 읽지 않고 종이책에 의존하나요?
② 빌 게이츠는 어떤 사람인가요?
③ 책을 읽으면 어떤 효과가 있나요?
④ 글을 읽고 느낀 점을 말해 보세요.

---

126) 조선일보, 2011.9.26. 오선영 맛있는 공부 기자
127) 조선일보, 2016.3.16. 신문은 좋은 선생님

〈주제 2〉 독서의 힘 ②

초등 고학년·중·고1 수준

2016년 미국 대선 공화당 경선에 출마한 벤 카슨도 초등학교 저학년 때까지는 전 과목 열등생이었습니다. 아버지가 가출해 어머니가 생활비를 벌러 나갔고 벤은 텔레비전을 보며 시간을 보냈습니다.

어느 날 어머니가 "매주 책 두 권을 읽고 주말에 내용을 보고하라"라고 했고 그때부터 벤은 도서관에 가 자신이 좋아하는 동물, 자연, 과학에 관한 책부터 골라 읽기 시작했습니다.

책을 많이 읽으면서 벤의 독해력과 어휘력은 점점 향상됐고 다른 교과목 성적도 올라갔다. 10년 뒤 그는 미국 최고 명문인 예일대를 졸업하고 존스홉킨스병원 정신외과 의사가 됐습니다.

〈질 문〉
① 벤 카슨의 어머니는 왜 카슨에게 매주 책 두 권을 읽고 주말에 내용을 보고 하라고 했을까요?
② 초등학교 저학년 때까지 열등생이었던 벤 카슨은 어떻게 해서 명문대학을 졸업하고 의사가 되었을까요?
③ 책을 많이 읽어서 독해력과 어휘력이 향상되면 왜 다른 교과목 성적이 올라갈까요?
④ 벤 카슨의 훌륭한 점은 무엇이라고 생각하나요?

〈주제 3〉 애플의 창업자인 스티브 잡스의 자녀 교육

초등 고학년·중·고1 수준

애플의 창업자인 스티브 잡스조차도 집에서는 자기 자녀에게 디지털 기기의 사용을 제한했대요. 생전에 그는 저녁이면 식탁 근처에 둘러앉아 읽은 책이나 역사에 관해 얘기하기를 즐겼다고 합니다.

구글·애플 같은 첨단 디지털 기술 기업 종사자 상당수가 자기 아이들은 만 12세 이전까지 컴퓨터를 쓰지 않는 학교에 보낸다고 해요. 이 아이들은 초등학교 5~6학년에 해당하는 만 12세가 되어서야 타자, 코딩, 프로그래밍 등 컴퓨터 교육을 받습니다.

스마트폰을 비롯한 디지털 기기를 지나치게 많이 사용하면 집중력이 떨어지고 뇌 발달에 좋지 않으며 중독될 가능성이 있기 때문이다. 그리고 첨단 기술을 개발할 수 있는 창의력과 사고력은 사람들 사이의 대화와 건강한 몸, 그리고 독서에서 나온다는 것을 프로그램 개발자들이 누구보다 잘 알기 때문이죠![128]

〈질 문〉
① 스티브 잡스는 자녀 교육을 어떻게 했나요?
② 구글·애플 같은 첨단 디지털 기업 종사자 상당수가 자기 아이들은 만 12세 이전까지 컴퓨터를 쓰지 않는 학교에 보낸다고 합니다. 그 이유는 무엇일까요?
③ 첨단 디지털 기술 기업 종사자들은 자녀들을 몇 세부터 컴퓨터 교육을 받게 합니까?
④ 잡스는 저녁이면 식탁 근처에 둘러앉아 읽은 책이나 역사에 관해 대화를 즐겼다고 합니다. 왜 그랬을까요?
⑤ 글을 읽고 느낀 점을 말해 보세요.

〈주제 4〉 디지털 읽기의 장단점

중·고등학교 수준

"'킨들' 같은 이북(E-book) 하나에 방대한 정보를 저장해 들고 다니면서 수백 장 텍스트 가운데 간단한 검색만으로 필요한 정보를 찾아낼 수 있다는 것은 '디지털 읽기'의 매우 강력한 강점입니다.

앤드루 딜런 미(美) 텍사스 오틴대 정보학 장은 "무조건 종이책으로 읽는 것이 좋고 디지털 읽기는 배제하자는 얘기를 하려는 것은 아니다"라고 말했다. 특정 정보를 빨리 찾아내야 하는 상황이나 짧고 그림이 많은 텍스트를 읽을 때 등에는 디지털 읽기가 효과적인 경우가 있습니다.

딜런 학장은 긴 글의 논리를 파악하고, 유용한 정보를 분류해 오래 기억하기 위해서는 "종이책이 여전히 강력한 매체"라고 말했다. 반면 디지털 읽기는 이해력을 떨어뜨리는 요소가 많고, 정보를 오래 기억하지 못합니다.

---

[128] 조선일보 2016.4.5. 29623호

정보 제공 매체(SNS, 인쇄물)의 리콜 능력을 비교한 결과 종이책이 SNS 보다 이해, 기억 효과가 46% 높았습니다.[129]

〈질 문〉
① 디지털 읽기의 강점은 무엇인가요?
② 디지털 읽기의 단점(나쁜 점)은 무엇인가요?
③ 어떤 경우에 디지털 읽기를 하면 좋은가요?
④ 종이책이 여전히 강력한 매체라고 한다. 왜 그런가요?
⑤ 글을 읽고 느낀 점을 말해 보세요.

〈주제 5〉 화랑 오계와 삼덕(三德)

초등 고학년·중·고1 수준

화랑 오계와 삼덕은 신라 때에 행하던 청소년들의 민간 수양 단체인 화랑이 지켜야 할 유(儒), 불(佛), 선(仙) 세 종교의 정신을 받들고 세속오계와 삼덕을 생활신조로 하였습니다.

화랑 오계는 화랑들이 실천해야 할 다섯 가지 덕목으로서 첫째 나라에 충성하고, 둘째 부모에게 효도하며, 셋째 벗을 믿음으로 사귀고, 넷째 함부로 살생 (생명을 죽이는 일)을 하지 말고 생명을 존중하며, 다섯째 싸움터에 나가서 물러서지 아니한다. 이다. 이 계율을 의무적으로 실천하였습니다.

삼덕은 겸손, 검소, 절제로서 타율적인 의무사항이 아니고 자율적인 실천 규범으로서 화랑들이 지켜야 할 덕목들이다. 이 세 가지 덕목은 매우 아름다운 생활 덕목이라 하여 삼미(三美)라고도 합니다.

남을 대할 때 거만하지 않고 공손한 태도로 제 몸을 낮추는 사람을 겸손한 사람이라 하고 사치하지 아니하고 간략하고 수수한 사람을 검소한 사람이라 하며 방종하지 않도록 자기의 욕망을 제어하는 사람을 절제할 줄 아는 사람이라 한다. 예를 들면 본래부터 귀하고 권력이 있는 데도 그 위력을 부리지 않는 이를 말합니다.[130]

---

[129] 조선일보 2016.3.19. 29608호 권지연 기자
[130] 조선일보

〈질 문〉
① 신라 때 화랑들이 의무적으로 지켜야 할 실천 계율은 무엇인가요?
② 화랑들이 자율적으로 지켜야 할 도덕적 덕목으로서 삼덕이 있다. 무엇을 삼덕이라 하나요?
③ 삼덕을 왜 삼미(三美)라고 하나요?
④ 어떤 사람이 겸손한 사람인가요?
⑤ 어떤 사람이 검소한 사람인가요?
⑥ 어떤 사람이 절제하는 사람인가요?
⑦ 왜 나라를 걱정하고 사랑해야 하나요?
　　유의할 점: 물음에 답하지 못할 때는 한 번 더 읽어줍니다.
⑧ 화랑 오계와 삼덕을 어떻게 생각하나요?

〈주제 6〉 마음이 넓은 사람·좁은 사람

초·중·고1 수준

　우주에 존재하는 모든 것은 오직 마음에 의하여 만들어지고 관리 된다. 그 마음은 쓰기에 따라 한없이 넓고 크기도 하고 바늘구멍같이 좁고 작기도 한 것입니다. 옛날에는 마음이 큰 사람을 대인(大人)이라 하고 좁은 사람을 소인(小人)이라 하였습니다.

　마음이 좁으면 많은 것을 받아들이기 힘들어서 모든 일, 어려움을 수용할 수 없습니다. 그래서 삶에서 마주치는 모든 고난 속에서 깊은 고통을 경험하게 됩니다.

　마음이 크고 넓게 열려 있으면 무엇이든지 쉽게 받아들일 수 있기 때문에 더 이상 고통스러워하지 않습니다. 그러므로 마음을 크게 넓혀가는 공부를 해야 합니다.[131]

〈질 문〉 마음을 크게 넓혀가는 공부를 어떻게 하면 될까요?

〈주제 7〉 자신감

초·중·고1 수준

　자신감은 사람들이 불확실한 상황과 마주쳤을 때 도전할 수 있게 도와줘

---
[131] 틱낫한 스님이 읽어주는 법화경. 박윤정 옮김 p153

요, 그래서 진화론적으로 인간 생활에 중요한 요소에요. 원시사회에서도 인간 생활에 중요한 요소였어요, 원시사회에서 인간은 자신감이라는 심리적 자원 덕분에 동물과 싸우며 살아남을 수 있었지요. 현대사회에서도 마찬가지예요. 사람들이 살아가기 위해 필요한 다양한 분야에서 자신감이 필요해요. 학교에서 공부할 때, 직장에서 일할 때, 남들과의 인간관계를 풀어나갈 때 실패의 두려움을 이겨내고 성공하도록 도와주는 것이 바로 자신감에요.

그것은 우리가 노력하면 얼마든지 키울 수 있다. 스스로에게 "그것 봐, 넌 결국 그 정도잖아" "나는 할 수 없어"와 같은 부정적인 말을 삼가도록 하고 대신 긍정적인 자기 대화를 합니다. "해 보자!", "나는 할 수 있어", "집중하자" 이렇게 긍정적인 혼잣말을 계속 반복하는 것이 중요합니다. 그리고 활발하고 자신감 있는 친구와 어울리고, 그런 사람들을 모델로 생각하면, 자연스럽게 그들의 행동과 감정을 따라 해서 우리 내면의 자신감도 상승할 수 있습니다.[132]

〈질 문〉
① 자신감이란 무엇인가요?
② 자신감을 키우는 방법은 무엇인가요?
③ 글을 읽고 느낀 점을 말해 보세요.

〈주제 8〉 동(動)에서 정(靜)으로… 리더 체인지
낯가리는 당신, 기죽지 마라…
이젠 내향적 CEO시대

초·중·고 수준

우리는 학교에서 직장에서 "정말 타고난 리더야"라는 말을 듣는 사람들을 보게 된다. 이들은 대개 넘치는 에너지로 타인을 압도하는 유형이다. 타고난 사교성을 발휘하고 많은 사람 앞에서 말하거나 자신의 주장을 밀어 붙이는 일도 두려워하지 않는다. 어릴 땐 친구들 사이에서 인기를 독차지하고, 커서는 몸담은 조직에서 눈에 띄는 존재가 된다.

반면 자기의 의견을 내 세우기보다 조용히 듣는 사람, 낯을 가리는 사

---

132) 조선일보 2016.6.15. 29683호 곽금주 서울대 교수

람, 혼자 있는 것을 좋아하는 사람, 이들은 앞서 예로든 사람들과 능력 면에서 별 차이가 없을지라도 결코 주목받지 못합니다. 학생기록부에 '사교성 부족'이라고 평가하고, 사회인이 된 뒤엔 "사교성이 부족해서 탈이야"라는 말을 듣기 일쑤다. 하지만 수전 케인(Cain) 씨가 쓴 콰이어트(Quit)라는 책에서 "내향성은 결코 비난받거나 고쳐야 할 결함은 아니다"라고 말했습니다.

책에 따르면 역사상 가장 훌륭한 작품을 만든 예술가는 대부분 내향적이었습니다. 정치나 사회운동처럼 일반적으로 외향성이 강조되는 영역에서조차 앨 고어, 마하트마 간디, 루즈벨트 같은 인물은 자신들의 내향성에도 '불구하고'가 아니라 내향성 '덕분'에 위대한 도약을 이뤄냈습니다.

"오늘날 우리는 기술이 급격히 진보한 세상에서 살고 있지요. 그 흐름을 주도하고 있는 것은 실리콘밸리입니다. 현재 실리콘밸리의 핵심 인물은 대개 내향적인 사람들이에요. 구글 창시자 버빗은 내향적인 인물입니다. 야후나 페이스북도 마찬가지입니다. IT업계는 지금 가장 돈이 되는 분야이고, 대표적인 IT분야를 이끌고 있는 사람들은 막강한 영향력을 갖고 있지요" 그러므로 내향적인 사람 당신은 기죽지 말자 이젠 내향적 CEO 시대가 다가옵니다.

① 내향적인 리더의 장점은
- 조용하다.
- 겸손하고 소박하다.
- 말이 적고 수줍을 탄다.
- 품위가 있고 온화하다.
- 자신을 내세우지 않는다.
- 절제되어 있다.

② 내향적인 리더의 힘은 어디서 나올까요?
- 베푸는 마음
- 다방면의 지식
- 내면에 지닌 깊은 열정

조직에서 어떠한 리더에 직원들이 잘 따를까 내면에 강력한 열정을 가지고 있고 능력이 출중하고 다른 사람을 배려하는 마음을 갖출 때 자연히 직원들이 따르게 마련입니다. 그러나 지금과 같이 저성장 시대엔 내향적인 리더보다는 조직에 활기를 불어넣고 적극적으로 달려드는 외향적 리더가 그 어느 때보다도 필요하다는 견해도 있습니다.133)

〈문제〉
① '정말 타고난 리더야'라는 칭찬을 받는 사람들은 어떠한 특성을 갖고 있나요?
② 내향성을 가진 사람들의 특성은 무엇인가요?
③ 수전 케인(Cain) 씨는 '내향성은 결코 비난받거나 고쳐야 할 결함이 아니다'라고 말했다. 왜 그런가요?
④ 왜, 내향적인 사람 당신은 기죽지 말라고 했을까요?
⑤ 어떠한 리더에 직원들이 잘 따를까요?
⑥ 내향적인 리더의 힘은 어디서 나올까?
⑦ 읽고 느낀 점은 무엇인가요?

〈주제 9〉 어른들은 왜 매일매일 일을 해야 할까요?

초등고학년, 중·고1 수준

엄마 아빠와 놀고 싶은 우리 친구들, 바쁜 엄마와 밤늦게 돌아오시는 아빠에게 서운한 마음을 갖고 있을 거예요. 엄마와 아빠 두 분 모두 일을 하느라 그렇다고 하는데, 왜 어른들은 매일매일 일을 해야 할까요?

어른들을 여러 가지 일을 해요. 농사를 지어 곡식, 배추, 과일 등을 기르고 소, 돼지, 닭을 키워 고기, 우유, 달걀을 얻기도 하죠. 바다에서 생선을 잡거나 조개, 김 등을 채취하고 땅속에서 철, 구리, 금 등을 캐는 일도 한답니다. 이렇게 땅과 강, 바다 등지에서 필요한 것을 얻는 일을 '1차 산업'이라고 불러요.

'1차 산업'에서 생산한 것들로 물건을 만드는 일을 '2차 산업'이라고 해요. 과자, 옷, 연필, 신발 같은 생활필수품이나 자동차, 배, 냉장고처럼 탈 것이나 기계를 만드는 일, 첨단 기술을 이용해 컴퓨터, 인공위성 등을 제작하거나 집, 학교, 다리, 길 등 건물을 세우는 일 등도 여기에 속해요.

---

133) 조선일보 2014.1.25.~26 weekly 1312 2면

사람들이 편리하게 생활하도록 돕는 일을 '3차 산업'이라고 해요. 상점에서 물건을 팔거나 학생을 가르치는 일, 아픈 사람을 치료하거나 불을 끄는 일, 버스 지하철을 운전하는 일 등이 여기에 속해요.

오늘날은 4차 산업혁명에 진입하고 있어요. 4차 산업이란 로봇과 AI(인공지능), 사물인터넷을 활용하는 산업을 말해요.

어른들은 대부분 돈을 벌기 위해 일을 해요. 돈을 벌기 위해 하는 일을 '직업'이라고 하고 일한 대가로 얻는 돈을 '소득'이라고 해요. 회사원이 회사에서 맡은 일을 하고 한 달 동안 일한 대가로 받는 돈은 '월급'이라고 해요. 돈을 버는 건 우리가 살아가는 데 돈이 필요하기 때문이에요.

하지만 돈을 벌기 위해 올바르지 못한 방법을 써서는 안 됩니다. 나쁜 재료로 물건을 만들어 속여 팔거나 법을 어겨서는 안 돼요. 열심히 그리고 즐겁게 일하면 돈을 버는 것은 물론 보람을 느낄 수 있어요.

일을 해서 번 돈은 배고플 때 먹을 음식과 추위를 막아 줄 옷, 그리고 집을 사려면 돈이 있어야 해요. 장난감 학용품을 살 때도 몸이 아파 병원에 갈 때도 돈을 내야 하죠. 미래를 대비하기 위하여 은행에 저축하기도 하고요.

집에서 어린이들이 할 수 있는 일에는 내 물건 정리하기, 밥상에 수저 놓기, 신발 정리하기 등등. 우리 친구들이 하는 이런 작은 일들도 미래에 일하는 데에 큰 도움이 돼요. 어른이 되면 다른 사람을 돕고 세상을 아름다운 곳으로 만드는 일이라면 더욱 좋겠지요.[134]

〈질 문〉
① '1차 산업'이란 무엇인가요?
② '2차 산업'이란 무엇인가요?
③ '3차 산업'이란 무엇인가요?
④ '4차 산업'이란 무엇인가요?
⑤ 어른들은 왜 일을 하나요?
⑥ 일을 해서 번 돈은 어디에 쓰일까요?
⑦ 제빵사와 의사들은 언제 일한 보람을 느낄까요?

---

134) 조선일보, 2013.1.24. 28636호, 은예숙, 인천백석초등교사

⑧ 과자, 연필, 옷, 신발 같은 생활필수품을 만드는 일은 무슨 산업인가요?
⑨ 돈은 어떻게 벌어야 하나요?
⑩ 집에서 어린이들이 할 수 있는 일에는 어떤 것이 있나요?

〈주제 10〉 논어(論語) 이야기

중·고1 수준

논어(論語)는 공자가 말했다는 '학이시습지 불역열호'(學而時習之 不亦說乎)로 시작합니다. 우리는 이를 '배우고(學) 익히면(習) 또한 기쁘지 아니한가'로 배웠습니다. 상식적으로 배우고 익히는 것은 결코 기쁜 일이 아닙니다. 고역(苦役 : 괴로운 일)이다. 그런데 왜 수천 년 고전의 지위를 누려온 논어는 첫머리에서 이런 '헛소리' 같은 말을 하고 있는 것일까요?

논어를 수없이 읽다 보면 조금씩 그 실마리가 나옵니다. '위정(爲政)'편에서 온고지신 가이위사의(溫故知新 可以爲師矣)라고 말합니다. "옛것을 익히고, 그것을 미루어서 새것을 알게 되면 더 이상 학습해야 할 학생이 아니라 남을 가르칠 수 있는 스승이 될 수 있다."라는 뜻입니다. 옛것을 깊이 배움으로서 새로운 것을 알게 되는 '지신(知新)'의 단계에 이르는 길은 고통스럽습니다. 그러나 새로움을 알게 되는 것은 누구에게나 기쁨이지요. 공자가 '학이시습지 불역열호'(學而時習之 不亦說乎)라 했던 것도 바로 그 때문입니다. 학습이 기쁜 것이 아니라 학습을 통해 새로운 것을 알게 되니 기쁘다는 것입니다.

공자는 여기서 그치지 않는다. 매일 온고이지신(溫故而知新)하는 하루가 되라고 충고합니다. 그것이 바로 대학(大學)에서 강조한 '일신우일신'(日新又日新: 매일매일 새롭게)입니다. 하루라도 마음속에서 새로움을 키우려는 노력을 중단해서는 안 된다는 말입니다. 학습만 강조하면 고리타분하기 그지없던 공자의 가르침도 학습에서 '온고지신'을 거쳐 '일일우일신'으로 나아가는 순간 완전히 바뀝니다. '기쁨'의 의미가 이해될 뿐만 아니라 학습의 의미도 새롭게 받아들이게 됩니다.

요즈음 CEO들 사이에 인문학, 그중에서 논어가 인기라고 하는데 실은 대학생들 특히 이공계 엘리트들이 반드시 읽어 볼 것을 권합니다. 안 읽어 본 학생들을 위해 공자의 제자 증자(曾子)의 말을 전합니다. 선비(학문을 하는 사람)는 마음이 넓고 뜻이 굳세지 않으면 안 된다. 책임이 무겁고 길이 멀기 때문이다. 남을 위하는 어진 마음(仁)을 자신의 임무로 삼으니 무겁지 않은가?" 학생들이여! 힘을 내어요.135)

〈질 문〉
① 학습은 괴로운 것인데 공자는 왜 기쁘다고 했을까요?
② 온고이지신(溫故而知新)이란 무슨 뜻인가요?
③ 일신우일신(日新又日新)이란 무슨 뜻인가요?
④ 선비(학문을 하는 사람)는 왜 마음이 넓고 굳세지 않으면 안 되는가요?
⑤ 학문을 하는 사람은 왜 책임이 무거운가요?

〈주제 11〉 진정한 용기

초등 고학년, 중·고1 수준

1970년 당시 서독 총리였던 빌리 브란트는 독일과 앙숙 관계였던 폴란드를 방문했어요. 폴란드는 2차 세계 대전 때 독일의 나치 정권과 전쟁을 치러 당시 폴란드 국민의 5분의 1에 해당하는 600만 명이 독일군에 의해 희생된 나라입니다.

빌리 브란트는 폴란드 바르샤바의 전쟁 희생자 추모비 앞에서 무릎을 꿇고 진심으로 나치의 과거사를 반성하는 모습을 보여주었어요. 당시 그의 용기 있는 행동은 오늘날까지 많은 사람들에게 깊은 감동으로 남아 있어요. 이처럼 스스로 옳다고 믿는 것을 행동으로 옮기는 것이 진정한 용기에요.

당시 서독 내부에서는 빌리 브란트가 폴란드에 가서 나치의 과거사를 반성하는 입장을 취하는 것을 반대하는 목소리가 있었다고 해요. 그럼에도 빌리 브란트가 반대를 무릅쓰고 무릎을 꿇은 까닭은 무엇일까요.

빌리 브란트는 독일의 2차 세계 대전 잘못을 철저히 반성해야만 더 용기 있고 진실한 나라로 발돋움할 수 있다고 믿었던 거예요. 그래 그는 서독 국민에게 지지율이 떨어질 것이라고 예상했음에도 용기 있게 반성하기로 했어요. 바로 이 용기 덕분에 빌리 브란트는 나중에 노벨 평화상을 받

---
135) 조선일보 2011.4.15. 28083호 이한우

았고 독일을 빛낸 정치가로 이름을 남길 수 있었죠.136)

〈질 문〉
① 독일과 폴란드는 왜 앙숙 관계가 되었나요?
② 빌리 브란트는 왜 오늘날까지 많은 사람에게 깊은 감동으로 남아 있을까요?
③ 진정한 용기란 어떤 것인가요?
④ 브란트 총리가 서독 국민들의 반대를 무릅쓰고 폴란드 바르샤바의 전쟁 희생자 추모비 앞에서 무릎을 꿇은 까닭은 무엇일까요?
⑤ 빌 브란트가 왜 노벨 평화상을 받았을까요?
⑥ 청소년들이 할 수 있는 진정한 용기는 무엇일까요?

〈주제 12〉 우직지계(迂直之計)

고1 수준

1. 우직지계(迂直之計)의 이치

가파른 산에 오를 때 직선으로 만든 길보다 구불구불한 우회로를 통해 더 쉽게 오를 수 있어. 우직지계(迂直之計)의 직(直)은 접근 어려운 빠른 길(직진로), 편안하게 바로 가는 길을 뜻하고 우(迂)는 좁고 돌아가는 길(우회로)을 뜻합니다.

2. 우직지계(迂直之計)의 지혜

거래처 돕다 보니 자기 사업도 덩달아 번창한 사람도 있습니다. 돌아가는 길이 지름길, 일상생활 속에서 직장 상사, 인생 선배, 비우호적 고객이나 거래처 심지어 아래 사람에게도 직공이나 직언을 피하는 것이 좋은 예가 많습니다.

사업에서도 우직지계의 지혜가 중요하다. 어느 음식점 주인은 돈 벌 생각을 접고 최고의 식재료로 정성껏 먹기 좋게 만들었더니 손님이 들끓게 되었다고 해요.

벤처기업으로 성공한 어느 분, 돈 벌려고 벤처기업을 경영한 사람치고 성공한 사람은 못 봤다고 했습니다. 사람을 가장 잘 피해 다니는 것이 돈

---
136) 조선일보, 신문은 선생님

이라고 합니다. 돈은 우(迂)로 접근해야 합니다.

거래처를 돕다 보니 자기 사업도 덩달아 잘 되더라는 사업가도 있습니다. 일본의 속담에 '급하면 돌아가라'라는 속담이 있습니다. 사업가가 빠르게 돈을 버는 길만을 찾다 보면 돈도 사람도 놓치게 됩니다. 또 직장인이 출세에 눈이 멀면 동료도 가정도 잃어버리게 됩니다.137)

〈질문〉
① 우직지계(迂直之計)의 지혜란 무엇인가요?
② 사업에도 왜 우직지계(迂直之計)의 지혜가 중요한가? 예를 들어서 설명하세요.
③ 일본의 속담에 '급하면 돌아가라'라는 속담이 있다. 무슨 뜻인가요?
④ 돈을 벌려고 벤처기업을 경영한 사람치고 성공한 사람을 못 봤다고 한다. 왜 그럴까요?
⑤ 왜 돌아가는 길이 지름길이 되는가요?

〈주제 13〉 위학 삼요(爲學 三要)
　　　　(학문에 필요한 세 가지 핵심 덕목)

초·중·고1 수준

배우는 사람은 다음과 같이 세 가지를 갖추어야 합니다.
1. 혜(慧: 지혜)
　(1) 지혜롭지 않으면 굳센 것을 뚫지 못합니다.
　(2) 지혜로 나를 가로막는 굳센 장벽을 뚫어야 합니다.
2. 근(勤: 근면)
　(1) 부지런하지 않으면 힘을 쌓을 수가 없습니다.
　(2) 기복 없는 노력이 보태져야 힘이 비축됩니다.
3. 적(寂: 고요함)
　(1) 고요하지 않으면 오로지 정밀하게 하지 못합니다.
　(2) 공부에는 고요한 침묵으로 함축되는 시간이 필요합니다.

---
137) 조선일보 2012.7.16. 28472호 송병락 서울대 명예교수

정수(精粹)와 정화(精華)를 써 내 안에 길들이려면 외부의 변화로부터 나를 차단하는 적묵(寂黙)의 시간과 공간이 필요합니다.

지혜로 속도를 내고 근면으로 기초 체력을 다져도 침묵 속에 방향을 가다듬지 않으면 노력이 헛되고 슬기가 보람 없습니다. 방향을 잃은 지혜, 목표를 놓친 노력은 뼈에 새겨지지 않고 오히려 독이 됩니다.[138]

〈질문〉
① 배우는 사람이 가져야 할 세 가지 핵심적인 덕목은 무엇인가요?
② 지혜를 기르려면 어떻게 해야 할까요?
③ 근면하려면 어떻게 하면 좋을까요?
④ 공부에는 왜 고요함이 필요할까요?
⑤ 깨끗하고 순수함을 내 마음에 길들이려면 어떻게 해야 할까요?
⑥ 방향을 잃은 지혜란 무슨 뜻인가요?

〈주제 14〉 성공을 위해 건강·행복·희생? 패러다임이 완전히 바뀐다.

초·중·고1 수준

건강하고 행복한 상태에서 집중력을 극대화해서 잠재력을 발휘하도록 자기 경영 교육 패러다임이 바뀌었습니다.
자기 경영 3단계
첫 번째 단계
　뇌를 중심으로 전신의 신경을 활성화시켜 우리 몸의 활기, 활력을 회복시키고,
두 번째 단계
　일상에서 소중함과 감사함을 회복하여 긍정적이고 진취적인 사고력 훈련으로 행복감을 높입니다.
세 번째 단계
　건강하고 행복한 상태에서 자신의 꿈과 목표가 이루어져 있는 실감을 느끼며 집중력과 창조력을 향상시킵니다.[139]

---
[138] 조선일보 2014.6.5. 29056호 정민의 세설신어(世說新語)
[139] 조선일보. C. 2018.12.3. 30444호 정성훈 헬피니스 대표

〈질 문〉
① 자기 경영 패러다임(견해, 인식)이 어떻게 바뀌었나요?
② 뇌를 중심으로 전신의 신경을 활성화시켜 우리 몸의 활기, 활력을 회복시키는 방법은 무엇일까요?
③ 일상에서 소중함과 감사함을 회복하여 긍정적이고 진취적인 사고력 훈련으로 행복감을 높이는 방법은 무엇일까요?
④ 자신의 꿈과 목표가 이루어져 있는 실감을 느끼며 집중력과 창조력을 향상시키는 방법은 무엇일까요?

〈주제 15〉 '마음의 근육' 없는 아이들(19세 이하) 우울증 1년 새 42% 늘어

초·중·고1 수준

청소년 정신건강이 위험합니다.

우리 청소년들의 삶이 과거에 비해 물질적으로 풍요해졌지만 정신 건강에 대한 우려는 오히려 커지고 있습니다. 건강보험심사평가원이 국회 김승희 의원실에 제출한 자료를 보면 우울증으로 병원 치료를 받은 19세 이하 아이들은 2017년에 3만 907명에서 작년 4만 3,739명으로 1년 새 1만 2,800명(42%) 늘었습니다. 19세 이하 불안 장애 환자도 2017년 1만 9,739명에 지난해 2만 3,311명으로 급증했습니다.

전문가들은 "우리나라가 '마음 근육'이 없는 아이들을 키워내고 있다"라고 했습니다. 일상에서 가족이나 친구와 깊이 마음을 나누며 스트레스를 풀고 정서적 안정감을 가져야 하는데 어려서부터 학업 경쟁 등에 내몰려 그러지 못했다는 것입니다. 사회 변화와 가족 해체 현상이 심해지고, 평범한 가족들조차 IT 발달 등으로 부모와 자식 세대가 공감하는 영역이 크게 줄었습니다.

이런 아이들이 작은 어려움에 부닥치면 극단적 상황으로 치달을 가능성이 높습니다. 홍대우 전 한국 전문 상담교사회장은 "요즘 아이들은 휴대폰에만 갇혀 친구나 부모와 대화도 거의 없고 밖에서 뛰어놀며 스트레스를 풀 시간도 부족하다"라며 "평소 마음 근육을 키우지 못한 아이들은 조금만 힘든 상황이 생겨도 자해나 자살을 생각하게 된다."라고 했습니다. 작년 학

생들 사이에서 자해가 유행처럼 생긴 것도 방송이나 소셜미디어에서 자해 관련 콘텐츠가 늘자 평소 마음이 불안한 학생들이 영향을 받은 탓이라고 전문가들은 말합니다.140)

〈질 문〉
① 19세 이하 청소년들의 우울증 환자가 2017년에 비해 42%나 늘어나고 있는 까닭은 무엇일까요?
② 불안 장애 환자가 급증하고 있는 까닭은 무엇일까요?
③ 마음 근육을 키우지 못한 까닭은 무엇이며 그로 인하여 생기는 결과는 무엇인가요?

〈주제 16〉 "수렵시대에 적응된 뇌 앉아 있으면 쪼그라듭니다."
(뇌 의학 전문가 인터뷰: 존 레이티 하버드대 교수)

초·중·고1 수준

우리 뇌는 신체를 움직일 때 최상의 능력을 끌어내도록 진화했어요. 온종일 학교나 학교에 앉아 몸을 쓰지 못하게 하는 한국식 교육은 오히려 학생들 뇌를 쪼그라들게 만들 수 있어요. 그는 "한국 학교들도 아이들 성적을 올리려면 수업 전 5분이라도 운동을 지키라"라고 했습니다.

① '0시 운동'이 뇌를 깨웁니다.
레이티 교수는 '운동이 학생들의 뇌를 활성화해 공부를 더 잘하게 만든다'라는 사실을 과학적으로 입증하였습니다. 대표적인 사례가 미국 일리노이주 네이퍼빌 고교에서 학생들에게 수업 전에 운동을 지켰더니(2006~2011년) 수학 성적이 1년 반에 19.1점 올랐습니다. 그는 "임상실험에서 아이 어른 할 것 없이 운동하면 집중력·성취욕·창의성이 증가하고 뇌의 능력이 향상된다는 사실을 확인했다"라고 했습니다.
② 간단한 운동도 두뇌를 깨웁니다.
어떤 운동이 뇌 자극에 효과적일까, 레이티 교수는 "뇌를 깨우기

---
140) 조선일보 2019.5.18. 30585.김연주 홍준기 기자

위해서는 하루 20~30분 정도 달리기같이 약간 부담되는 유산소 운동을 하는 것이 좋다"고 말했습니다. 또 유산소 운동과 머리 쓰는 운동을 함께 하면 두뇌를 깨우는 데 더 효과적입니다. 테니스, 요가, 암벽 등반처럼 복잡한 기술이 동반된 운동을 하면 뇌세포 네트워크를 강화해 학습 능력을 더 키워준다는 것입니다.

레이티 교수는 간단한 운동이라도 꾸준히 하라고 했습니다. 작은 움직임도 뇌를 깨운다는 것입니다. 운동을 하면 뇌에 공급되는 피와 산소가 늘어나고 세포 생성 속도가 빨라지고 뇌 안의 신경세포(뉴런) 기능이 활발해진다는 것입니다.141)

〈질 문〉
① 운동을 하면 어떤 효과가 있나요?
② 유산소 운동에는 어떤 것이 있나요?
③ 머리를 쓰는 운동에는 어떤 것이 있나요?
④ 운동을 하면 왜 학습 능력을 키워줄까요?

〈주제 17〉 가정에서 아이들이 실천할 운동 프로그램

초·중·고1 수준

요즈음 우리나라 초등학교 가운데는 점심시간과 쉬는 시간에 운동장에서 놀지 못하게 할 뿐만 아니라 운동 놀이 시설을 철거하는 학교도 있다고 한다. 그리고 중고등학교에서 체육 시간을 제대로 운영하지 않고 있다 하니 아이들 체력과 사회성 발달에 나쁜 영향을 미치지 않을까? 심히 걱정이 됩니다.

그래서 학교에서의 부족한 스포츠 활동을 가정에서 보충하지 않으면 안 되겠습니다. 적절한 시간에 달리기, 산책, 바르게 걷기, 아령, 앉은 자전거 타기, 스쿼트, 줄넘기 등 자기 취향에 맞는 종목을 선정하여 매일 규칙적으로 실천할 수 있게 운동 프로그램을 만드는 것이 좋겠습니다. 운동을 하면 두뇌 활동이 활발해져서 기억력이 좋아지고 공부를 잘 할 수 있기 때문입니다.

---

141) 조선일보 2019.1.2. 30470호 양지호 기자

운동의 양과 강도는 자신의 체력과 필요에 따라 조절하는 것이 좋다. 즉 건강을 유지하고 학습력을 높이려면 이마에 땀이 맺힐 때까지 계속하는 것이 좋고, 체력을 기르려면 몸에 땀이 흐르도록 계속하는 것이 좋다고 합니다. 그리고 운동하는 시간은 1주일에 3번. 1회에 30분 운동을 하면 건강을 유지할 수 있다고 합니다.

그리고 운동을 할 때에 유의할 점으로 주 운동을 하기 전에 준비운동과 주 운동을 한 후에 정리운동을 반드시 해야 한다. "정리운동을 하지 않으면 몸에 활성산소가 발생한다."[142]고 한다. 준비운동이나 정리운동은 스트레칭이 좋다고 합니다.

〈질 문〉
① 왜 운동을 해야 하나요?
② 우리가 할 수 있는 운동은 어떤 것이 있나요?
③ 스쿼트란 어떤 운동인가요?
④ 하루에 몇 분 동안 운동하는 것이 좋은가요?
⑤ 주운동 앞뒤로 준비운동과 정리운동을 반드시 해야 한다. 그 까닭은 무엇일까요?

〈주제 18〉 인간의 기쁨 안에는 '선악(善惡)'이 같이 한다.

초·중·고1 수준

동양의 성리학에서는 인간의 감정을 희, 로, 애, 구, 애, 오, 욕(喜怒哀懼愛惡欲)의 일곱 가지로 나누어 설명하면서 이들을 한데 묶어 칠정(七情)이라고 불렸어요. 우리말로 풀이하면 기쁨, 화남, 슬픔, 두려움, 사랑, 혐오(미워하고 싫어함), 욕망이에요.

20세기 후반 이후 생물학의 눈부신 발전 덕분에 인간의 감정에 관한 정보들이 태어날 때부터 슬픔과 분노, 두려움과 즐거움이 감정을 이해할 줄 아는 능력을 타고난다는 거예요. 여러분이 좋아하는 친구가 선생님께 칭찬 듣는 모습을 보면 기쁘지요? 이 기쁨은 착한 기쁨이라고 할 수 있어요. 반대로 평소 싫어하던 친구가 길을 가다가 돌부리에 걸려 넘어지는 것에 기

---
[142] 신성재 조선대학교 생명화학과 교수

쁜 마음이 들었다면 그 기쁨을 결코 착한 마음이라고 할 수는 없을 거예요.

기쁜 마음은 착할 수도 있고 악할 수도 있어요. 인간의 일곱 가지 감정이 모두 그래요. 친구의 불행에 슬펐다면 그 슬픔은 착한 감정이라고 할 수 있지만, 친구의 행복에 분노하는 마음이 들었다면 나쁜 감정이라고 할 수 있지요.

이처럼 인간이 타고난 감정이 선하거나 악할 수 있기 때문에 성리학자들은 어릴 때부터 감정을 다스리는 훈련이 중요하다고 강조했어요. 빗자루로 마당을 쓸고 어른들을 공손하게 대하는 것을 灑掃應對(쇄소응대)라고 하는데요. 성리학자들은 이런 기초적인 생활 습관을 통해 어린이들이 감정을 이해하고 다스리는 방법을 스스로 터득할 수 있다고 생각했어요.[143]

〈질문〉
① 동양의 성리학에서는 인간의 감정을 희, 로, 애, 구, 애, 오, 욕(喜怒哀懼愛惡欲)의 일곱 가지를 칠정(七情)이라 불렀어요. 칠정을 우리 말로 풀이해 봐요?
② 성리학자들은 왜 어릴 때부터 감정을 다스리는 훈련이 중요하다고 했을까요?
③ 성리학자들은 어떻게 하면 어린이들이 감정을 다스리는 방법을 터득할 수 있다고 생각했나요?
④ 가정에서 훈련을 통해 터득할 수 있는 기초적인 생활 습관에는 어떤 것이 있나요?

〈주제 19〉 미래 사회의 나침판은 삼강오륜(三綱五倫)

중·고1 수준

미래학 거장 데이터 교수는 "미래 사회에 인류가 갖춰야 할 윤리는 유학의 삼강오륜입니다. 한물간 봉건의 잔재로 케케묵은 것이라고 여겨지지만 과거를 이해해야 지금을 알고 미래를 어떻게 설계할 수 있는지 답을 얻을 수 있다."라고 했다.

"18~19세기까지 서양에서는 개인주의가 극심했어요. 개인에게 자유와

---
[143] 조선일보 2016.10.22. 29482호 신문은 선생님. 채석용 대전대 교수

권리를 보장해줬지만, 공동체의 일원으로서 반드시 지켜야 할 책임과 의무는 사라져 버렸어요. 단체를 하나로 결속하는 능력은 부족했지요. 반면 유학은 사람을 하나로 모으는 데 아주 좋은 사상이라고 생각합니다."

데이터 교수는 "인간은 함께 모여 산다. 자기주장만 펼쳐선 곤란하다. 권리를 지키되 상대를 존중하고 책임지는 인식이 중요하다"라며 "그런 점에서 삼강오륜을 바라보는 것"이라고 했습니다. "자신의 권리를 찾는 동시에 책임과 의무를 지는 밸런스 (균형·조화)가 중요하지요.

"역사적으로 유학은 지배 계층이 그 아래 계층을 지배하고 억압한 걸로 잘 알려져 있지요" 그는 예전 사고방식과 방법을 그대로 적용하자는 게 아닙니다. "기술적·환경적으로 현대에 맞는 부분을 발전시켜서 그걸 미래에 맞게 변형시켜야 한다."라고 강조했습니다. "유학은 상호 간 대화 작용이 일어나는 것, 그러니까 인간에 대해 묻고 알아가는 학문입니다. 서로가 서로에게 책임과 의무를 가져야 합니다."144)

① 삼강(三綱)
- 군위신강(君爲臣綱): 임금과 신하 사이에 지켜야 할 도리
- 부위자강(父爲子綱): 어버이와 자식 사이에 지켜야 할 도리
- 부위부강(夫爲婦綱): 남편과 아내 사이에 지켜야 할 도리

② 오륜(五倫) (사람이 지켜야 할 다섯 가지의 도리)
- 부자유친(父子有親): 아버지와 아들 사이의 도는 친애에 있습니다.
- 군신유의(君臣有義): 임금과 신하의 도리는 의리에 있습니다.
- 부부유별(夫婦有別): 부부 사이에는 서로 침범치 못할 인륜(人倫)의 구별이 있습니다.
- 장유유서(長幼有序): 어른과 어린이 사이에는 차례와 질서가 있어야 합니다.
- 붕우유신(朋友有信): 벗의 도리는 믿음에 있습니다.

〈질 문〉
① 미래학 거장 데이터 교수는 미래 사회에 인류가 갖춰야 할 윤리를 왜 '삼강오륜(三綱五倫)'이라고 했을까요?

---
144) 조선일보, 2014.7.6. 김은경 기자

② 유학을 왜 좋은 사상이라 할까요?
③ 어떠한 관점에서 '삼강오륜(三綱五倫)'을 바라보아야 할까요?
④ 유학은 어떤 학문이며 어떠한 방법으로 미래에 맞게 변성시켜야 할까요?

〈과 제〉
① 삼강을 현대에 맞게 바꾸어 보자.(일주일 후에 맞추어 본다)
② 오륜을 현대에 맞게 바꾸어 보자.(일주일 후에 맞추어 본다)

〈과제의 답 예시〉
① 삼강을 현대에 맞게 변형시키기
- 군위신강(君爲臣綱)은 대통령은 국민을 행복하게 살도록 해야 하고 국민은 책임과 의무를 다해야 합니다.
- 부위자강(父爲子綱)은 어버이는 자식을 사랑하고, 자식은 어버이를 존중하고 감사해야 합니다.
- 부위부강(夫爲婦綱)은 남편과 아내는 서로 사랑하며 존중하며 작은 일이라도 서로 협조하고 배려해야 합니다.

② 오륜을 현대에 맞게 변형시키기
- 부자유친(父子有親)은 아버지와 아들 사이는 가깝게 친하고, 존경하고 사랑해야 합니다.
- 군신유의(君臣有義)는 대통령과 고위 공직자 사이에는 의리가 있어야 합니다.
- 부부유별(夫婦有別)은 남편은 남편다워야 하고 아내는 아내다워야 합니다.
- 장유유서(長幼有序)는 어른과 어린이 사이에는 차례와 질서가 있어야 합니다.
- 붕우유신(朋友有信)은 친구 사이에는 믿음이 있어야 합니다.

〈주제 20〉 프랭클린 자서전

초·중·고1 수준

미국 독립선언서를 작성한 건국의 아버지 중 한 명, 번개가 전기라는 사실을 최초로 증명한 과학자, 성공한 사업가, 사회 개혁가로 지금껏 존경받는 인물이 바로 벤저민 프랭클린이지요. 오늘은 그의 성공 비결이 담긴 '프랭클린 자서전'을 읽어봅시다.

1. 프랭클린의 독서와 성공

프랭클린은 비누와 양초를 만드는 가난한 집 17남매 가운데 열다섯째 아이로 태어났어요. 그는 총명했지만, 부모님은 그에게 2년 동안 학교에 다닐 학비만 지원해 주었어요. 그는 간단한 읽기와 쓰기, 셈하기 정도만 배운 채 10세 때부터 학교를 그만두고 아버지를 도와 일을 했어요.

그는 학교에 다닐 수 없었지만 결코 좌절하지 않았고 책 속에서 배움을 찾았답니다. 그는 12세 때부터 나이 많은 형제가 꾸리는 인쇄소에서 기술을 배웠는데, 인쇄소에 일감으로 들어온 책이나 책방에 꽂혀있는 책들을 빌려서 부지런히 읽었어요. 물론 깨끗이 읽고 빨리 돌려주어야 했습니다.

책을 잃어버리거나 낮에 손님이 책을 찾을 때 없으면 안 되기 때문에 저녁에 빌려와서 아침 일찍 갖다 주었습니다. 그러나 거의 밤을 새우다시피 하면서 책을 읽을 수밖에 없었습니다. 그렇지 않으면 일요일에나 가능했다. 일요일에 사람들은 보통 교회 예배에 참석했는데 그는 이런저런 이유로 빠지고 인쇄소에 혼자 남아 공부를 했다.

17세 때 프랭클린은 필라델피아의 인쇄소에 취직을 해서 보스턴에 살던 가족 곁을 떠나 독립했어요. 늘 성실한 태도와 긍정적인 자세로 일한 덕분에 주변 사람들에게 그의 평판은 좋았다고 해요. 24세 때는 자신의 인쇄소를 직접 차렸고 곧 큰 성공을 거두었어요. 인쇄소가 번창하자 사업을 다른 사람에게 맡긴 후 과학자 사회개혁자 등으로 활동 분야를 넓혀갔어요.[145]

〈과제〉
① 프랭클린은 어떤 인물인가요?
② 프랭클린은 학교 교육을 몇 년 동안 무엇을 배웠나요?
③ 프랭클린은 왜 10세 때에 학교를 그만두었을까요?
④ 프랭클린은 학교에 다닐 수 없었지만, 더 배우기 위하여 어떻게 노력했나요?
⑤ 낮에 책을 읽을 수 없었던 프랭클린은 어떤 방법으로 책을 읽었나요?

---
[145] 조선일보 2016.6.16. 29684호 한재우 기자

⑥ 프랭클린은 언제 가족 곁을 떠나 독립했나요?
⑦ 24세 때 자신의 인쇄소를 직접 차렸고 곧 크게 성공할 수 있었던 것은 무엇 때문일까요?
⑧ 인쇄소가 번창하자 어떻게 하였나요?

2. 프랭클린의 글쓰기 공부

독서를 사랑했던 프랭클린은 글을 읽는 데 그치지 않고, 멋진 글쓰기 실력을 갖고 싶었데요, 자서전에 나오는 프랭클린만의 글쓰기 훈련 방식을 살펴볼까요? 우선 문장이 뛰어난 글을 책, 잡지, 신문에서 고른 다음 그 글의 요점만을 적어둬요. 그리고 며칠이 지난 뒤 요점 정리한 것만 보고 원래 글을 복원해 쓰는 거예요. 그다음 자신이 쓴 글과 원래의 글을 비교하는 방식이에요. 이렇게 해서 프랭클린은 자신의 글에서 부족한 점을 찾을 수 있었어요. 그리고 단점을 보완해 글을 매우 잘 쓰게 되었다고 해요.

그는 신문을 발행하는 언론인으로도 활약했고, 훌륭한 칼럼을 많이 썼어요. 작가로서 프랭클린 자서전, 독립선언서, 미국 헌법 초안, 여러 외교 문서도 그의 빼어난 글쓰기 실력에서 나왔어요[146]

〈과제〉
① 프랭클린은 글쓰기 공부를 어떻게 했나요?
② 프랭클린이 쓴 글에는 어떤 것이 있는가요?

〈주제 21〉 피그말리온 효과

초·중·고1 수준

긍정이냐 부정이냐…. 생각하는 대로 이루어져요

중2~3, 고1 수준

긍정적 기대만으로 학생 성적 올라
하버드대 교수가 실험으로 입증했죠
과한 걱정은 불면증 불러오기도
규칙적 운동과 숙면이 좋아요

---
[146] 조선일보 2016.6.16. 29684호 한재우

피그말리온 효과란 긍정적 기대나 관심이 긍정적인 효과를 가져오고, 부정적인 기대나 관심이 부정적인 것을 가져오는 현상을 말한다.

스트레스를 받으면 뇌세포가 줄어든대요. 최근 아르헨티나 토르도바대 신경생리학과 에블턴 코텔라 교수팀이 흥미로운 결과를 발표했어요. 10~20대 중반에 스트레스를 너무 많이 받으면 학습 담당 뇌세포 수가 절반으로 줄어든다고 해요. 청년기부터 스트레스를 계속 받으면 면역체계가 약해지고, 결과적으로 우리 뇌 속 신경세포의 상당 부분이 죽어서 사라진다니 무서운 일이지요.

1. 스트레스를 받으면 나타나는 증상

흔히 나타나는 증상으로 목 주변 근육 굳음, 두통, 가슴 통증, 어지러움 등이 있어요. 소화기가 약한 사람은 복통, 변비, 설사 등이 나타날 수 있고, 특히 면역력이 떨어져서 감기, 천식, 비염에 걸릴 수도 있어요. 짜증 나거나 화가 나는 경우도 많아지고, 불면증을 호소하거나 정반대로 지나치게 오래 자는 모습을 보일 수도 있답니다.

2. 피그말리온 효과

(1) 불길(不吉: 좋지 아니함) 한 말이 불길을 불러요.

말이 씨가 된다고나 할까요? 우리는 아직 일어나지 않은 일에 대해 '이렇게 될 거야' '저렇게 될 거야' 예언을 하는데, '좋지 않은 일이 벌어질 거야'라고 자주 상상하고 말하면 정말 안 좋은 일이 벌어지기 쉬워요.

(2) 긍정(그렇다고 시인함)이 긍정을 불러요

반대로 좋은 일이 일어나기를 바라는 마음이 좋은 결과로 이어지기도 해요. 그래서 성적이 올라갈 수 있다는 생각이나 바라는 마음이 생각하는 데로 성적이 올라간다는 뜻이지요.

3. 스트레스를 받지 않는 몸 관리

스트레스를 줄이려면 마음뿐 아니라 몸도 잘 관리를 해야 해요.

(1) 수면이 부족하거나 오히려 지나치게 많이 자도 우리 신체와 정신 건강에 해롭다. 7~8시간 정도의 규칙적인 숙면(단잠)이 스트레스

예방에 도움이 됩니다.
(2) 하루 30분 이상 규칙적인 운동을 한다. 적당하고 규칙적인 운동은 불안감과 스트레스를 낮춰주고 우리 몸에서 엔도르핀처럼 기쁨과 행복을 느끼게 해주는 신경전달물질을 분비를 촉진해서 신체와 마음을 건강하게 유지시켜 줍니다. 운동을 시작할 때는 3개월 동안 매일 30분씩 편하게 걷는 것부터 시작합니다.[147]

〈질 문〉
① 하버드대 교수가 실험으로 입증한 것이 무엇인가요?
② 지나친 걱정은 무엇을 불러오나요?
③ 피그말리온 효과란 무엇인가요?
④ 10~20대 중반에 스트레스를 너무 받으면 어떻게 되나요?
⑤ 청년기부터 스트레스를 계속 받으면 어떻게 되나요?
⑥ 스트레스를 받으면 나타나는 증상은 무엇인가?
⑦ 스트레스를 받지 않으려면 어떻게 해야 하는가요?
⑧ 운동을 하면 왜 스트레스를 낮춰주는가요?

〈주제 22〉 긍정적 정서 키우려면

초등고학년, 중·고1 수준

옆 사람 소중함 느끼도록
감사하는 마음 습관화
비판해야 할 때도 칭찬부터

1. 감사하는 마음 갖기

긍정적 정서를 키우는 비법을 간략히 설명하면 우선 감사하는 마음을 갖는 것이다. '나도 할 수 있다'라는 신념이나 마술 같은 긍정의 힘이 아니다. 감사할 때 기분이 포근해지고 우주가 열린다. 옆 사람에 대해 소중함을 느끼고 감사하는 마음을 갖는 게 긍정적 정서 수준을 높이는 좋은 방법이다. 심장 박동도 규칙적이고 안정적으로 된다.

---
[147] 조선일보 2018.12.3. 3444호 이동귀 연세대 심리학 교수.

감사를 습관화하려면 감사 명상을 하든가 아니면 매일 감사 일기를 써라. 자기 직전에 하면 더 좋다. 자면서 뇌 속에 새겨지고 활발해지면서 긍정적 정서가 더 효과적으로 습관화됩니다.

2. 감사 명상하기

감사 명상을 하려면 다른 생각 없이 고요한 상태에서 눈을 감고 바르게 앉아서 '감사합니다'하고 마음을 집중하면 된다. 이때에 바른 자세는 머리, 어깨, 엉덩이가 일직선이 되도록 하고 편안하게 앉으면 된다.

그리고 "선생님 감사합니다." "어머니 감사합니다." "아버지 감사합니다."라고 해도 될 것 같다. 명상하는 시간은 5분에서 시작하여 차차 늘려서 10~15분에 끝내는 것이 좋다. 사람이 집중할 수 있는 시간이 15분이기 때문이다. (사람에 따라 다름)

옆 사람이 있으므로 내가 있는 것이고 내가 있으므로 옆 사람이 존재하는 것이며 서로 도움을 주고받으면서 살아가야 하므로 옆 사람을 소중하게 여기고 감사하는 마음을 가져야 합니다. 예를 들면 우리가 삼시 세끼를 먹고 사는 식료품을 생산하는 사람, 가공하는 사람, 운반하고 판매하는 사람들에 의하여 얻을 수 있습니다. 이들의 노력 없이는 살아갈 수 없습니다. 이처럼 우리는 많은 사람으로부터 도움과 은혜를 입고 있습니다. 그러므로 나 자신도 도움을 받은 은혜를 되돌려 갚는 마음으로 하는 일에 최선을 다하고 항상 감사하는 마음을 가져야 합니다.

3. 행복해야 성공할 수 있다.

다들 성공이 행복을 가져다준다고 하지만 사실은 반대다. 행복해야 성공할 수 있습니다. '성공할 때까지 참자'라는 생각은 파산하는 길입니다. 행복은 성공의 결과가 아니라 원인이 되기 때문입니다.[148]

〈질 문〉
① 긍정적 정서를 키우는 방법은 무엇일까요?
② 감사하면 왜 긍정적 정서가 키워지나요?

---
148) 조선일보, 2018.11.6. 박순자 기자

③ 왜 옆 사람을 소중히 여기고 감사하는 마음을 가져야 하나요?
④ 감사를 습관화하려면 어떻게 하면 좋은가요?
⑤ 감사 명상은 어떻게 합니까?
⑥ 글을 읽고 느낀 점을 말해 보세요.

〈주제 23〉 세 번째 밀레니엄은 한국이 주도할 것?

중·고1 수준

21세기 발전의 중심은 유럽과 미국을 거쳐 아시아로 이동한다고 합니다. 그래서 미국은 그 대상이 되는 중국을 강하게 견제하고 있지만, 중국의 경제 발전과 외교, 군사력에서 그 징후가 보이고 있습니다.

한국 천주교의 대표적 지성인 정의채 몬시놀은 그의 저서 '인류 공통 문화 지각변동 속의 한국' 1권에서 "세 번째 밀레니엄(2000년대)은 동양, 그 중에서도 한국이 선도하게 된다"라는 것을 주장하고 있습니다.

그가 한국의 역할에 주목하는 이유는 "가장 가난했던 식민지국가, 6.25 전쟁으로 잿더미 된 나라로부터 세계 10위권의 경제 대국으로 발전하여 도움을 받는 나라에서 도움을 주는 나라로 발돋움한 것은 한국뿐"이기 때문입니다.[149]

이와 같은 주장은 현실적으로 불가능하다고 생각할지 모른다. 그러나 가능성이 전혀 없는 것은 아니다. 세계인이 주목하는 바와 같이 중국이 물질문화의 중심이 될지 모르지만, 정신문화의 중심은 한국이 될 가능성이 있습니다. 우리는 다음과 같은 빛나는 전통문화와 조상들의 DNA를 가졌기 때문입니다.

첫째로 1913년 아시아에서 제일 먼저 노벨 평화상을 받은 바 있는 인도의 시인 타고르는 한국을 '동방의 빛'이라고 했습니다. 그만큼 우리 정신문화의 수준이 높다는 것입니다. 오늘날 세계의 유명한 석학들도 우리 조상들이 발전시켜 온 유교 문화의 "삼강오륜(三綱五倫)이나 효(孝) 사상은 서구의 물질적인 수평 문화"로 무너진 인간 본래의 성품을 회복시키는데 대안이 될 수 있다고 말합니다.

---

[149] 조선일보, 2012.10.26. 14853호 이대훈 기자

둘째로 우리의 문화유산은 독창적이고 평화를 사랑하는 민족정신이 깃들어 있습니다. 고려청자, 반가사유상, 고려 불화 등은 뛰어난 예술성을 나타내고, 세계 최초로 발명한 금속활자와 이순신 장군의 거북선, 세종대왕의 한글 창제 등은 우리 민족의 창의성과 우수성을, 팔만대장경은 평화를 사랑하는 민족성을 나타내고 있습니다.

셋째로 우리나라 역대 인물 중에서 동양 3국에서 이름을 떨친 분들이 많습니다. 신라의 장보고 장군은 남해의 청해진에서 해상권을 장악하고 통상 외교력을 발휘하였으며, 서희 장군과 사명당은 뛰어난 외교력을 발휘하였다. 그리고 해동공자로 알려진 퇴계의 성리학, 중국에서 명성이 높았던 최치원 등은 모두 지혜와 용기, 창의성과 높은 학덕을 갖춘 분들이었다.

이와 같이 우리 조상들이 가꾸어 온 정신문화는 "오직 사랑의 문화, 평화의 문화"로서 세계의 정신문화를 선도할 수 있는 잠재력을 갖추고 있습니다. 그래서 세 번째 밀레니엄의 정신문화의 중심 역할을 할 수 있다고 봅니다. 김구 선생의 주장처럼 우리가 세계의 정신문화를 주도하자는 것은 "국민의 의식을 개혁하여 흩어진 마음을 하나로 합하고 작지만, 힘이 강한 나라로 만들어 우리 스스로가 잘살고 인류 전체가 의좋게 잘살도록 하자"는 것입니다.[150]

〈질문〉
① 한국 천주교의 대표적 지성인 정의채 몬시놀은 세 번째 밀레니엄은 왜 한국이 주도하게 된다고 주장했나요?
② 인도의 타고르는 왜 한국을 아시아의 빛이라고 했을까요?
③ 세계의 석학들은 조상들이 발전시킨 유교 문화의 '삼강오륜'이나 '효' 사상을 어떻게 평가하고 있나요?
④ 우리 전통문화의 특징은 무엇인가요?
⑤ 한국이 세계의 정신문화를 주도할 수 있다고 보나요? 왜 그렇게 생각합니까?
⑥ 글을 읽고 느낀 점은?

---
[150] 조선일보, 2012.11.8. 14864호

〈주제 24〉 '퇴계兄'의 코로나 대처법
이기동교수 국제학술회의서 발표

중 · 고1 수준

한국사의 대표적 철학자로 꼽히며 '한국판 테스형'이라 할 만한 퇴계 이황(1501~1570)이라면 지금과 같은 코로나 바이러스 사태에서 어떤 극복 방안을 내놓았을까?

이기동 성균관대 명예교수(국제퇴계학회장)은 2021년 10월 16일 제28차 퇴계학 국제학술회의 '현대인의 삶, 퇴계에게 묻다.'에서 이 문제를 다룬 '코로나 사태의 퇴계학적 극복 방안'을 발표하였다. 국내외학자 30여명이 참여하는 이 회의는 퇴계선생 서세(逝世) 450주년을 맞아 국제퇴계학회 주체로 17일까지 서울 국립고궁박물관에서 열린다.

이 교수는 "일의 순서에서 말단의 치인(治人)보다 수양(修養)을 중시했던 분"이라고 말했다. 퇴계라면 백신, 마스크, 거리 두기 같은 것은 당장 급한 말단인 대안일 뿐 근본적인 해결책이라야 제2, 제3의 코로나 바이러스를 막을 수 있다고 여겼을 것이란 얘기이다.

이 교수는 퇴계학에 대해 ① 악한 마음을 착하게 바꾸고 ② 탁한 기(氣)를 맑게 바꾸며 ③ 엷은 몸을 두껍게 바꾸는 세 가지로 압축할 수 있다고 설명했다. 이것을 코로나 해결의 근본 방법으로 제시할 수 있다는 것이다.

'악한 마음을 착하게 바꾼다.'는 것은 퇴계의 사단칠정론(四端七情論)과 연관된다. 퇴계는 사단(인, 의, 예, 지)의 이(理: 만물의 원리)가 일어나면 기(氣: 물질적 바탕)가 따르는 것이고, '칠정'(기쁨, 노여움, 슬픔, 두려움, 사랑, 미움, 욕망)은 기가 발하면 이(理)가 올라타는 것이라고 했다. 이 교수는 "이렇게 정리된 마음의 내용은 하늘의 마음을 회복하는 최고의 이론"이라고 했다.

'탁한 기를 맑게 바꾸기' 위해서 퇴계는 호흡을 조절하는 조식(調息) 수련을 했다. 조선시대 선비들이 정좌 수도할 때 주로 했던 수련법으로, '숨을 내쉴 때는 봄 연못의 잉어가 움직이듯 서서히, 들이쉴 때는 벌레들이 겨울잠을 자듯 조용히, 호흡하는 것이다.'

'엷은 몸을 두껍게 바꾸기' 위한 방법으로 퇴계는 평생 정갈하고 담백한 음식을 섭취했고, 과식 대신 소식(小食)을 했으며, 운동요법인 할인심방(活

人心方)을 꾸준히 연마했다. 이 교수는 "퇴계학은 저술을 분석하는 것만 가지고는 부활되지 않으며, 이처럼 현재 상황에 적용할 수 있는 해결책을 찾아내야 한다."고 말했다.

〈질문〉
① 퇴계 이황은 일의 순서에서 무엇을 중시했습니까?
② 이기동 교수는 '코로나 시대의 퇴계학적 극복 방안'을 무엇이라고 발표했습니까?
③ 탁한 기를 맑게 바꾸는 방법은 무엇이라고 했습니까?
④ 의문점이 있으면 계속 질문이 이어지도록 합니다.

〈과제〉
① 사단칠정(四端七情)이란 무엇입니까?
② 퇴계 선생의 운동요법인 활인심방(活人心方)이란 어떤 방법으로 연마하는지 알아봅시다.

제3장 글쓰기

> 글쓰기를 잘하려면
> 많이 읽고
> 많이 생각하고
> 많이 써 봐야 한다.

1. 글쓰기의 준비 학습

1) 글쓰기는 독해력 기르기부터 시작
   (1) 글을 한 번 읽고 중심 내용을 파악하여 요약할 수 있을 때까지 꾸준히 반복·연습을 하면 문장 구성력이 생겨 글쓰기에 많은 도움이 될 것입니다.
   (2) 글 전체의 중심 내용을 요약할 때 처음에는 국어교과서로 시작하여 신문이나 잡지의 좋은 글과 교양도서로 범위를 넓혀갑니다.

2) 좋은 글이나 책을 읽고 쓰기
   (1) 좋은 글을 읽고 옮겨 적으면서 자기의 마음을 비추어보고 음미할 수 있어요. 그리고 그 저자의 사유와 글 쓰는 방법을 배울 수 있습니다.
   (2) 신문이나 잡지 등에서 좋은 글이 있으면 스크랩하여 두었다가 자료로 활용합니다.

2. 쉽고 재미있게 글 쓰는 법

1) 글쓰기 훈련법
   (1) 글을 쓰는 시간을 짧게 합니다. (10분 또는 20분)
   (2) 펜을 놓지 않고 계속 씁니다.

(3) 오·탈자나 문법에 얽매이지 않습니다.
(4) 떠오르는 대로 말하듯이 씁니다.
(5) 마음을 열어두고 오직 쓰는 데만 집중합니다.
(6) 이런 과정으로 매일 여러 번 반복합니다.151)

2) 어린 시절에 명료한 글쓰기를 배워야 한다.

필력이 돋보이는 문학적인 글을 예기하는 것이 아닙니다. 자기주장을 남에게 납득시킬 수 있는 논리적인 글쓰기를 훈련해야 합니다.152)

3) 글을 쓰는 것이 논리학습이다.153)

논리적 사고 능력을 키우는 가장 근본적인 방법은 글을 쓰는 것입니다. 책을 읽고 글을 쓰게 하는 것은 논리적 사고가 가능하도록 하는 데에 목적이 있습니다.

논리적 인간이 되려면 '왜, 어째서'를 연발해 이유를 캐물어 가는 습관을 몸에 붙일 일입니다. 논리적 능력을 몸에 붙이기 위한 첫걸음은 일상적으로 부딪히는 사실과 사물에 대해 의문을 제기하고 그 원인과 이유를 캐물어 가는 것입니다.

'왜 그럴까?, 어째서 그럴까?'를 연발하는 것입니다. 어디까지나 자신의 머릿속에서 생각해 봅니다.

3. 글쓰기 토론

"토론은 준비된 사람을 만들고
쓰기는 정밀한 사람을 만든다."

1) 서울대 심리학과 박수용 교수의 글쓰기·토론

박 교수는 "대학 교육은 토론과 글쓰기 위주로 이루어져야 한다."는 지론에 본인 강의를 그렇게 하고 있습니다.

---

151) 이병곤, 홍승완, 내 인생의 첫 책 쓰기 p182, 프레스트북스
152) 조선일보, 2019.1.5. 30473호, 김영민 서울대 교수
153) 전영우, 앞과 같은 책 p320

2) 부모와 자녀가 참여한 글쓰기와 토론
 (1) 주 1회 글쓰기 주제를 제시하고 그와 관련이 있는 잡지나 신문 기사 스크랩 등의 참고 자료를 제공합니다.
 (2) A4 용지 반장 또는 한 장 정도로 글을 써서 정한 시간에 돌려가며 읽고 평가하며 토론 합니다.
  "글을 써봐야 생각이 정리되고 무엇보다 '내가 어디까지 정확히 알고 있는가'를 정확히 파악하고, 그때부터 새로운 생각, 즉 창의성이 발현하는 것이다."154)라고 말했습니다.

〈질문〉
 ① 토론과 글쓰기는 각각 어떤 사람을 만드는가?
 ② 글을 써 봄으로써 얻을 수 있는 것은 무엇인가?

4. 글 잘 쓰는 인재(人材) 키우는 학교들

1) 하버드대(大) 글쓰기 수업
            1 : 1 혹독하게 가르쳐
 모든 학생이 의무적으로 글쓰기 수업을 들어야 하고, 대부분 과목에서 글쓰기 숙제를 내줍니다.
 글쓰기 센터에서는 학부·대학원 학생들을 위해 단계별로 다양한 글쓰기 교육프로그램을 제공하고 1대1 첨삭도 철저하게 해줍니다.

2) 매사추세츠공대(MIT) 글쓰기 공부 강조
 1996년 노벨 의학상을 받은 피터 도히티 교수도 "과학을 연구하려면 글을 쓸 줄 알아야 한다. 글을 잘 쓰는 사람은 생각도 명확해 연구를 더 잘한다."라고 말했습니다.

3) 꾸준히 글쓰기 교육을 하는 천안 동성중
 한경화 수석 교사는 "아이들을 창의성을 갖춘 인재로 키우려면 반드시

---
154) 조선일보, 2017.1.14. 29864호 박승혁 기자

글쓰기를 시켜야 한다"라며 "아이들이 글쓰기를 통해 생각과 느낌, 가치관, 정서 등 복합적인 것을 정리하고 표현하면서 생각하는 힘이 길러지고 창의성도 발현된다"라고 말했습니다.155)

〈과제〉
① 하버드대는 글쓰기 공부를 어떻게 하나요?
② 매사추세츠공대(MIT)는 학생들에게 왜 글쓰기를 강조할까요?
③ 창의성을 갖춘 인재를 키우려면 왜 반드시 글쓰기를 시켜야 하나요?

5. 원문 복원해 쓰기

신문(사설, 칼럼)이나 잡지 등에서 짜임이 잘 된 글을 스크랩하여 읽은 후 그 글의 주요 내용을 발췌하여 두었다가 2~3일 후 그것을 보고 원문과 똑 같은 글을 써 보도록 합니다.

그리고 원문과 대조하여 무엇이 잘못되었는지 살펴봅니다. 이와 같은 연습을 반복하면 좋은 글을 쓸 수 있는 힘이 생깁니다. 쉽고 짧은 글부터 시작합니다.(우화나 초등학교 읽기교과서 등)

다음 글을 읽고 원문을 복원해 봅시다.

1) 〈주제 1〉 고로쇠나무 수액

중·고1 수준

오는 19일은 눈이 녹아서 비가 된다는 우수(雨水)입니다. 개구리가 기지개를 켠다는 경칩(驚蟄)도 얼마 남지 않았어요. 황토 빛으로 바짝 말라있는 나무는 조용히 밑동부터 봄의 푸른빛을 끌어올리고 있네요.

이럴 때면 사람들은 '고로쇠 수액'을 마셔요. 1월부터 나무에 수액을 모으는 장치를 설치해요, 2월 말에 나오는 수액이 가장 달고 맛있다네요, 고로쇠나무는 해발 800m 이상 고지대에서 무리를 이루듯 한데 모여 자라요.

---
155) 조선일보 2017.1.14. 29864호 박승혁 기자
혹독 : 몹시 심함.

지리산 수액 채취 장소에 가보면 나무마다 1~3개씩 하얀 관이나 비닐봉지가 주렁주렁 달린 것을 볼 수 있답니다.

고로쇠 수액은 천연 건강 음료로 꼽혀요. 수액에 당분이 2% 정도 포함돼 있어서 달콤하고 시원한 맛을 내요. 보통 탄산음료나 주스는 당분이 10%가 넘는데 고로쇠 수액은 은은한 단맛이라 오히려 더 생각나는 것 같아요. 또 고로쇠 수액에는 칼슘과 칼륨 같은 여러 미네랄 성분도 있어요.

1500년 전에도 고로쇠 수액은 건강 음식으로 꼽혔어요. 신라 말기 승려인 도선(827~898)이 가부좌를 틀고 긴 시간 도를 닦고 일어서려는데 무릎이 펴지질 않았대요. 그래서 나뭇가지를 잡고 일어나려다가 가지를 부러뜨렸죠. 마침 부러진 곳에서 수액이 흘러나왔고, 이 수액을 마시자 무릎이 펴지고 원기가 회복됐다고 해요. 고로쇠라는 이름이 '뼈에 좋은 나무'라는 골리수(骨利樹)에서 나왔다는 설명도 있습니다.

고로쇠나무가 수액을 만들어내는 원리는 무엇일까요? 나무는 봄이 찾아오면 부드럽게 녹은 땅으로부터 물과 무기염류를 흡수해 물관을 통해 가지 끝까지 영양분을 공급해요. 이때 나무줄기에서 상처를 내 물관에 구멍을 뚫으면 수액이 흘러나오겠죠. 나무는 밤사이 수분을 흡수한 뒤 낮에 기온이 올라갈 때 가지로 수액을 밀어 보내는데, 일교차가 큰 날에는 수액이 특히 많이 나온대요.

고로쇠나무는 잎이 손바닥처럼 5~7갈래로 갈라졌어요. 고로쇠나무는 단풍나무와 사촌뻘이에요. 이런 단풍나뭇과 나무들은 봄에 단맛이 나는 수액을 만들죠. 팬케이크에 곁들어 먹는 '메이플시럽'도 설탕 단풍나무에서 얻은 수액으로 만들어요.[156]

〈과제〉
 ① 글의 주요 내용 발췌
 ② 원고지에 원문 복원하여 쓰고 검토하기

2) 〈주제 2〉 미래를 꿈꾸는 희망

중·고1 수준

희망이란 내일의 아름다운 세상을 꿈꾸는 것이랍니다. 이제 추운 겨울

---
156) 조선일보

지나고 봄이 왔어요. 겨우내 언 땅과 가지에 물이 올라 싹이 트고 꽃이 피기 시작해요. 어쩌면 이 찬란한 계절의 이름이 '봄'인 이유는 '세상을 바라본다'라는 뜻 아닐까요?

　겨우내 차갑게 언 땅속에서 따뜻하고 아름다운 세상을 바라며 힘겨운 겨울을 이겨낸 새싹들이 마침내 땅 위로 고개를 살며시 내밀어 드넓은 세상을 바라보는 그 순간을 생각해 보세요. 얼마나 설레고 두근거릴까요? 그래서 사람들은 누구나 봄을 희망이 싹트는 계절이라고 하는 모양이에요.

　살다 보면 겨울처럼 춥고 혹독한 시간이 닥칠 때가 있어요. 하지만 불행하다고 생각되는 때일수록 희망을 품고 꿋꿋하게 견뎌 내일을 준비하는 뿌리의 마음을 가질 필요가 있어요. 봄이 되자 산과 들을 수놓는 아름다운 꽃들은 바로 희망의 힘으로 뿌리가 거둬낸 빛나는 결실이기 때문이에요.[157]

　　〈과제〉
　　　① 글의 주요 내용 발췌
　　　② 원고지에 원문 복원하여 쓰고 검토하기

3) 〈주제 3〉 내가 원하는 우리나라

중·고1 수준

> 이 글은 김구(金九, 1876~1949) 선생의 나의 소원 중에서 일부를 따온 글입니다.

　나는 우리나라가 세계에서 가장 아름다운 나라가 되기를 원한다. 가장 부강한 나라가 되기를 원하는 것이 아니다. 내가 침략에 가슴이 아팠으니, 내 나라가 남을 침략하는 것을 원치 아니한다. 우리의 부력(富力)은 우리의 생활을 풍족히 할 만하고, 우리의 강력한 힘은 남의 침략을 막을 만하면 족하다.

　오직 한없이 가지고 싶은 것은 높은 문화의 힘이다. 문화의 힘은 우리 자신을 행복하게 하고 나아가서 남에게 행복을 주기 때문이다. 지금은 인류에게 부족한 것은 무력(武力)도 아니요, 경제력도 아니다. 자연과학의 힘은 아무리 많아도 좋으나 인류 전체로 보면 현재의 자연과학만 가지고도 편안히 살아가기에 넉넉하다.

---
157) 조선일보 2016.3.16. 29605호 김진락

내가 원하는 우리 민족의 사업은 결코 무력으로 세계를 정복하거나 경제적으로 지배하려는 것이 아니다. 오직 사랑의 문화, 평화의 문화로 우리 스스로 잘 살고 인류 전체가 의좋게 즐겁게 살도록 하는 일을 하자는 것이다. 이 큰일은 하늘이 우리를 위하여 남겨 놓으신 것임을 깨달을 때 우리 민족은 비로소 제 길을 찾고 제 일을 알아본 것이다.158)

〈과제〉
① 글을 읽고 주요 내용을 발췌하세요.
② 원고지에 원문을 복원하여 쓴 다음 원문과 견주어 보고 잘못된 곳을 찾아보도록 합시다.

〈피드백〉
신문 읽기와 글쓰기 능력을 기릅시다.
신문을 읽고 좋은 글이 있으면 그 글의 제목으로 글짓기를 하고 자기 글과 신문의 글을 비교하여 보도록 하는 것도 글짓기 능력을 향상시키는 데에 좋은 방법이 아닐까 생각합니다. 유의할 점은 거부감을 가지지 않게 하고 스스로 의욕을 가지고 즐겁게 글짓기를 하도록 유도해야 합니다.159) 그리고 지금은 잘 쓰지 못하지만 좋은 글을 쓰고 싶은 사람은 초등학교 읽기 교과서나 중학교의 국어 교과서 글을 읽고 원문을 써 보세요. 꾸준히 연습하면 글을 잘 쓰게 될 것입니다.

6. 글쓰기의 중요성

1) 인문대 해체론

송승철 한림대 영문학과 교수가 "전공의 벽에 갇힌 인문학을 교양 인문학으로 바꿔야 한다"라며 '인문대를 해체하라'라는 글을 학술지에 발표했습니다.… 그는 "교수 평가를 할 때 논문 발표보다 '수준 높은 교양 저서' 출간을 더 높이 쳐야 한다."라고 했습니다. 인문학이 살아남으려면 학문의 소비자인 대중에게 인문학의 존재 이유를 입증해 보이는 수밖에 없습니다.

---
158) 조선일보 2012.11.8. 14864호
159) 조선일보 2011.4.12. 이진영 인턴 기자

그러려면 쉽고 재미있게 글 쓰는 법부터 배워야 합니다.

2) 성공의 비결은 글쓰기

하버드대 신입생은 한 학기에 적어도 세 편의 에세이를 써야 합니다. 교수들은 학생을 서른 명씩 맡아 일일이 글을 첨삭 지도합니다. 하버드대가 사회에서 지도자가 된 졸업생을 조사했더니 '**성공의 비결은 글쓰기**'라는 답이 가장 많았습니다. 인문학 공부는 자기를 표현할 수 있는 글쓰기를 익히는 과정입니다. 그러니 우리 대학엔 '글쓰기는 학문이 아니라 언어 기술일 뿐'이라고 낮춰보는 이가 적지 않습니다. 글쓰기를 체계적·실용적으로 가르치는 선생님도 드물어요. 인문학 부활은 글쓰기에서 시작해야 합니다.160)

〈질문〉
① 성공의 비결은 무엇입니까?
② 인문학의 존재 이를 입증해 보이려면 어떻게 해야 하나요?
③ 인문학 공부는 어떤 과정입니까?

7. 문종별 글짓기

1) 일기

(1) 일기란 어떤 글인가?

일기는 하루의 생활 중에서 보고, 듣고, 겪었던 일, 생각하고 느꼈던 일 중에서 글감을 정하여 제목 일기를 쓰는 것이 좋습니다.

(2) 일기를 쓰면 어떤 효과가 있나요?

일기는 하루의 생활을 돌아보고 잘못된 점을 반성하고 어떤 사항(보고, 듣고, 한 일)에 대한 자기 생각을 써 봄으로써 매일매일 새롭게 발전할 수 있습니다.

"반성 없는 나날은 발전이 없다." 일기를 쓰면 글쓰기 능력이 크게 향상될 수 있습니다.161)

---

160) 조선일보, 2013.7.23. 85789호 만물상 박혜련 논설위원
161) 조선일보 2011.3.5. 22049호 강천석 주필

(3) 일기를 어떻게 쓰면 좋을까?

보고, 듣고, 한 일과 생각을 모두 적어두는 식의 일기를 쓰지 말고, 그중에서 글감(제목)을 정하고, 거기에 대한 자기의 생각을 하나의 문장이 되게 쓰는 것이 좋다고 합니다.

그리고 일기는 다른 사람이 보지 못하게 하는 비밀스러운 것이 아니고 누구(선생님, 부모, 형, 누나, 언니)에게나 보여주고 평가를 받을 수 있으면 더욱 좋다.162)

(4) 일기를 쓸 때 주의할 점
  ① '나'는 '오늘' 같은 말은 되풀이하여 쓰지 않습니다.
  ② 접속사(그리고, 그러나)는 행을 바꿀 때만 사용합니다.
  ③ 꾸미는 말이나 흉내 내는 말을 넣어서 길게 쓰도록 노력합니다.
  ④ 쓰는 시간이 일정하면 좋습니다.

2) 동시
  (1) 동시란 어떤 글인가?
    - 생각한 것, 느낀 것을 쓴 글 -
  (2) 읽는 방법 - 동시를 읽을 때는
    ① 지은이의 마음을 헤아립니다.
    ② 지은이가 무엇을 상상하여 썼나!를 알아봅시다.
    ③ 어느 계절인가를 생각하면서 읽습니다.
    ④ 시에 담긴 뜻은 무엇인가?를 생각해 봅니다.
    ⑤ 내용과 장면을 생각하며 읽어야 합니다.
    ⑥ 느낌을 살려 읽어 봅시다.
  (3) 감상
    ① 동시의 느낌을 음미해 보세요.
    ② 지은이의 생각 살펴보세요.
  (4) 동시는 어떻게 쓸까?
    ① 동시를 많이 읽고
      ◦ 새로움 찾기
      ◦ 흉내 안 내기

---
162) 일기는 어떻게 써요? 어린이 에세이 교실 p55 자유토론

    ◦ 쉽고 재미있게 쓰기
(5) 글감 찾기
    ① 자연에서 : 꽃, 나무, 개울, 새, 들판, 계절, 눈, 얼음 …
    ② 우리 주위에서
        ◦ 재미있었던 일
        ◦ 잊혀지지 않는 글
        ◦ 슬프고 기쁜 일
(6) 짓기
    ① 지은이가 생각(상상)해서 씁니다.
    ② 지은이가 직접 겪은 일을 씁니다.
(7) 글다듬기 : 행과 연, 글자 수, 리듬 있게
(8) 동요와 동시 비교

동 요	동 시
1. 노래, 리듬, 글자 수를 맞춘다.	1. 속삭이는 듯 자유롭게
2. 틀이나 형식에 맞춘다.	2. 행과 연의 길이가 자유롭다.
3. 느낌이 밖으로 나타나 있다.	3. 느낌을 마음속으로
4. 박자와 아름다움이 있다.	4. 생각은 깊고 느낌은 크게

(9) 꾸미는 말 문제
    ① 다음 문장에 꾸미는 말을 더 넣어보자.
        ◦ (   ) 꽃이 피었다.
        ◦ 노란 민들레가 (   ) 웃었습니다.
        ◦ 귀여운 토끼가 (   ) 뛰어갑니다.
        ◦ 새싹들이 (   ) 돋아납니다.
        ◦ 눈이 녹아 (   ) 흐릅니다.
        ◦ 우리들이 (   ) 자라납니다.
        ◦ 봄비가 (   ) 내립니다.
        ◦ 시냇물이 (   ) 흐릅니다.
        ◦ 아기가 (   ) 웃었습니다.
        ◦ 창을 (   ) 열었습니다.

∘ 개구리가 논에서 (   ) 노래했습니다.
∘ 봄비가 (   ) 속삭였습니다.

② 다음 말을 보기와 같이 바꾸어서 나타내 보자.

〈보기 1〉 파아란 잎이 하늘거린다. → 하늘거리는 파아란 잎
∘ 노오란 나비 떼가 숨어 있다.   →
∘ 꼬까신이 아장아장 쫓아간다.   →
∘ 길섶의 민들레가 방긋 웃는다.   →
∘ 하얀 파도가 철썩인다.   →

〈보기 2〉 봄비가 온다.   → 보슬보슬 오는 봄비
∘ 눈이 녹는다.   →
∘ 시냇물이 노래한다.   →
∘ 새싹들이 돋는다.   →
∘ 잎이 하늘거린다.   →
∘ 나비가 날아간다.   →

〈보기 1의 도움말〉
① 숨어 있는 노오란 나비   ② 아장아장 쫓아가는 꼬까신
③ 방긋 웃는 길섶의 민들레 ④ 철썩이는 하얀 파도

〈보기 2의 도움말〉
① 사르르 녹는 눈   ② 졸졸졸 노래하는 시냇물
③ 쑤욱쑤욱 돋는 새싹들   ④ 한들한들 하늘거리는 잎
⑤ 훠얼훨 날아가는 나비

〈보기 글〉
　　　　봄 바람이
"여보셔요! 여보셔요!
　그만 눈을 뜨셔요"
　봄바람이 버드나무 가지를 쥐고 흔든다.
　어서 파란 싹을 틔우라고
"여보셔요! 여보셔요!
　그만 잠을 깨셔요"
　봄바람이 개나리 가지를 잡고 흔든다.

:· 인성과 창의성 ·:

어서 노란 꽃을 피우라고
"여보셔요! 여보셔요!
 내 말 좀 들으셔요"
봄바람이 귀에 대고 속삭인다.
낼 모래면 개나리가 필 게라고

◇ 이 노래의 감상 ◇

　이른 봄입니다. 나무에는 아직 새싹이 돋아나지 않았습니다. 지금 지은이는 봄이 오기를 몹시 기다리고 있습니다. 바람이 불었습니다. 아직 차가운 바람이었지만, 봄을 기다리는 지은이에게는 포근한 바람으로 느껴졌습니다. 그래서 바람에 흔들리는 버드나무와 개나리가, 지은이에게는 봄바람이 겨울잠을 자고 있는 버드나무와 개나리를 깨우느라고 가지를 쥐고 흔드는 것 같이 생각되었습니다. 그리고 '어서 일어나 새싹을 틔우고 꽃을 피우라'라고 속삭이고 있는 것 같이 느껴졌습니다. 또, 바람이 자기에게는 이제 곧 봄이 올 것이라고 속삭이는 것 같았습니다. 이 노래는 이와 같은 지은이의 생각과 느낌을, 봄바람으로 하여금 말을 하게 만들어 재미있게 나타낸 것입니다.
(지은이 이효선. 1925년 서울 출생)

　〈질문〉
　① 봄 바람이는 몇 연, 몇 행으로 되어있습니까?
　② 이 시에서 느낀 점은 무엇입니까?
　③ 지은이의 생각은 무엇입니까?
　④ 이 시의 글감은?
　⑤ 재미있는 표현을 찾아 발표해 봅시다.[163]
〈유의할 점〉
　글짓기는 강요해서는 좋은 글을 쓸 수 없습니다. 좋은 책을 읽게 하여 스스로 글을 써 보고자 하는 마음이 생기도록 도와주어야 합니다.

---

[163] 서울 면일 초등학교 문종 별 교수 · 학습 지도자료 p7~9

3) 생활문
    (1) 생활문이란 어떤 글인가?
        일상생활에서 한 일이나 보고, 듣고, 생각한 일들을 지은이의 느낌이나 감상을 곁들어 적은 글입니다.
    (2) 생활문 읽는 방법
        ① 누가 언제 무엇을 했나를 생각하면서 읽습니다.
        ② 원인, 결과, 관계, 상상하며 읽습니다.
        ③ 줄거리, 요점, 소제, 주제 파악하면서 읽습니다.
        ④ 사실, 느낌, 감상을 구별해야 합니다.
        ⑤ 무엇에 대하여 쓴 글인가. 나의 경우와 비교합니다.
    (3) 생활문의 글감 : 보고 듣고 생각한 것 중에서 기뻤던 일, 슬퍼했던 일, 잊혀지지 않는 일, 쓰고 싶은 일, 남에게 알리고 싶은 일
        ① 가정생활 : 생일, 결혼, 회갑, 심부름, 이웃, 동네에서 있었던 일
        ② 학교생활 : 친구, 공부, 학교행사, 학급행사, 선생님
        ③ 사회생활 : 국경일, 운동경기, 민방위, 교통, 통신
        ④ 개인생활 : 등산, 해수욕장, 자연보호, 사육재배, 수학여행
    (4) 생활문 쓰기 차례
        ① 착상 : 소제 쓸거리 찾기
        ② 구상 : 쓸 순서 정하기
        ③ 기술 : 글쓰기
        ④ 퇴고 : 글 다듬기
        ⑤ 정서 : 글을 깨끗이 씀
    (5) 생활문 쓰기 방법
        ① 주제(제목) 정하기
            ◦ 수집과 출처 - 체험, 관찰, 독서, 청취와 시청, 사고(생각)
        ② 소재 쓸거리 찾기
            ◦ 글감에 얽힌 특별한 경험담 발표하기
                - 언제   - 어디서   - 누가   - 무엇을   - 느낀 점
        ③ 글 구성하기
            ◦ 자기의 경험담을 적절히 이어서 글을 구성
                - 시간에 따라

- 장소 이동에 따라
④ 다 쓴 글 읽고 다듬기
  ◦ 퇴고 요령
    - 글감은 잘 표현되었나요?
    - 차례가 알맞은가요?
    - 더 자세히 쓸 곳은 없는가요?
    - 쓸데없이 씌어 있는 곳은 없는가요?
    - 틀린 글자, 빠진 글자, 부호가 빠진 곳은 없는가요?
⑤ 원고지에 정서를 합니다.
(6) 생활문 쓰기 실제
   다음 제목에 관한 경험을 생각하고, 자세히 써 봅시다.
① 제목 : 소풍
  ◦ 언제 어디로 갔는가요?
  ◦ 누구와 함께 어떻게 갔는가요?
  ◦ 소풍 간 곳은 어떠했는가요?
  ◦ 소풍 가서 한 일은 무엇이었나요?
  ◦ 소풍 가서 본 것, 느낀 것은 무엇이었나요?
  ◦ 가장 즐거웠던 일, 반성한 일은 무엇인가요?
② 위에 적은 내용을 이야기가 되게 연결하여 봅시다.
③ 소나기를 제목으로 글을 써 봅시다.164)

4) 논설문
(1) 논설문이란?

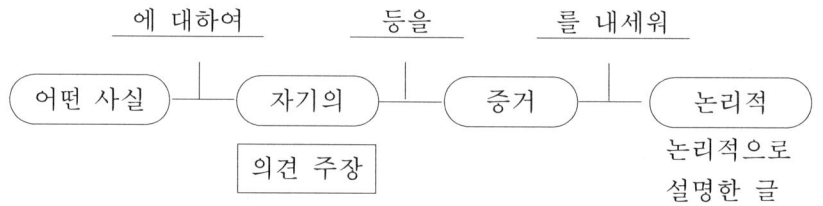

(2) 논설문을 쓰는 목적
   ① 자신이 아는 것이나 연구한 것을 알리기 위해서 씁니다.

---
164) 서울면일초등학교, 앞과 같은 책 p25~29

② 올바른 이치를 밝히기 위해 …
　　③ 주장하고 싶은 것을 알리기 위해 …
(3) 논설문의 특색(특성)
　　① 글쓴이의 생각이나 주장이 뚜렷이 나타납니다.
　　② 서술이 합리적이고 조리가 있는 대신 딱딱합니다.
　　③ 주장을 뒷받침하는 예나 인용하는 말 등의 근거, 이유, 까닭이 나타나 있습니다.
　　④ 서론, 본론, 결론의 구분으로 짜여집니다.
(4) 논설문의 구성
　　① 서론 : 문제의 제기
　　　◦ 글을 쓰게 된 동기
　　　◦ 문제를 다루는 방법
　　　◦ 본론의 길잡이
　　② 본론: 제기한 문제의 근거나 증명
　　　◦ 글쓴이의 의견 중심 내용
　　　◦ 증거자료를 제시하여 증명함.
　　③ 결론 : 결론을 내거나 주장
　　　◦ 본론의 내용을 정리
　　　◦ 필자의 의견이나 주장을 확인하여 끝맺음

처음(서론)	가운데(본론)	끝맺음(결론)
문제의 제기	제기된 문제의 근거 증명	결론을 내거나 주장
• 글을 쓰게된 동기 • 문제를 다루는 방법 • 본론의 길잡이	• 글쓴이의 의견 중심내용 • 증거자료를 제시하여 증명함	• 본론의 내용을 정리 • 의견이나 주장을 확인하여 끝맺음

(5) 논설문 쓰기
　　① 글감 제시와 그와 관련된 경험 발표
　　　◦ 글감 제시: 저축을 합시다.
　　　　- 저축은 왜 필요합니까?

- 저축하는 방법은 무엇입니까?
- 저축이 개인과 국가에 끼치는 영향은 무엇입니까?

② 위의 글감으로 논설문을 써보자.
- 원고지의 사용법에 맞게 쓰기
- 논설문의 특징에 맞게 글쓰기

③ 더 생각해 보기
- 다 쓴 글 읽고 다듬기
- 부모의 의견 듣고 고쳐 쓰기

④ 작품 감상 관점
- 주장이 나타나 있는가?
- 그 주장에는 이유나 근거가 분명히 나타나 있나?
- 논설문의 형식에 맞게 분명하게 썼는가?[165]

5) 독후감 쓰기

(1) 학습 목표
① 글을 읽고 감상문을 쓸 수 있도록 합니다.
- 줄거리를 간추릴 수 있습니다.
- 각 장면에 관한 느낌을 쓸 수 있습니다.

(2) 각 장면에 관한 느낌 쓰기
① 책을 읽고 줄거리 적기
② 책을 읽으면서 느낌을 간단히 적기
- 적은 느낌에다 자신의 생각이 충분히 드러나도록 자세히 씁니다.

(3) 감상문 쓰기
① 가장 감동을 준 부분을 골라 그 감동을 쓰게 합니다.
② 각 장면에 관한 느낌을 정리하여 쓰게 합니다.
- 줄거리와 정리된 느낌을 따로 분리해서 씁니다.
- 줄거리와 느낌을 섞어가며 쓰게 합니다.

(4) 더 생각해 보기
① 줄거리나 장면에 대한 느낌이 잘 정리되었나 살펴봅니다.
② 쓸데없는 말, 오자, 탈자 확인합니다.

---

165) 문종별 글짓기 교수·학습 지도자료, 서울 면일초등학교, p57

(5) 발표 및 감상
   ◦ 잘된 점 찾기
(6) 이야기 글 안내
   ① 동화소설은 어떤 글인가요?
      어린이들에게 즐거움과 교훈을 주기 위해 꾸며진 이야기입니다.
      ◦ 읽는 방법
         • 주인공과 줄거리를 알아봅니다.
         • 주인공의 성격과 사건의 배경을 알아봅니다.
         • 사건의 원인과 결과에 대하여 알아봅니다.
         • 지은이가 왜 이야기를 썼을까 생각해 봅니다.
         • 표현이 잘된 곳을 알아봅니다.
         • 지은이의 의도 중심 생각 속에 자신의 생활이나 생각을 비추어 봅니다.
   ② 종류 __ (동화)_____ (소설)
      • 전래 동화   - 시대의 변화
      • 창작 동화   - 길이에 따라   구분
      • 우화   - 독자에 따라   기준
                       - 내용에 따라
   ③ 감상법
      ◦ 줄거리와 중심 생각을 알아봅니다.
      ◦ 등장인물의 성격을 생각해 봅니다.
      ◦ 사건의 원인과 결과에 대하여 생각해 봅니다.
      ◦ 표현이 잘된 곳과 재미있는 장면을 생각해 봅니다.
      ◦ 동화의 주제 속에 자신의 생활 모습을 비추어 보고 각오를 새로이 해야 할 점과 고칠 점 등을 알아봅니다.

〈 독서 감상문 보기 〉

'쿠레오를 읽고'

5학년 김대영

 내가 읽는 책 중에는 제일 감명 깊은 것은 '쿠오레'이다. 이 책의 주인공은 '앤리고'인데 일기를 동화로 쓰는 글로써 너무 흥미진진하게 읽었다.

'쿠레오'는 '사랑의 학교'이다.
　이 이야기에 나오는 '갈로네'는 우리들의 본보기가 되는 것 같다. '넬시'를 위로해 주며 불쌍한 아이를 보면 도와주는 착한 아이기 때문에 '갈로네'를 본받고 싶다. 그와 반대로 나쁜 짓만 골라서 하는 '프란스'가 이 세계에 많다면 이 세계는 어떻게 될까? 주인공 '갈로네'는 정말 착한 어린이라고 생각된다. 또 나는 이 책을 읽고 다시금 부모님 사랑을 깨닫게 되었다. 이 책에 나오는 주인공의 부모님처럼 우리 부모님도 우리들을 사랑해 주시기 때문에 나는 이 세상에서 어머니 아버지가 제일이라는 생각이 들었다.
　그리고 또 한 가지는 아버지께서 옛날 가르치던 선생님을 찾아가 뵙는 글이 나와 있는데 참 감명 깊게 읽었다. 돌아오는 5월 15일은 스승의 날이다. 우리는 사랑으로 가르치시는 선생님께 감사한 마음을 가져야 하겠다.
　쿠오레는 몇 번이고 일고 싶은 책이다. 사랑의 넘쳐흐르는 아름다운 학교생활이라고 느껴진다.166)

〈과제〉
① 줄거리(핵심 내용)를 발표해 봐요.
② '갈로네'의 한 일과 내가 해온 일을 비교하여 발표해 봐요.
③ 동화책 한 편을 읽고 독후감을 써 봅시다.

6) 자서전 쓰기

고등학교 수준

(1) 계획
　① 준비물 : 필기도구(2H 연필, 지우개), 16절지 4~5매
　② 지도상의 유의점
　　◦ 여러 가지 경험 중 최초의 경험을 쓸 수 있도록 유도합니다.
　　◦ 글의 형식은 자유로이 하여 규제를 주지 않습니다.
(2) 활동 내용
　① 자서전 쓰기 요령 설명
　　◦ 좋은 일이든 나쁜 일이든 자신의 모든 경험을 있는 그대로 엮어 글로 씁니다.
　　◦ 조상에 대한 내력이나 이야기들도 포함하여 쓴다.

---
166) 서울 면일 초등학교, 앞과 같은 책 p51~52

- 자서전은 '어머님, 선생님'을 대상으로 쓸 수 있다.
② 각자 쓰기
- 쓰기 어려워할 때는 국어 시간에 배운 전기문을 연상시켜 다시 설명합니다.
- 부드러운 분위기를 위해 배경 음악을 가미합니다.

(3) 자서전 낭독
공개를 꺼릴 경우에는 지도자의 작품이나 참고작품을 먼저 낭독하여 분위기를 조성합니다.

(4) 피드백
① 한 사람의 일생이 많은 일들을 겪고, 해결하는 가운데 이루어진다는 것을 알게 합니다.
② 어려움에 처했을 때 디디고 일어나는 용기를 통해 자신의 생애가 값있는 것으로 엮어집니다. 그러므로 우리의 하는 일(공부)을 방해하고 어렵게 하는 것을 이겨내는 용기를 길러야 합니다.

〈참고자료〉

나는 전주 이씨 ○대손이며 아버지○○○, 어머니○○○의 4녀 1남 중 막내로 태어났습니다. 위로 네 분의 누님 틈에서 자랐기 때문에 많은 사랑과 귀여움을 한 몸에 받으며 자랐다고 합니다.

지금도 기억합니다. 내가 어렸을 때 누님들이 서로 업어주려고 등을 내밀던 모습을, 나는 지나친 과보호로 성장했기 때문에 매사에 의존적이고 또 자립심이 극히 부족하였으며 남을 이해하는 데 매우 인색했다고 생각합니다.

초등학교 1·2학년 때는 일본의 압박 밑에서 공부를 하였으며 특히 2차 대전 말기인 2학년 때에는 온통 근로봉사라는 핑계로 일만하고 공부도 제대로 못 하고, 칡뿌리 캐오기, 소나무 옹이 따오기 등 학교에서 집에 돌아오면 온통 산에서 살기만 했습니다.

해방되고 몇 년 안 가서 나는 피비린내 나는 동족 간의 싸움 6.25를 맞이하였습니다.[167]

---

[167] 서울특별시교육연구원 인성교육자료 p72

제4장 토론

토론은 상대를 궁지로 몰아넣거나 언쟁에서 이기려고 하는 것이 아니고 논리적 사고와 표현으로 서로 간의 의견의 차이를 좁히거나 없애고 보다 좋은 방법을 찾는 데 목적을 두어야 합니다.

1. 토론이란 무엇인가?

토론이란 간단히 말하면 한 개 논제에 대해 찬성하는 편과 반대하는 편으로 나누어 행하는 논의입니다.

2. 토론의 효과

논리적으로 사고하고 논리적으로 표현하는 능력이 향상됩니다.

1) 논리적 사고 능력의 향상
　(1) 이치를 따져 분석적으로 생각합니다.
　(2) 문제를 발견하는 능력이 생깁니다.
　(3) 논리적 문제해결 방법을 찾을 수 있습니다.
　(4) 빠르게 문제의 본질을 파헤치게 됩니다.
　(5) 과학적인 사고가 가능해집니다.
　(6) 현상과 본질의 차이를 알게 합니다.
　(7) 변증법으로 사고하게 합니다.
　(8) 아이디어 창출 능력이 다양해집니다.

2) 논리적 표현 능력의 향상
　(1) 논리적인 의논과 토론이 가능합니다.
　(2) 감정적인 의논과 논쟁이 해소됩니다.
　(3) 남 앞에서 이론 정연하게 말할 수 있습니다.
　(4) 발표 능력이 향상됩니다.
　(5) 설득력 있는 이야기가 가능합니다.

(6) 연설 능력이 향상됩니다.
(7) 논쟁에 강해집니다.

3) 부수적인 효과
(1) 훌륭한 시민정신과 뛰어난 지도자적인 자질이 갖추어집니다.
(2) 적극성이 생기고, 기질이 약한 성격을 고치게 됩니다.
(3) 남 앞에서 흥분하지 않고 말하게 됩니다.
(4) 공공 문제와 시사 문제에 흥미를 가지게 하고 양편에서 문제를 볼 수 있는 능력을 가지게 됩니다.

이처럼 토론에 여러 가지 부수적인 장점이 있습니다. 토론을 통해 적극적으로 발언하고 의논에 참가하는 중에 전향적인 행동을 취할 수 있게 합니다. 경영자와 관리자 등 남 위에 선 사람은 토론 능력이 필수적입니다.

설득력 있는 대화와 연설은 지도자의 자질 중에서 한 가지 분명한 조건이다. 만약 윗사람이 작은 목소리로 우물쭈물 말한다면 부하가 따르지 않고 존경은커녕 경멸만 당하기 쉽습니다. 고금동서를 바라볼 때 지도자로서 변론 능력이 없는 사람은 거의 없습니다. 유능한 지도자는 예외 없이 명변론가였습니다.168)

〈질문〉
① 토론의 목적은 어디에 두어야 합니까?
② 토론의 효과는 무엇입니까?
③ 토론의 부수적인 효과는 무엇입니까?
④ 지도자는 왜 토론 능력이 뛰어나야 합니까?

3. 토론의 일반 원리169)

토론은 두 명 이상의 학생이 주어진 논제에 대하여 서로 대립되는 의견을 효과적으로 발표해서 비공식적으로 토론을 벌일 수 있습니다. 또 토론 규칙을 지키며 공식적으로 토론할 수 있습니다. 어떤 경우이든 토론의 기

---
168) 전영우 토의 토론과 회의 P253~268 집문당, 1996년
169) 전영우, 앞과 같은 책 P61~81

초가 되는 규칙을 지켜야 합니다. 다음의 원리를 알게 되면 토론에 참가하는 것이 만족스럽게 될 것입니다.

실행 원리	자신에게 물어본다.
① 화제를 선택한다.	• 토론할 가치가 있는가?
② 자기 입장을 취한다.	• 어느 입장을 취할까?
③ 문제점을 결정한다.	• 어떤 점에서 논쟁의 여지가 있는가?
④ 강력한 논리를 전개	• 어떤 증거를 선택할까?
	• 어떻게 논리를 전개해 나갈까?
⑤ 상대의 의견을 반박	• 상대가 제시한 증거와 상대의 논리 전개에서 약점이 드러난 부분은?
⑥ 청중의 호의 어린 반응을 얻는다.	• 청중은 어떤 호소에 잘 반응하는가?

1) 화제의 선택
(1) 논제는 흥미 있고 시의적절할 뿐만 아니라 토론할 만한 것이 되어야 합니다.
(2) 토론의 논제는 간단한 서술문으로 하든지 아니면 의문문으로 진술해야 합니다.

2) 찬성과 반대 중에서 자기 입장을 취한다.
(1) 가장 훌륭한 의견을 가지고 가장 잘 발표할 수 있는 사람은 어떤 문제에 대해 가장 잘 아는 사람입니다.
(2) 어떤 입장을 취하기 전에 자신의 신념이 강력하고 배경 정보가 완벽한지 곰곰이 따져봅니다.
(3) 긍정 측은 현상 유지가 아니라 변화를 옹호합니다. 부정 측은 가장 보수적인 입장을 취하든지 아니면 긍정 측보다 나은 해결책을 제시하려고 노력해야 합니다.

3) 문제점을 결정하기
(1) 문제의 어느 편을 지지할 것인가를 결정할 때 할 일은 문제의 논쟁점을 찾는 것입니다. 자기의 주장을 뒷받침할 수 있는 가장 강

력하고 논리적인 논점을 3~5개 정도로 간추립니다.
(2) 토론에 걸맞은 논제를 찾기가 쉽지 않다. 의견의 불일치가 나타나는 주요 문제를 골라내기 위해 많은 독서와 사색이 필요합니다.
(3) 토론은 문제의 양편 사이에 존재하는 차이에서 존재합니다. 우리가 할 수 있는 최상의 방법은 자신의 주장이 옳다는 합리적인 설득에 최선을 다하는 것이고 둘째로 상대가 정할 수 있는 논점을 예상하고 자기의 논점과 비교하여 봅니다. 상충되는 논점은 토론에 부칠 문제가 될 것이고, 자신의 논리와 증거로 뒷받침해야 할 문제가 될 것입니다.

4) 강력한 논리의 진술
논증은 증거와 증거에 대한 해석으로 이루어진다.
증거란 논점을 뒷받침하는 데에 필요한 자료입니다. 그것은 신문, 잡지, 단행본이나 대화를 통해 찾을 수 있습니다.

(1) 증거의 종류
① 사실 : 실제로 일어난 일이고, 실현된 것에 대한 진술입니다.
② 실례 : 어떤 문제에 대한 해결의 실마리가 될 수 있는 특수한 예, 사건, 예증, 비교, 대조, 상황 등입니다.
③ 통계 : 사실에 기초를 둔 수치들입니다. 통계는 최근의 것이고 신빙성이 있어야 합니다. 통계를 효과적으로 이용하는 규칙은 개략적인 수치를 이용합니다.
(예) '5,937,512'을 약 6백만, 50%를 약 반수 가량, 80%보다 8할, 33%보다 약 3분의 1
④ 인용 : 남의 말을 끌어들이는 것이다. 사실 및 의견과 관계될 수 있습니다. 권위 있고 신뢰성 있는 인사가 한 말을 인용한다면, 토론에 무게를 더하게 됩니다. 그러나 그 말의 권위가 청중에게도 수용될 수 있어야 합니다.
(2) 증거의 검증
'증거'는 도전을 받을 수 있습니다. 증거를 수단으로 남을 확신시키는 법을 배우는 동안 자료에서 약점을 어떻게 찾아내는가도 배워야 합니다.

〈증거에 적용할 수 있는 질문〉
① 증거가 참된 것입니까?
② 알려진 사실과 공통의 경험이 있으며 일관성이 있습니까?
③ 발언자가 이미 한 말과 모순되지 않습니까?
④ 관계가 있으며 논의에 적용할 수 있습니까?
⑤ 증거의 출처가 분명합니까?
⑥ 신빙성이 있고 근거가 확실하며 불편부당합니까?
⑦ 청중이 납득할 수 있는 것입니까?

〈질문〉
① 토론할 논제는 어떤 것으로 정하는 것이 좋습니까?
② 문제의 어느 편을 지지할 것인가를 결정할 때 할 일은 무엇인가?
③ 논증은 무엇으로 이루어집니까?
④ 증거는 어디서 찾을 수 있습니까?

5) 논리 전개의 종류
토론을 잘하려면 어떤 기본적인 논리 전개의 원리 즉 사실에 근거를 두고 결론에 이르는 체계적이고 논리적인 과정을 이해해야 합니다.

(1) 연역적인 논리 전개
  일반적인 것에서 특별한 것으로 끌어나가는 일입니다. 전형적인 연역적 논리의 기초는 세 부분으로 구성된 3단 논법입니다.
  ① 첫째 부분, 일반 법칙(대전제)
    「한국의 모든 국민은 헌법에 의해 동등한 정치적 권리를 보장받는다.」
  ② 둘째 부분, 일반 법칙과 관련된 특정 사실 진술(소전제)
    「나는 한국의 한 시민이다.」
  ③ 셋째 부분, 일반 법칙을 실례에 적용함(결론)
    「그러므로 나는 다른 한국의 시민과 동일한 정치적 권리를 갖는다.」

여기서 대전제의 첫 말이 소전제 마지막 말과 일치하는 것을 알 수 있습니다. 이와 같은 3단 논법은 수학증명에서 논하는 방식과 같습니다.
　　A = B이고 C = A이다. 그러므로 B = C이다.
　삼단 논법은 대전제, 소전재 모두가 참이고 대전제가 소전제로 표현된 일반 법칙의 특별한 실례를 포함하고 결론이 전체에 의해 정당화될 때 타당합니다.
　　(2) 귀납적인 논리의 전개
　귀납적인 논리의 전개는 연역법과는 반대이다. 귀납법은 개개의 구체적인 사실에서 일반론을 끌어내는 것이다.
토론에서 사용되는 가장 흔한 논리 전개의 유형은 귀납법이에요. 일반화는 사실에 근거를 둔 결론입니다.
일반화의 강점을 검증하기 위하여 항상 3개 항의 문제를 던져본다.
　　① 결론을 정당화할 만큼 충분한 사실이 있는가?
　　② 사실이 전형적(모범이 될 만한 본보기)인가?
　　③ 결론은 알려진 다른 사실과 일치하는가?

〈질문〉
　① 연역적인 논리 전개는 어떻게 합니까?
　② 귀납적인 논리 전개는 어떻게 합니까?
〈과제〉
다음 기관에서 끌어낼 수 있는 일반화를 찾아보세요.
　① 학교재단 이사회, 시의회, 교회, 소비자보호단체, 상공회의소
　② 경찰서, 교통안전협회, 자동차 보험회사
　③ 지역사회에서 텔레비전 위성 안테나가 거의 모든 집에 설치되어 있다.
〈과제 풀이 방법〉
　볼 수 있는 사실을 먼저 생각하고 결론을 끌어냅니다.
　②번 답의 사실에서 빠진 말과 결론 그리고 ③번의 사실과 결론을 끌어내어 봅시다.(①번 보기를 참고할 것)
　① (보기) 먼저 생각되는 사실은 회의를 많이 하는 곳이므로 회의시 의사결정은 다수결로 한다.

② 여기서 공통점은 '   '다룬다. 대부분의 교통사고가 과속 때문에 일어난다는 것을 발견하고 '   '라고 결론을 내립니다.

(3) 추론

추론은 비교에서 기초를 둔 결론이다. 대상, 아이디어, 체계가 근본적으로 비슷하면 다른 점에서도 같다고 가정한다.
다음 질문으로 추론을 검증한다.
  ① 두 실례가 근본적으로 비슷한가?
  ③ 주장된 사실들이 수용 가능한가?

(4) 인과응보
  ① 이미 알려진 사실에 동기를 두고 모르는 사실로 논리를 전개하는 데 기초를 둡니다.
  ② 원인에서 결과를 말한다. 알려진 원인에서 시작하여 이 원인이 어떤 결과를 가져올 것인가를 보입니다.
    (예) 반노동법 통과(원인) → 노사분규(결과)
  ③ 틀릴 가능성은 언제든지 존재한다. 그러므로 다음 질문으로 이 논증 방식을 점검해 봅니다.
    ◦ 원인은 예상된 결과를 가져올 정도로 강한 확신을 주는가?
    ◦ 어떤 다른 원인도 같은 결과를 가져올 수 있지 않을까?
    ◦ 이미 알려진 사실을 관찰하고 그 원인을 결정한다.
    (예) 대도시의 청소년 비행(결과) → 부모의 감독 소홀(원인)
    ◦ 하나의 관찰 가능한 결과에서 또 하나의 관찰 가능한 결과를 예측할 수 있다.
    (예) '기온이 떨어진다.', 그러면 '오늘 밤 태풍이 불겠구나'라고 말할 수 있다. 다음 질문으로 그 확실성을 점검해야 합니다.
    ◦ 결과를 가져온 원인이 두 번째 결과의 유일한 원인이고 그 결과를 가져올 수 있는가를 점검해야 합니다.

6) 논리 증거의 오류

오류는 논리 증거에서 잘못을 저지르는 일입니다. 토론에서 오류를 저지르면 거짓이고, 그것은 오도된 진술을 하게 됩니다.

(1) 잘못된 일반화 : 사실이 결론을 정당화지 못할 경우
(2) 거짓 추론 : 대상이 본질적인 부분에 같지 않을 경우
(3) '문제를 무시하기' : 상대의 기본적인 주장을 비켜 감
(4) 부적절한 결론 : 논리 법칙을 어기고 제시된 증거에서 끌어낸 결론
(5) 표현에 대한 구걸 : 사실을 증명하지 않고 그것의 진위를 가정할 경우

7) 상대편 주장에 대한 논박

어떤 사람의 발언에서 논리적인 모순을 찾아내는 것이 논박입니다. 반박이란 용어는 각 토론자가 공식적 주장을 펼친 후 2분 또는 5분간에 이루어지는 반론입니다.

논박을 준비하는 좋은 방법은 상대의 주장을 예측하고 일람표를 만드는 것입니다. 상대가 내놓을 증거의 분명하고 가능한 약점을 근거로 방어 논리, 즉 받아치기 작전을 짜야 합니다.

(1) 자기주장에 논박을 포함시키는 효과적인 방식
  ① 예상되는 논쟁점을 분명하고 공정하게 진술합니다.
  ② 상대의 논거에서 그것이 왜 중요한 것처럼 보이는지를 살펴야 합니다.
  ③ 사실, 실례, 통계, 증언 그리고 논증으로 모순점을 캐냅니다.
  ④ 자기의 주장보다는 상대편 입장에서 상대편 모순을 요약합니다.
(2) 상대의 논의 가운데 약점을 지적할 때 효과적인 표현 방법
  ① 증거가 무가치한 것입니다.
  ② 논의가 요령 부족입니다.
  ③ 진술이 거짓이고 오도된 것입니다.
  ④ 논리가 건전하지 못합니다.
  ⑤ 진술은 다른 증거에 의해 모순임이 드러났습니다.
  ⑥ 논술은 주요 문제를 회피했습니다.

〈과 제〉
「청소년 비행 증가의 원인은 대부분 연예 오락물의 영향 때문이다.」를 반박하는 증거를 찾고 우리의 주장을 세우는 짧은 문장을 지어보세요.

8) 청중의 호의적 반응

사실과 건전한 논리 전개는 건설적이고 정서적인 호소력이 뒷받침될 때 긍정적으로 받아들여지게 될 것입니다.

  (1) 건설적인 논리 전개
    ① 남이 모르는 가치 있는 정보를 알려주는 연설이 연사를 인기 있게 만든다. 정보에 약간의 긴장감이 깃들면 그 자체가 호기심의 심연을 이룬다.
    ② 남에게 확신을 주는 토의와 같은 논쟁을 준비한다. 상대가 무슨 말을 어떻게 할지 예측을 하고, 그의 처지에서 나타나는 것 가운데 화자(말하는 사람)가 믿는 약점을 지적해 주도록 준비한 주장을 한다. 이때 명심할 것은 상대의 강점을 인정하고 화자의 강점을 강조하는 일이다.
  (2) 정서적인 호소력
    ① 우리가 설득하고자 하는 청중의 정서를 미리 분석해 두면, 분명 노력한 만큼의 대가가 돌아올 것입니다.
    ② 정의와 공명정대한 행동에 호소하면 주장이 강해집니다.
    ③ 인간의 욕구와 동기를 자극해 행동할 강력한 이유을 그들에게 제시합니다.
      인간이 행동을 취하는 일반적인 동기는 재산의 소유욕, 애정의 필요, 권력욕, 남의 인정을 받고자 하는 욕구, 기호를 만족시키려는 욕구, 건강과 장수에 대한 욕구, 의무를 다하려는 책임감 등입니다.

〈과제〉
  ① 청중은 어떤 호소에 잘 반응하는가?
  ② 인간의 욕구를 바탕에 둔 연사의 구체적인 활동을 '도움말' 1번과 같이 10가지 이상 생각해 봅니다.
〈도움말〉
  ① 가족을 보호하고 가족에 헌신하기

② 은행 저축 늘리기
③
  ⋮

(3) 우리가 할 일
　청중을 분석하고 그들을 감동시킬 호소력 있는 주장을 연설에 포함하는 것이다. 다만 몇 개 유의할 사항은 욕망, 편견, 협량 혹은 천박한 정서에 호소해서 안 된다는 점이다. 또 자신에게 설득력이 있는 것처럼 보이지 말고 전체 이야기의 한 부분으로 호소해야 한다. 정직과 성실성 그리고 간결성이 일층 호소력이 있다.

9) 유의할 점
① 문제가 토론할 만한 것인지 분명히 확인합니다.
② 문제가 분명히 규정되는지 확인해 봅니다.
③ 풍부하고 다양한 증거 확보와 적용 가능성을 점검합니다.
④ 건전한 논리 전개의 원리를 파악합니다.
⑤ 긍정이든 부정이든 확신이 가는 편에 섭니다.
⑥ 논리 전개에서 오류를 찾아내는 방법을 터득합니다.
⑦ 논박과 반박에 사용할 자료를 준비합니다.
⑧ 효과적인 호소 방법을 터득합니다.

4. 학부모와 자녀 간의 토론

적용학년 초고학년, 중·고1

　오늘날 세계화 시대에 의사 발표 능력이 부족하면 국내에서나 국제 사회에서 제구실을 못 하고 뒤떨어지게 된다. 그러므로 토론이 어렵고 낯설어도 초등학교 고학년(4·5·6년)부터 지도되어야 한다고 생각합니다.
　부모와 자녀 간의 토론은 시간적으로 몹시 힘든 일이지만 꼭 해야 할 일이기도 합니다. 그 토론은 법칙과 형식에 얽매이지 말고 아이들이 흥미를 갖고 참여하도록 쉬운 절차와 방법에 따라 서두르지 말고 천천히 단계적으로 학습하도록 하는 것이 좋겠습니다.

토론의 형식과 절차는 공식 토론의 법칙을 떠나 1대1의 비공식 토론 형식을 취합니다. "비공식 토론은 공식 때처럼 정해진 규칙에 얽매이지 않습니다. 그래서 더 자유롭고 신축성이 있으며 실생활의 환경에 더 잘 적용될 수 있습니다. 공식은 보통 상급 학생들에게 국한되는 전문 활동이기 때문에 비공식이 보다 교육적인 가치가 있으며 더 실용적일 수 있다."고 했습니다.

1) 비공식 토론
구성과 발표에서 정해진 규칙 없이 한 편이 다른 편보다 우수하다고 판정할 필요 없이 두 명 이상의 사람이 어떤 문제의 양면을 거론하는 것을 비공식 토론이라 합니다.[170]

(1) 비공식 토론의 목적
어떤 문제를 다각도로 검토하려는 목적으로 시작된 토의가 활발한 비공식 토론으로 문제해결의 결론을 내립니다.

(2) 토론의 발언 방법
자기가 가장 확신하는 방식으로 발언자가 갖는 소신 있는 주장을 내세웁니다.
① 정해진 규칙을 따르거나 어떤 판정을 기다릴 필요 없이 두 발언자가 한 문제의 양면(찬성·반대)을 각각 주장합니다.
② 특별히 명심해야 할 사항
  ◦ 청중을 자기편으로 끌어들입니다.
  ◦ 의문을 해소하고 확신을 심어야 합니다.
  ◦ 자신의 사고와 계획은 실행가능하고 꼭 필요하다는 점을 강조합니다.
  ◦ 논리와 감정에 호소합니다.

(3) 발언 계획
① 자료의 논리적 배열이 중요합니다.
② 합리적인 배열이면 어느 것을 이용해도 좋아요.
③ 반대를 예상하고 정직하게 주장합니다.

---
170) 전연우, 앞과 같은 책 p272~277

(4) 자료 수집
　① 다양한 증거 - 사실, 실례, 통계, 증언의 인용
　② 건전한 논리 - 일반화, 특수화, 인과응보 관계
　③ 풍부한 자료 - 이야기, 일화, 예증, 개인적인 참고 사항
(5) 발언 시 피해야 할 사항
　① 청중에게 적대감을 일으키는 일
　② 강의식 혹은 지나치게 공식적인 발표
　③ 지나치게 과장되거나 기교적인 논법
　④ 불충분한 증거, 부적절한 논리 전개
　⑤ 주장에 대한 신념 부족

2) 비공식 토론의 형식
(1) 긍정(찬성) 측 토론 줄거리 발표(5분)
(2) 부정(반대) 측 토론 줄거리 발표(5분)
(3) 부정 측 반대 신문 (3분)
(4) 긍정 측 반대 신문 (3분)
(5) 부정 측 최후 변론 (4분)
(6) 긍정 측 최후 변론 (4분)[171]
(7) 반성

3) 비공식 토론의 단계적 지도
제1단계 : 준비된 논제에 의한 토론(2주일에 1논제씩)
(1) 다음 논제와 양면의 주장에 따라 찬성 측 토론의 줄거리와 반대 측 토론의 줄거리, 양측의 반박하는 줄거리(반대 신문), 최후 변론을 설명문이나 의문문으로 공책에 쓰고 토론해 봅시다. 부담감을 갖지 말고 생각나는 대로 씁니다.
　① 논제1 : 탄산음료 판매 금지[172]
　　• 찬성 "설탕 다량 함유… 국민 건강을 위한 조치"
　　• 반대 "유해성 알리되 구매는 개인에 맡겨야!"

---
171) 전연우 앞과 같은 책 p81~84
172) 조선일보, 2016.12.2. 이슈 토론

② 논제2 : 경찰 공권력 강화[173]
- 찬성 "민원 두려워 소극 대응… 국민 보호 우선해야!"
- 반대 "과잉 진압할 경우 인권침해로 이어질 수 있어."

③ 논제3 : 초·중·고 커피 판매 금지[174]
- 찬성 "커피는 영양 적고 카페인 많아 청소년에 해로워"
- 반대 "밤늦게 공부해야 하는 교육 현실부터 개선해야!"

④ 논제4 : 개량 한복, 고궁 무료입장 대상서 제외[175]
- 찬성 "변형 지나쳐… 전통 지키자는 취지 훼손"
- 반대 "시대 따라 개량 당연… 시대착오적 정책"

논제1에서 자신이 쓴 토론의 줄거리와 '이슈 토론 줄거리 쓰기 사례'를 비교하여 무엇이 부족했는지 검토합니다. 논제2에서 4까지는 부모와 함께 검토해 보세요.

(2) 이슈 토론 줄거리 쓰기 사례
① 논제 : 탄산음료 판매 금지
- 찬성 "설탕 다량 함유… 국민 건강을 위한 조치"
- 반대 "유해성 알리되 구매는 개인에 맡겨야!"

② 찬성 측 토론 줄거리 쓰기

톡 쏘는 탄산음료 한 캔(250mL)에 설탕이 얼마나 들어 있는지 아시나요. 보통 26g 이상에 달한다고 합니다. 세계 보건기구가 권장하는 하루 설탕류 섭취량은 50g인데 한 캔만 마셔도 권고량 절반을 마시는 셈입니다. 설탕을 과다 섭취하면 비만, 당뇨, 골다공증 등 각종 질병을 유발할 수 있어 최근 탄산음료 소비를 줄이기 위한 판매 제한 논의는 국민 건강을 위해 반드시 필요한 제도적 조치입니다.

술과 담배도 유해한 영향을 끼친다는 이유로 구매할 수 있는 나이와 판매처를 제한하고 있는데 탄산음료 판매도 같은 이유로 규제해야 합니다. 판매를 제한하면 "탄산음료는 몸에 나쁘다"란 (몸에 나쁘다는) 인식을 심어줘 소비가 감소할 것입니다. 해외에서도 탄산음료 판매 제한이 확산되는 추세입니다. 프랑스와 독일, 미국의 일부 주에선 학교 내 탄산음료 판매를 금지하고 있습니다.

---
173) 조선일보, 2018.5.19. 이슈 토론
174) 조선일보, 2018.2.3. 이슈 토론
175) 조선일보, 2016.9.14. 이슈 토론

③ 반대 측 토론 줄거리 쓰기

탄산음료 판매 제한이 "개인의 선택권만 침해할 뿐 실제 효과를 거두기 어려울 것"입니다. 탄산음료의 유해성은 충분히 알리면서 구매 여부는 개인 선택에 맡겨야 합니다. 유통업체는 초콜릿과 과즙음료 등 설탕이 다량 함유된 제품이 많은데 탄산음료만 규제하는 것은 형평성에 어긋난다고 합니다. 미국 뉴욕시에서는 대용량 탄산음료 판매를 전면 금지하는 법안을 시행했다가 판매업자들이 제기한 소송에서 위헌 판결이 나기도 했습니다.

우리나라는 서울시가 2015년 11월부터 지하철역 등 공공시설 내 설치된 자판기에서 탄산음료 판매를 금지하기로 했지만, 실행이 거의 안 되고 있습니다. 지하철 편의점 등 다른 곳에선 탄산음료를 구매할 수 있어서 실효성 문제가 지적됐기 때문입니다. 탄산음료가 몸에 해롭다는 사실을 모르는 사람이 많아서 즐겨 마시는 일이 없도록 탄산음료의 유해성을 적극적으로 알리고 구매는 자율에 맡겨야 한다고 생각합니다.

④ 반박 질문
  ◦ 반대 측의 예상되는 반박 질문
    설탕을 과다 섭취하면 왜 비만, 당뇨, 골다공증 등의 질병을 유발하는 까닭이 무엇입니까? 그리고 탄산음료 판매를 제한하면 "탄산음료는 몸에 나쁘다"라는 인식을 심어준다고 했는데 그런 증거가 있습니까?
  ◦ 찬성 측의 예상되는 반박 질문
    학교에서의 탄산음료 판매 제한이 왜 실제 효과를 거두기 어렵다고 생각합니까? 그리고 탄산음료가 몸에 해롭다는 것을 알리는 효과적인 방법은 무엇이라고 생각하십니까?

⑤ 최종 변론
  ◦ 찬성 측의 최종 변론
    탄산음료는 설탕이 다량 함유되어 있어서 과다 섭취하면 우리 몸이 비만해집니다. 그 비만은 당뇨와 골다공증 등 모든 질병을 일으키는 원인이 되기 때문에 학교에서 탄산음료 판매는 마땅히 금지되어야 합니다.
    탄산음료 판매를 제한하면 "탄산음료는 몸에 나쁘다"는 인식을 심어줘 소비가 감소할 것이라는 의견도 있습니다만 최근 초등학교에서 비만 학생이 늘어나고 있습니다. 그래서 탄산음료 소비를 줄이기 위한 판매 제한 논의는 국민 건강을 위해 꼭 필요한 제도적 조치라고 생각합니다. 외국에서는 탄산음료 판매 제한이 확산되는 추세입니다. 프랑스와 독일, 미국의 일부 주에선 학교 내 탄산음료 판매를 금지하고 있습니다.

병으로 한 번 건강을 잃으면 회복하기가 어렵고 무엇을 하고 싶어도 건강이 따르지 않아서 할 수가 없기 때문일 것입니다. 그러므로 모든 병의 원인이 되는 탄산음료의 과다 섭취의 위험성을 알고 학교에서의 탄산음료 판매를 금지해야 합니다.

○ 반대 측의 최종 변론

학교에서의 탄산음료 판매 제한은 실효를 거두기 어렵다고 생각합니다. 학교 밖의 편의점이나 마트에서 얼마든지 구매할 수 있기 때문입니다.

지금 우리나라는 청소년에서부터 성인에 이르기까지 탄산음료를 즐겨 마시고 있습니다. 그렇기 때문에 금지보다는 탄산음료의 유해성을 알리고 구매는 자율에 맡겨야 합니다. 판매 금지는 아이들의 자율성을 침해하게 됩니다. 자율성은 아이들의 인성을 형성하는데 중요한 덕목입니다.

그러므로 강제적으로 금지하거나 규제하기보다는 탄산음료의 유해성을 적극적으로 알려서 아이들 스스로 탄산음료 과섭취를 하지 않도록 하는 것이 더 효과적이라고 생각합니다.

제2단계 : 논제를 정하여 토론하기

(1) 아래에 적힌 일반적인 화제를 생각해 보고 그 가운데에 셋을 골라 비공식 토론에 적합한 논제를 만들어라. 그리고 논제의 긍정 및 부정의 주장을 노트에 적어 발표하세요.

〈라디오 광고, 학생회, 토양 보존, 학교 체육, 노동법, 원자력 통제, 유치원 영어교육, 두발 자유화〉

① 논제1 :
  ○ 긍정 측의 주장 :
  ○ 부정 측의 주장 :

② 논제2 :
  ◦ 긍정 측의 주장 :
  ◦ 부정 측의 주장 :
③ 논제3 :
  ◦ 긍정 측의 주장 :
  ◦ 부정 측의 주장 :
(2) 다음 양식에 따라 부모와 자녀가 같이 좋아하는 논제와 긍정·부정 측의 주장을 정한 다음 각각 5분간의 토론 줄거리와 3분간의 반박하는 줄거리 및 옳고 그름을 밝혀 따지는 최종 변론 줄거리를 기록하여 토론해 봅시다.
① 논제 : 히틀러 지하 벙커 복원
  ◦ 긍정 측의 주장 :
  ◦ 부정 측의 주장 :
② 토론의 줄거리
  ◦ 긍정 측의 줄거리 :
  ◦ 반대 측의 줄거리 :
③ 반박하는 줄거리
  ◦ 반대 측의 줄거리 :
  ◦ 긍정 측의 줄거리 :
④ 최종 변론 줄거리
  ◦ 반대 측의 최종 변론
  ◦ 긍정 측의 최종 변론 줄거리

4) 신문을 활용한 토론   적용학년 중·고1

(1) 토론의 배경지식 쌓기

서남중학교 김효선 교장은 "아이들이 토론과 글쓰기를 못 하는 것은 국어의 문제로 생각해서는 안 된다"고 강조하였다. 학생들이 조리 있게 말하고 글을 쓰기 위해선 일차적으로 배경지식을 쌓는 것이 중요하고 신문을 활용하면 그 능력을 효과적으로 키울 수 있다는 것이다.

그는 교과서가 온고지신(溫故知新)이라면 신문은 시대의 흐름을 빠르고 논리적으로 알려주는 '정보 종합자료실'이라고 말했다. 그래서 신문 기사

중 필요한 내용을 스크랩하고 중요 이슈에 대하여 대화와 토론을 항상 한다면 아이들은 매일 새로운 지식을 접하게 되고 말을 조리 있게 할 수 있을 것이다.[176]

  (2) 정보 수집 노트 활용
 잡지 구독, 대화, 독서를 통하여 얻는 중요한 정보는 노트에 기록하여 둔다. 우리는 독서를 통하여 많은 정보를 얻을 수 있습니다.
  (3) 이슈 토론
 신문의 사설이나 칼럼 등을 읽고 새로운 이슈가 있으면 보기와 같이 논제를 정하고 토론을 해봅시다.
 〈보기〉。논제 : 세 번째 밀레니엄은 한국이 주도

---

[176] 조선일보 2011.4.12. 이진영 인턴 기자

제5장 창의력 기르기

창의력이란 상상력과 다르다. 없는 것을 생각해 내는 것이 아니라 주어진 조건에서 해결책을 찾아내는 것입니다.
자신이 가진 한정된 자원을 재조직해서 해결책을 끌어내는 게 창의력의 원리입니다.

1. 창의력의 기초

새롭고 독창적인 해결책을 찾아내는 능력은 일부 학생들만 타고 나는 것이 아니라 교육을 통해 훈련하면 기를 수 있다는 생각입니다. 이제는 남을 모방하는 것이 아니라 새로운 아이디어로 새로운 산업에 활력을 불어넣을 창의적인 인재가 국가 발전에 필수적입니다.[177]

> 학교에서 배운 지식
> 취미를 통해서 얻은 능력
> 사회적 경험 등의 조합이 극대화되어서 탄생

1) 부모의 양육 방식과 가족 관계 등이 아이의 창의력에 미치는 영향
   아이들 일에 일일이 통제하고 간섭하기보다 자율성을 주고 독립심을 자극해 줄수록 창의적 성향이 높아집니다.
   (1) 아이가 독립적이도록 격려합니다.
   (2) 어떻게 해야 할지 모를 때 스스로 해결하도록 시간을 줍니다.
   (3) 아이가 하려는 것에 간섭하지 않고 혼자 하게 내버려 둡니다.
   (4) 가족 간에 유대감이 좋을수록 창의력은 올라갑니다.
   ① 가족끼리 친밀하게 상호작용을 많이 합니다.
   ② 서로 관심을 갖고 지원해 주는 가정입니다.
   ③ 아이에게 책 읽기, 그리기, 악기 다루기 등 다양한 경험을 시킵

---
[177] 조선일보 2017.1.3. 29854호 김연수 기자

니다.
④ 집에서 아이의 흥미를 끌 수 있는 많은 것이 있어야 합니다.
(5) 아이에게 유능한 성인과 접할 기회를 많이 줍니다.
① 아이에게 생활 주변에서 여러 어른(멘토의 역할을 할 수 있는 유명 인사)을 만나게 합니다.
② 원하는 경험을 하도록 하면서 지적 자극을 줘야 크면서 새로운 지도를 할 수 있습니다.
③ 아이의 생각을 자주 물어보고 어떤 일을 결정할 때 아이에게 발언권을 주고 상의하는 등 아이를 존중하는 부모의 자녀가 창의적 성향이 높은 것으로 나타났습니다.178)

2) 서울대 창의성 모임 교수들의 제언

(1) 초·중·고부터 토론 등 '상호작용'을 많이 시킵니다.
(2) 단순 암기만 시키지 말고 '지적 도전' 기회를 늘려야 합니다.
(3) 말하기, 만들기, 글쓰기 등 학생 주도 학습을 늘려야 합니다.
(4) 김세직 경제학부 교수는 "엉뚱한 아이디어라도 존중해 주고 독창성을 확실히 보장해 주는 문화를 만들어야 한다"라고 말했습니다.
(5) 황농문 재료학과 교수는 "미지의 문제를 풀어보는 지적 도전을 많이 하게 해주는 것"이라며 "창의적 활동을 할 때 인간이 행복을 가장 많이 느낍니다. 창의교육은 결국 우리 삶을 행복하게 하는 방법"이라고 말했습니다.

또한 황 교수는 "이제는 인터넷에 나오는 지식을 알려주는 게 중요한 게 아니라 스스로 생각하는 능력을 길러줘야 창의적인 인재를 기를 수 있다고 말했습니다.179)

3) 창의적인 딥 러너(deep leaner)

"암기 인재는 낮은 단계의 지식인…
창의적인 딥 러너 키워야!"

"전략적 학습자는 '이번 시험에 1등 하겠다.' 같은 제한적 목표밖에 세울 줄 모릅니다. 틀을 깨는 창의적 인재가 되기 어렵습니다. 스스로 깨닫고 발

---

178) 조선일보 2017.3.18. 29916호 김연주 기자 외 3명
179) 조선일보 2017.1.17. 29866호 김연주, 백승혁 기자

전하는 딥 러너(deep leaner)를 키워야 창의성이 길러집니다.

창의성 측면에서 최상 단계의 심화 학습자는 딥 러닝이 가능한 이들입니다. 기존 지식을 흡수할 뿐 아니라 그 위에서 생각하고 분석하고 새로운 지식을 창조합니다.

"스스로 고민(생각)·분석하는 '딥 러너'
지식으로 또 다른 지식 창조해 내
모든 인간은 창의성 갖고 태어나
공부하는 만큼 지능·재능도 발전
무조건 '똑똑하다' 칭찬하기보다
어떤 노력을 했는지를 칭찬해 줘야![180]

4) 미국 최고 교수들의 강의

과학 역사 오가며 학생들이 비판적으로 공부할 수 있게 적극적이면서 다양한 도발적인 질문을 던지는 것입니다. 질문은

"자네는 어떻게 생각하나!"
"그게 사실이면 왜?"
"머릿속에 남은 의문은?" 등입니다.[181]

5) 호기심을 키우는 훈련을 하라. 세상이 열리나니…

"호기심을 이야기하지 않으면 혁신을 이루는 구체적인 방법을 가르치는 것은 거의 불가능합니다. 호기심은 창조적 사고 방식에 불을 붙이는 도구이자 혁신을 일깨우는 핵심 자질입니다."

(1) 모든 사람은 기본적으로 호기심을 갖고 태어납니다. 다른 자질처럼 꾸준히 호기심을 키우는 훈련을 하면 이전에는 눈에 띄지 않았던 것을 새로운 관점으로 볼 수 있는 눈을 키울 수 있습니다.

그리고 나의 취향과 내 고정관념에서 벗어나게 해주며, 이제껏 내가 알아 온 것과 완전히 다른 세상을 상상할 수 있는 힘이 생긴다는 뜻입니다.

(2) 호기심은 질문으로 발현된다. 어른들은 아이들의 질문에 답하는 대신 권위를 앞세워 질문을 무시합니다. 호기심은 현대인이 스스로 사고하고 결정하고 창의성을 키울 수 있는 열쇠이다. 우리는 질문에 관대해질 필

---

180) 조선일보 2017.1.10. 29860호 박승혁 기자, 켄 베인 미국 교육법 연구소
181) 조선일보 2017.1.10. 29860호 김연주 기자

요가 있습니다.182)

6) 창의력의 비밀 전두엽

(1) 앞쪽 뇌(전두엽)를 발달시키세요.

　　뇌 앞쪽(전두엽) 팔팔해야 창의력도 팔팔……
　　운동·토론으로 머리 깨우세요.

"우리 교육은 암기 위주로 해마(海馬) 등 뒤쪽 뇌를 반복해 쓰는 방식"이라며 "독창적이고 혁신적인 사람으로 키우려면 전두엽 즉 앞쪽 뇌를 발달시켜야 합니다."

　　인공지능 총괄 뇌 앞쪽 전두엽
　　근육처럼 쓰면 쓸수록 튼튼해져
　　독창·혁신적 사고 가능하게 해
　　5,000억 뇌세포 키우려면
　　목표 세워 실천해야 뇌도 움직여
　'욱'할 때 참아내는 훈련도 중요183)

(2) 외측 전두엽의 활성화

① 전두엽의 외측 (외측 전두엽)에 창의센터와 기획센터가 있습니다. 이를 활성화하려면 우선 목표가 구체적으로 있어야 합니다. 5,000억 개의 뇌세포는 목표라는 명령이 없으면 움직이지 않습니다.

② 이번 달, 올해, 10년 후 등 단기·장기로 목표를 세우고 실행하려 해야 합니다. 목표가 없으면 죽은 것과 마찬가지입니다.

③ 일상에서는 자신이 할 수 있는 작은 일을 마무리 짓는 습관을 가져야 합니다. 예컨대 하루 30개 단어 암기가 안 되면 20개로 줄이고 이걸 항상 마무리 하는 것이 좋습니다. 그러면 자신감과 성취 의욕이 유발돼 좀 더 큰일에도 도전하게 됩니다.

④ 남의 의견이나 정답을 보기 전에 항상 나만의 답과 의견을 먼저 찾는 훈련도 필요합니다.

⑤ 보고·듣기보다 말하기·발표하기·토론하기·쓰기 등이 앞쪽 뇌의 창의·기획센터를 키웁니다.

---

182) 조선일보 2017.2.28. 29892호, 보라이언 그레이저
183) 나덕렬, 삼성서울병원 뇌신경센터(신경뇌과 교수) 조선일보

⑥ 역지사지(易地思之) 토론이 권장된다. 생각을 일부러 바꾸어 보는 훈련을 하면 논리성과 유연성이 동시에 좋아집니다.
⑦ 외국어 공부도 전두엽 뇌 훈련에 효과적입니다.

(3) 추진센터·충동 조절 센터 키워야!

앞쪽 뇌 아래쪽(하측 전두엽)에는 충동 조절 센터와 사회 센터가 있습니다. 이를 키우려면 화를 참고 화가 나는 이유를 곰곰이 짚어보는 연습이 필요합니다.

① 전두엽 바닥 안에는 감정을 조절하는 변연계가 있습니다. 이 기능이 약하면 사소한 일에 충동적으로 끌리거나 툭하면 화를 내어 일을 그르치게 합니다.
② 화를 잘 내는 사람은 "전두엽이 약한 불쌍한 사람"이라며 "창조는 단박에 이뤄지는 것이 아니라 인내와 끈기를 통해 완성되기 때문에 새로운 창조를 위해서는 충동을 억제하는 훈련들이 중요하다."라고 말했습니다.
• 참는 훈련(극기 훈련)   • 명상   • 기도·사색
③ 주변 사람들에게 감사하고 고마워하는 심성이 사회 센터를 강화시킵니다. "전두엽이 손상되면 타인과 끊임없이 싸우고 충돌한다." 주변 사람들과 잘 지내면 동요·감정도 올라가 충돌조절 능력도 좋아집니다.
④ 명상·기도·사색 등을 하거나, 조용한 공간을 찾아가 "나는 누구인가?", "나는 무엇을 하고 있는가"를 사색해 보는 것도 복잡한 뇌를 재 세팅하는 데 좋습니다.
⑤ 성균관대 최인수 교수는 "창의적 인재를 키우는 데만 주력할 게 아니라 타의 인재를 알아보는 사회적 안목도 키워야 한다"라고 말했습니다.

그는 "한 개인의 능력이 탁월하다 해도 제대로 된 평가가 없다면 그 재능은 묻힌다."라며 "평가자로서 사회 전체의 수준이 높아져야 한다"라고 말했습니다.[184]

(4) 전두엽 안쪽 내측 전두엽

내측 전두엽에는 동기센터와 추진센터가 있습니다. 이를 활성화하려면

---

184) 조선일보 2017.1.19. 29868호, 김철중 기자

남과 비교하지 않는 자신만의 꿈 갖기를 하라고 권합니다.

학생들에게는 선(先) 공부, 후(後) 놀이 규칙이 적용돼야 합니다. 즐거운 일을 앞두고 밀린 숙제와 공부를 해놓는 습관을 들이면 의무적으로 해야 할 것들도 즐겁게 할 수 있습니다.

"전두엽 뒷부분은 운동 기능과 실행 의지 센터가 맞물려 있다."라며 이 때문에 운동을 정기적으로 하면 실행력과 추진력을 키울 수 있다. 고 말했습니다.

　(5) 전두엽 기능별 10가지 활성법[185]

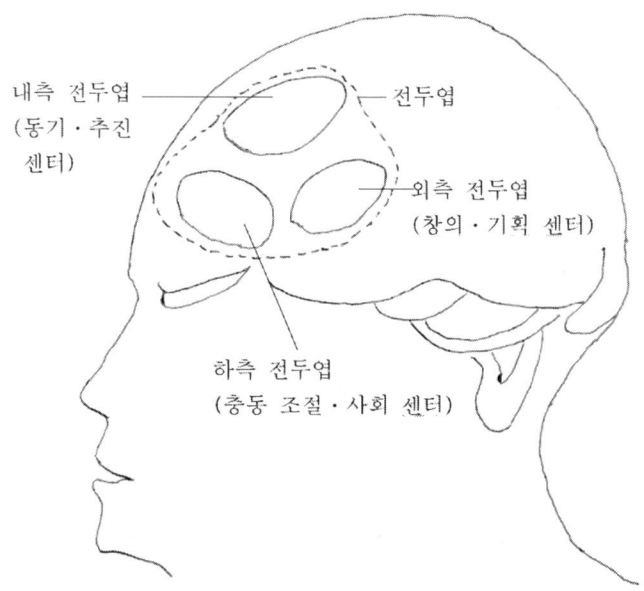

　① 내측 전두엽(동기·추진 센터)
　　◦ 선(先) 공부, 후(後) 놀이(즐거움에 대한 의무 이행)
　　◦ 꿈을 찾아라(뇌 전체에 불을 켜는 효과)
　② 하측 전두엽(충돌조절·사회 센터)
　　◦ 화를 참고 화난 이유를 생각하라.
　　◦ 주변 사람을 소중히 여겨라(조화로움 개발)
　　◦ 전두엽 손상되면 타인과 충돌
　③ 뒤쪽 뇌를 자주 닦아라(명상, 기도, 사색 등이 뇌를 세팅함)

---
185) 조선일보 2017.1.17. 29866호, 박승혁 기자

④ 외측 전두엽(창의·기획 센터)
- 단기·장기 목표를 분명히 세우세요(5,000억 개 뇌세포는 목표가 있어야 움직인다.)
- 남의 의견을 듣기 전 마무리하세요. (창의성, 독창성 유도)
- 작은 일을 반드시 마무리하세요. (자신감과 성취욕 유발)
- 외국어 공부하기(새로운 학습 자극, 넓은 세상으로 인도)

7) 유대인의 창의적인 아이 기르기

(1) 유대인식 교육은 질문에서 시작

이스라엘 울프 재단의 리타벤 데이비드 대표는 "뛰어난 과학자와 예술가는 모두 교육으로 키워낼 수 있다."라고 말했습니다.

> 과학 울프상 130여 명 중 40명
> 평균 5년 뒤 노벨상 받아
> "유대식 교육은
> 질문에서 시작, 질문으로 끝나
> 실수를 숨기지 않고 들어내
> 개선책 찾는 게 창의력 길러

(2) 질문하는 방법

데이비드 대표는 질문하는 창의적인 아이를 키우기 위해서는 아이들에게 질문하는 방법을 가르쳐야 한다고 조언했습니다.

"이스라엘 국민들은 아이들이 집에 오면 온종일 '가장 잘한 일'과 '가장 잘못한 일'을 물어봅니다.

그러다 보면 아이들은 왜 질문을 해야 하고 고민해야 하는지 깨닫게 됩니다. 특히 실수를 했다면 어디에서 잘못됐는지 계속 물어보세요. 실수에서 얻은 지식은 잘 잊지 않습니다. 이게 유대인이 창의성을 키우는 방식입니다.

그는 "실수를 숨기기보다 드러낸 뒤 개선책을 찾도록 하는 게 중요하다."라면서 "실수를 질타하면 염세적인 아이를 만든다."라고 했습니다. 교사(부모)들의 역할도 중요하다고 했습니다.

그는 "학생들은 절대로 교사의 가르침을 모두 이해할 수 없다."라면서 "질문이 없는 교실을 부끄러워하고 끊임없이 질문하고 해결책을 고민해야 제대로 된 교육이 이뤄질 수 있다"라고 말했습니다.

(3) 창의성을 키우는 질문
① 정답이 없는 질문
② 생각하게 하는 질문
③ 발전적인 질문

데이비드 대표는 "어떻게 하면 울프상을 받을 수 있느냐는 질문에 '뛰어난 업적을 낼 수 있는 학자를 키워내는 환경을 조성하는 것이 먼저'라고 항상 말한다."라고 강조했습니다.186)

8) 자녀와의 대화법
(1) 대화의 전문가 이정숙(SMG 대표) 씨의 대화법
① 아이를 하나의 인격체로 인정합니다.
② 부모가 자신만 옳다고 생각하면 안 됩니다.
③ 아이를 자기식으로 잡아당기면 아이들은 도망갑니다.
(2) 최치영(CME, 코리아) 씨의 대화 방법
　지시나 명령에 의한 대화보다 질문형 대화법을 익히도록 합니다.
① 자녀의 생각을 일깨워 주려면 "이번 시험에 더 좋은 결과를 얻기 위하여 무엇부터 시작할 수 있을까요?"
② 자녀의 생각 폭을 넓혀주기 위해서는 "네가 학교에서 활기차게 활동하면 친구들이 어떻게 바라볼까요?
③ 마음의 문을 열려면 "네 마음대로 해도 된다면 넌 어떻게 하겠습니까?187)

2. 창의력 기르기 교재

1) 양초에 불을 붙여 벽에 세우는 방법
1980년대 코넬대의 엘리스 아이센 교수는 "기분이 좋아지면 문제해결 능력도 발전하고 이타심, 협동심, 소통 등 업무 프로세스(personality)에 긍정적인 영향을 끼친다"라고 분석했습니다.

---

186) 조선일보 2015.10.27. 29486호, 박건형 기자
187) 동아일보, 2014.12.18. 김진영, 손효림 기자

아이센 교수의 실험 문제를 풀어보자.

〈준비물〉 양초 1개, 압정이 가득 든 종이상자 1개, 성냥갑

① 문제 : 양초에 불을 붙여 벽에 세우는 방법은 뭘까요?
　　　　　직접 실험해 보도록 합니다. (초등 중고학년 수준)

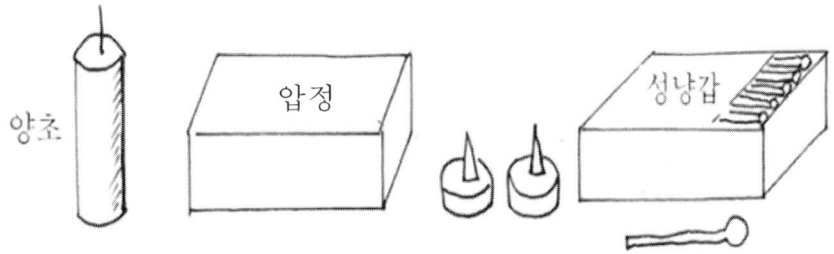

② 정답

양초를 벽에 붙이려면 압정을 담은 상자를 비우고 그 상자를 벽 받침대로 바꾸어 압정으로 상자를 고정하고 그 위에 양초를 세우면 됩니다.188)

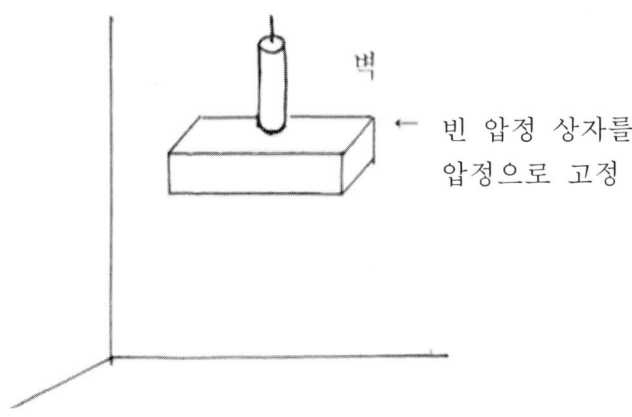

2) 기발한 문제 던져 창의력 기르기(중·고 수준)

(1) 1년 내내 섭씨 30도가 넘는 '불나라'에서 얼음을 화폐로 도입하려면 어떻게 하면 될까요?

(2) 은행과 봉이 김선달의 공통점은 무엇입니까?

(3) 금융의 본질을 '사자성어'로 표현해 보세요.

---

188) 조선일보

3. 창의력 퀴즈

가난한 사람들의 어머니 마더 테라사도 미처 하지 못한 생각

(초등 저학년 수준)

1) 이야기 하나

일본의 우동 집들은 12월 31일에 가장 바쁘다고 해요. 한 해의 마지막 날에 '해 넘기기 우동'을 먹으며 지나간 시간을 반성하고 희망찬 새해를 맞이하는 풍습이 있기 때문이죠.

삿포로의 어떤 우동 집에서 12월 31일 밤에 가게 문을 닫으려는데 한 어머니가 아들 둘을 데리고 들어왔어요. 주인아주머니는 이들이 1년 전 섣달그믐날 가게 문을 닫기 직전에 와 우동 한 그릇을 먹고 갔던 손님들이라는 것을 알아챘습니다. "저…우동 1인분만 시켜도 괜찮을까요?" "물론입니다. 어서 오세요" 주인아주머니는 작년처럼 2번 식탁으로 안내하면서 큰 소리로 외쳤어요. "여기 우동 1인분이요!"

주인아저씨가 주방 안에서 물을 끓이고 있는데 주인아주머니가 들어와 속삭였어요. "여보 공짜로 3인분의 우동을 만들어 줍시다." 남편은 고개를 저었지요. "안 돼요, 그렇게 하면 도리어 부담스러워서 다시는 우리 집에 오지 못할 거요" 남편은 작년처럼 우동 하나 반을 넣어 삶았습니다. 원래 우동 한 덩어리가 1인분의 양인데도 말이지요.

〈창의력 문제 1〉
우동 가게 아저씨는 두 명의 사내아이와 함께 들어와 우동 한 그릇을 시킨 어머니를 위해 어떻게 하였나요? 왜 그렇게 하였나요? 정답은 뒷면 '이야기 셋' 뒤에 있습니다.

2) 이야기 둘

사람은 누구나 부와 명예와 권력을 누리며 편안하고 즐겁게 살기를 원합니다. 그러나 드물게는 다른 고통과 진심으로 슬퍼하고 아파하며 그들을 위한 일에 일생을 바치는 사람들이 있습니다. '가난한 사람들의 어머니' 마더 테라사도 그런 사람들 가운데 한 분입니다.

지극히 가난한 사람, 비참하게 죽어가는 사람, 병들고 버림받은 사람들

을 진심으로 사랑하고 온 힘을 다하여 돌보았던 마더 테라사, 그는 가난한 사람들에게 아무 대가 없이 먹을 것과 치료 약, 잠자리를 제공하였습니다.

그런데 식량을 대던 곳에서 어느 날 갑자기 공급을 중단했습니다. 수녀들은 문밖에서 기다리고 있는 사람들에게 음식을 줄 수 없었습니다. 그러자 그 사람들은 화를 내며 수녀들의 음식을 가로채고 난동을 부렸습니다. 불을 질러 버리겠다고 위협하기도 했습니다.

〈창의력 문제 2〉
무료 급식을 받던 사람들은 왜 수도원 앞에서 난동을 부린 것일까요?

3) 이야기 셋

다음 주 토요일은 이름난 팀의 야구 경기가 열리는 날입니다. 그 팀에는 어린이들의 우상 임동호 선수가 뛰고 있습니다. 태원이와 강성이는 임 선수의 경기를 직접 볼 수 있다는 생각에 너무나 가슴이 떨렸습니다. 그런데 고민이 생겼습니다. "광수한테는 말하지 말까? 광수는 돈을 못 가져올지도 몰라" 태원이가 먼저 말을 꺼냈습니다. 하지만 태원이는 늘 셋이 어울려 다니는데 이번에만 광수를 쏙 빼자니 아무래도 마음에 걸렸습니다.

〈창의력 문제 3〉
태원이는 이 문제를 어떻게 해결해야 할까요? '이야기 하나'와 '이야기 둘'의 내용을 참고하여 생각해 보세요.[189]

〈창의력 문제의 답〉
① 문제 1의 답
공짜로 3인분을 삶아주자는 아내의 말을 거부하고 한 개 반을 삶았습니다. 그 까닭은 3인분을 공짜로 삶아주면 도움을 받았다는 부담을 느껴, 다시 가게에 오지 않을 것이라는 생각으로 도움을 받았다는 사실을 모르게 반을 더 넣어 주었습니다.
② 문제 2의 답
식량을 대던 곳에서 공급이 중단되어 사람들에게 음식을 줄 수 없었기 때문입니다.

---
189) 조선일보

③ 문제 3의 답
 강성이와 돈을 같이 내서 입장권 3장을 구입해서, 광수에게 "입장권 3장이 있는데 강성이와 같이 구경하러 가지 않겠니"하고 부담감이나 자존심이 상하지 않도록 말하여 같이 가도록 하면 됩니다.

4. 창의력 계발과 기술 강국

1) 3차원 창의력 계발법 아시나요?
 창의력이 미래 사회를 살아가는 데 중요한 요소임이 틀림없다. 창의력은 누구나 가지고 있다. 다만 계발하지 않고 있을 뿐이다. 잠재하고 있는 창의력을 어떻게 계발하고 기를 것인가?
 (1) 3차원 창의력 계발법
   그것은 내가 지금 알고자 하는 문제에 대하여
   ① 과거에는 어떠하였으며
   ② 어떻게 발전하여 현재에 이르렀으며
   ③ 10년·20년 후 미래에는 어떻게 변화하고 발전할 것인가를 상상해 보는 것입니다.
 (2) 내가 지금 관심을 가지고 있는 문제에 대하여
   ① 왜 그럴까?
   ② 보다 좋게 개선할 점은 없는가?
   ③ 어떻게 하면 해결할까? 라며
 항상 의문을 가지고 생각해 보는 습관을 가지게 하는 것이 창의력을 기르는 출발점이 아닐까요.

2) 기술 강국
 부존자원이 없는 우리나라의 살길은 예나 지금이나 '기술 강국'이 되는 길밖에 없습니다. 그러기 위해서는 각 분야에서 "차세대 성장동력 기술을 세계 1등으로 만들어야 한다." 그 기초는 초등학교에서부터 생각하는 힘을 기르고 잠재력을 최대한 끌어내어 전문 기술을 익혀서 탄탄한 기술력을 갖도록 해야 하지 않을까요.[190]

〈질문〉

① 미래 사회를 살아가는 데 가장 중요한 요소는 무엇입니까?
② 3차원 창의력 계발법이란 무엇입니까?
③ 어떤 습관을 가지는 것이 창의성을 가지는 출발점이 될까요?
④ 우리는 왜 우리나라를 기술 강국으로 만들어야 하나요?
⑤ 기술 강국으로 만들려면 어떻게 해야 하나요?
⑥ 기술 강국의 기초는 언제부터 무엇을 길러야 합니까?

---

190) 조선일보, 2011.3.26. 27886호, 한국공학 한림원 정책위원장

부 록

3) 읽기 학습자료와 4) 독해력 평가의 과제 또는 문제의 도움말

에듀컨텐츠·휴피아
CH Educoments Huepia

< 자료 1의 도움말 >

① 글의 주제(제목)… 옷, 음식, 집(의식주)

② 글의 중심 내용
　사람이 살아가는 데 꼭 필요한 것은 옷, 음식, 그리고 집이다.

③ 구체적 사항
　◦ 옷은 몸을 보호하고 예절을 지키기 위해서 필요하다.
　◦ 음식은 건강을 유지하고 생명을 이어가게 한다.
　◦ 집은 재산을 보호할 수 있고 편히 쉴 수 있는 공간
　◦ 책을 읽은 횟수 (　)번
　　공책에 쓴 내용과 비교하여 많이 틀리면 부족함이 없을 때까지 반복하여 글을 읽도록 합니다.

< 자료 2의 도움말 >

① 글의 주제는 동물의 분류 또는 동물을 종류별로 가름

② 글의 중심 내용
　동물은 먹이에 따라 초식동물, 육식동물, 잡식동물로 나눕니다.

③ 구체적 사항
　◦ 초식동물은 녹색말, 식물의 진, 나뭇잎이 풀과 같은 식물을 먹고 산다.
　◦ 육식동물은 짐승이나 물고기와 동물들을 잡아먹고 산다.
　◦ 잡식동물은 식물성 먹이와 동물성 먹이를 함께 먹는다.
　◦ 책을 읽은 횟수 (　)번

< 자료 3의 도움말 >

① 주제 - 노이즈 캔슬링

② 중심 내용
전투기 조종사와 우주비행사, 항공기 승무원을 위하여 기내소음을 줄이는 노이즈 캔슬링을 개발하였으며 자동차에도 탑재하고 있다.

③ 구체적 사항
- 미국 음향업체 보스가 1986년에 전투기 조종사와 우주비행사를 위해 노이즈 캔슬링을 개발하였습니다.
- 독일 음향업체 젠하이저가 1987년에 항공기 승무원용으로 노이즈 캔슬링 헤드폰을 개발하였습니다.
- 차에 소음을 줄이기 위하여 일본 자동차 회사 닛산이 1990년대 초반 '블루버드' 차종에 노이즈 캔슬링 기능을 탑재한 것이 시초입니다.
- 글을 읽은 횟수 (   )번

< 자료 4의 도움말 >

① 글의 주제 : 대기권

② 글의 중심 내용
대기권의 밑부분인 대류권, 위로 올라가면서 성층권, 중간권, 열권으로 구분한다.

③ 중심 내용을 설명하는 구체적 사항
- 대기권의 밑부분을 대류권이라 하며 기상 변화가 일어난다.
- 기온이 내려가서 고도 12km에 이르면 기온이 약 $-506℃$ 정도 된다. 이 고도에서부터 성층권이라 하고 올라갈수록 기온이 높아지고 기상변화가 일어나지 않는다.

- 고도 50km로부터 85km 사이를 중간권이라 하고 기온이 낮아져서 -85℃ 정도 내려간다.
- 중간층보다 높이 올라가면 기온이 상승하고 열권에 들어가게 된다. 기온은 고도 300km까지 상승하여 낮에는 1700℃나 된다.
- 글을 읽은 횟수 (   )번

< 자료 5의 도움말 >

① 글의 주제 : 혼합물 분리

② 중심 내용
　두 가지의 물질이 섞인 혼합물을 분리하려면 알갱이 굵기나 무게의 차이점, 성질 등을 이용하여 분리할 수 있습니다.

③ 구체적 사항
- 콩과 모래의 혼합물을 분리하려면 알갱이의 굵기가 다른 점을 이용하여 체를 써서 분리할 수 있습니다.
- 철가루와 톱밥의 혼합물은 무게의 차이점을 이용하여 물로 이는 방법과 비닐 감싼 자석을 이용하면 분리할 수 있습니다.
- 소금과 흙과 섞인 경우는 소금과 흙의 차이점을 이용하여 분리할 수 있습니다. 또한 소금이 물에 녹는 성질을 이용하여 분리할 수 있습니다.
- 물과 기름이 섞인 것을 분리하려면 무게의 차를 이용하면 분리할 수 있습니다.
- 글을 읽은 횟수 (   )번

< 자료 6의 도움말 >

① 주제 : 환경 오염

② 중심 내용

우리가 생활하는 주변 환경이 심하게 오염되고 있다. 매연과 먼지, 유독가스 등이 공기를 오염시킨다. 그리고 생활 폐수, 공장 폐수, 농약 성분, 선박 오염, 방사능 오염 등은 물을 오염시키며, 농약은 토양을 오염시키고 쓰레기는 공기, 물, 토양 등을 함께 오염시켜서 환경오염의 큰 문제가 되고 있습니다.

③ 구체적 사항
- 도시는 농촌이나 어촌, 산촌보다 공기 오염이 더욱 심하다. 오염된 공기는 사람의 건강에 커다란 해를 끼친다.
- 물이 오염되는 것은 생활 폐수와 공장 폐수, 농약 성분, 선박 오염, 방사능 오염, 여러 가지 매연이 빗물에 녹아 들어가기 때문이다.
- 농약은 농작물에 생기는 병이나 벌레를 막아 증산을 도와주나, 이로운 벌레를 죽이며 사람에게 위험이 되고
- 쓰레기는 공기, 물, 토양 등을 함께 오염시켜 환경오염의 큰 문제가 되고 있다.
- 글을 읽은 횟수 (   )번

< 자료 7의 도움말 >

① 중심 내용

선진국에서는 아이들의 체력향상과 학력 증진 및 사회성을 기르기 위하여 체육 기반 교육을 강화하고 있으나 우리나라는 뒷걸음치고 있으니 안타까운 일입니다. 체력이 튼튼해야 덕(德)과 지(智)를 더욱 키워서 행복한 생활을 할 수 있기 때문입니다.

② 구체적 사항
- 학교에서의 점심시간 스포츠 활동과 체육 수업을 중요시 하는 것은 선진국의 공통적인 모습이다.
- 초·중등 교육은 책 읽히고 운동시키는 게 핵심인데 체육을 안 가르

치면 교육을 포기하는 것이다.
- 각종 연구 결과 '뛰어놀아야 공부를 잘한다.'고 한다. 그래서 세계적으로 운동 기반 교육이 강하되는 추세인데 한국은 역행(뒤로 감)하고 있다. 매일 40분 운동을 해야 피와 산소가 뇌로 많이 공급 되면서 학습 능력이 좋아진다고 한다.
- 스포츠는 신체를 단련하는 동시에 사회성 훈련에 반드시 필요하다. 선진국은 체육을 중시하는데 우리 청소년들은 안경 쓰고 휴대폰으로 게임하는 것이 표본적인 모습으로 바꾸어가고 있으니 미래가 없다.
- 선진국에서는 아이들의 체력 향상과 학력증진 및 사회성을 기르기 위하여 체육 기반 교육을 강화하고 있습니다. 체력이 튼튼해야 덕(德)과 지(智)를 더욱 증진시켜 행복한 생활을 할 수 있기 때문입니다.
- 글을 읽은 횟수 (   )번

① 글의 내용 익히기
- 점심시간이나 쉬는 시간에 뛰놀다가 아이가 다치면 부모가 고소를 하기 때문입니다.
- 학교에서의 스포츠 활동과 체육 수업은 초·중등학교의 핵심 요소로서 아이들의 체력향상과 학력 증진 및 사회성을 기르는 데에 매우 중요하다. 이와 같이 중요한 스포츠 활동을 못하게 하거나 체육 수업을 소홀히 하여 학력과 체력이 떨어지니 미래가 없습니다.
- 운동을 하면 피와 산소가 뇌로 많이 공급되면서 학습 능력이 좋아지기 때문입니다.
- 체력이 튼튼해야 덕(德)과 지(智)를 더욱 증진시켜 행복한 생활을 할 수 있기 때문입니다.

< 자료 8의 도움말 >

① 중심 내용
박순호 회장은 중학교를 졸업하고 큰돈을 벌어보겠다고 마음먹고 마산으로 가서 신문 배달과 메리야스 도매상에서 일하면서 야간학교에 다니

고 독학을 했다. 28세 때 부산 변두리에 작은 공장을 세운 것이 오늘날 연 매출 9500억 원의 세정그룹 됐다.

그는 의류 사업 말고 혼을 기울인 유일한 사업이 기부와 어려운 사람들을 돕는 일이며 지금까지 기부한 돈이 1,200억 원 이상이다.

② 구체적 사항
- 박순호 세정그룹 회장은 경남 함안군 산골 중학교를 졸업한 후 그는 공부를 더할 생각조차 못하고 마산으로 가서 돈을 크게 벌어보겠다고 마음먹었다.
- 그는 새벽에 신문 돌리고 낮에는 메리야스 도매상에서 일하고 저녁에는 야간학교에 나갔으며 밤에는 주산을 독학하였다. 28세 때 작은 의류공장을 세운 것이 오늘날 연 매출 9500억 원의 세정그룹이 됐다.
- 그가 혼을 기울인 유일한 사업이 기부였다. 아너소사이어티 회원 가운데 평생 기부한 금액이 가장 많은 사람이 박 회장(120억)이다. 그 뿐만 아니라 달동네와 복지시설을 돌며 가난한 이웃을 도우고 있다.

③ 글의 내용 익히기
- 박순호 회장은 6.25가 일어났던 어려운 시기에 중학교를 졸업하고 집안이 가난하여 공부를 더할 생각은 감히 못하고 돈을 크게 벌어보려고 마산으로 갔습니다.
- 새벽에 신문 돌리고 낮 동안 메리야스 도매상에서 일했다. 저녁에는 야학에 나가고 밤에는 주산을 독학했습니다.
- 부산 변두리에 공장을 차리고 편직기 4대와 미싱 9대를 놓고 시작하였으며 대표 브랜드는 '인디언'이다.
- 의류 사업 말고 혼을 기울인 유일한 사업은 기부였다. 아너소사이어티 회원 가운데 가장 기부를 많이 한 사람으로 기부한 돈이 120억 이상이다. 그는 가난을 방치하면 사회가 무너진다는 것을 알기 때문에 가난한 이웃을 돕고 있다.
- 박 회장이 가난한 이웃을 도우면 한 말은 "돈만 벌다 가는 인생은 허망하고 어려운 사람들과 손 붙들고 재물 나눌 때가 살맛나더라"고 말했다.

< 자료 9의 도움말 >

① 중심 내용

　민계식의 아버지 민영성은 민계식이 5살 때 '만인은 평등하다'는 것을 그리고 '하늘은 스스로 돕는 사람을 돕는다'는 문장을 목에 걸고 다니게 하고, 훌륭하고 능력 있는 사람들 속에서 두각을 나타내려면 열심히 해야 한다는 것을 가훈처럼 가르쳤다.
　민계식의 가정교사는 넷째 형이었다. 그는 민계식을 독서광으로 만들었다. 민계식이 지금까지 읽은 책이 2400권, 독서 일기가 두꺼운 파일로 9권이다. 그는 술과 골프를 안 하며 스트레스는 달리기로 풀었다. 민 전 현대중공업회장은 연구개발 기술만으로 선진국이 될 수 없으며 경제 발전과 더불어 정신적인 것이 뒷받침되어야 한다고 말했다.

② 구체적 사항
- 민계식의 아버지 민영성은 5살 민계식에게 '만민은 평등하다.'는 것과 인간관계를 어떻게 해야 하는지를 가르쳤다.
- 훌륭하고 능력 있는 사람들 속에서 두각을 나타내려면 열심히 하는 수밖에 없다는 것을 가훈처럼 들려주었으며, '하늘은 스스로 돕는 사람을 돕는다.'는 구절을 목에 걸고 다니게 하였다.
- 그는 민계식을 불러서 돈이 궁해서 놋그릇을 가져간 거지에게 놋그릇 뚜껑마저 갖다 주게 하여 거지를 뉘우치게 하였다.
- 민계식의 가정교사는 넷째 형이었다. 그는 민계식이 5살 때 한글을 깨치게 하였고, 초등학생이 된 뒤에는 책을 많이 읽게 하고 독후감을 쓰게 하였다. 형이 무서워 책을 읽었으나 고전과 역사를 접하게 되고 '역사를 배워서 앞날을 예측할 수 있다'는 것을 깨쳤다.
- 넷째 형은 민계식을 독서광으로 만들었다. 지금까지 읽은 책이 2400권, 독서 일기가 두꺼운 파일로 9권이다.
- 그는 술과 골프를 안 하며 스트레스는 오직 달리기로 풀었다.
- 민계식 전 현대중공업 회장은 '우리가 일본 혹은 선진국을 추월하는 분야가 있다. 하지만 연구개발 기술만으로 선진국이 될 수 없으며 경제 발전과 더불어 정신적인 것이 뒷받침 되어야 선진국이 될 수 있다고

말했다.

③ 글의 내용 익히기 문제 도움말
- '만인은 평등하다'는 사람을 차별하지 말고 존중하라는 뜻.
- '하늘은 스스로 돕는다'는 생각으로 열심히 일하는 수밖에 없다고 했습니다.
- 열심히 일하라는 뜻입니다.
- 돈이 궁해서 가져갔으나 뚜껑이 없으면 제값을 받지 못함으로 뚜껑을 갖다 주라고 하였습니다.
- 놋그릇 주인의 따뜻한 마음씨에 감복하고 자기의 잘못을 뉘우치는 눈물이라고 생각합니다.
- 여기서 정신적인 것은 도덕성입니다.
- 역사, 리더십, 서양 고전을 통독하였다.
- 글을 읽은 횟수 (   )번

< 자료 10의 도움말 >

① 글의 중심 내용
열린사회를 만들기 위해서는 반대되는 의견도 존중할 줄 알아야 한다. 그리고 포퍼의 철학을 이해하려면 반증 가능성이 있는 주장과 반증 가능성이 없는 주장의 차이점을 알아야 하고 명백히 반증이 제시되었는데도 인정하지 않는 꽉 막힌 태도는 비과학적인 주장보다 위험하며 우리 사회의 발전을 가로 막는다. 반대로 열린사회는 사회의 문제점을 고쳐 더 살기 좋게 한다.

② 구체적 사항
- 증거를 제시하지 못하는 주장은 비과학적이다. 열린사회를 만들기 위해서는 반대되는 의견도 존중할 줄 알아야 하고 반증을 인정하지 않는 태도는 열린사회를 가로 막는 적이라 한다.
- 포퍼의 철학을 이해하려면 반증 가능성이 있는 주장과 반증 가능성이

없는 주장의 차이점을 알아야 하고 그 주장의 사실 여부를 가릴 증거를 찾을 수 있는 가능성을 '반증 가능성'이라 한다.
- 명백히 반증이 제시되었는데도 인정하지 않는 꽉 막힌 태도는 비과학적인 주장보다 위험하며 우리 사회의 발전을 가로 막는다. 반대로 열린사회는 사회의 문제점을 고쳐 더 살기 좋게 한다.

③ 글의 내용 익히기
- 주장의 사실 여부를 가릴 증거를 찾을 수 있는 가능성을 '반증 가능성'이라 한다.
- 열린 주장이란 반증 가능성이 있는 주장이다.
- 열린 주장들이 활발히 제시되는 사회가 열린사회이다. 이러한 열린 사회는 우리 사회의 문제점을 고쳐 더 살기 좋게 한다.
- 반증 가능성이 없는 주장만 고집하는 태도와 명백히 반증이 됐는데도 인정하지 않는 태도는 닫힌 사회를 만들고 사회 발전을 가로 막는다.
- 반대되는 의견도 존중할 줄 알아야 한다. 그리고 반증 가능성이 없는 자기 주장은 고집하지 말아야 한다. 다른 사람의 합리적인 주장은 자기 의견과 달라도 인정해야 한다.
- 글을 읽은 횟수 (   )번

< 자료 11의 도움말 >

① 중심 내용
우리나라는 1910년 8월 29일에 나라를 빼앗기고 1945년 8월 15일에 해방 되었으나 남북이 분단되어 서로 다투고 싸우는 전쟁으로 이어지고 갔다. 해방 70년이 지난 오늘날 핵무기로 위협하는 북한, 막강한 군사력의 중국과 일본의 군국주의 세력들은 이어도, 독도를 자기들 영토라고 주장하며 우리를 위협하고 있다. 이러한 어려운 시기에 국민들은 굳게 뭉쳐 작지만 힘이 강한 나라로 만들어야 한다. 그 일을 할 사람은 다음 세대를 이끌어 갈 청소년과 학생들이다.

② 구체적 사항
- 8월 15일은 일제에서 해방된 날이지만 남북분단이란 아픔을 안겨 주었고 6. 25전쟁으로 이어지게 했다. 이보다 30년 앞서 1910년 8월 29일에는 일본에게 나라를 빼앗기는 부끄러움과 욕됨을 겪어야 했다.
- 해방 70년이 지난 오늘날 일본의 군국주의 세력과 북한의 핵폭탄, 강력한 중국의 힘은 우리를 두렵게 하고 있다.
- 통일신라 이래 우리는 작은 나라로 떨어졌다. 핵무기의 북한, 일본의 군국주의 세력들, 막강한 군사력의 중국은 NLL, 독도, 이어도를 자기들 영토라고 주장하며 위협하고 있다.
- 국민들은 우리나라가 위기에 처해 있다는 것을 모르는 것 같다. 나라가 어려운 시기에 필요한 것은 국민이 나라 사랑하는 마음으로 굳게 뭉쳐 작지만 힘이 강한 나라로 발전시켜야 합니다. 이와 같은 일을 할 사람은 청소년과 학생들입니다.

③ 글의 내용 익히기 문제 도움말
- 1945년 8월 15일에는 해방은 되었으나 남북이 분단되었고 1910년 8월 29일에는 나라를 빼앗겼기 때문입니다.
- 일본의 군국주의 세력과 북한의 핵폭탄, 강력한 중국의 힘이 위협하고 있습니다.
- 핵무기로 위협하는 북한, 막강한 군사력을 가진 중국과 일본의 군국주의 세력은 NLL, 이어도, 독도를 각기 자기들 영토라 주장하며 위협하고 있습니다.
- 대다수의 국민들이 우리나라가 강대국들의 위협으로 위기에 처해 있다는 사실을 모르는 것 같아서
- 국민이 나라 사랑하는 마음으로 굳게 뭉쳐서 강하고 용감한 국민이 되어 힘이 강한 나라로 발전시켜야 한다.
- 다음 세대를 이끌어갈 청소년들과 학생들이다.
- 글을 읽은 횟수 (   )번

< 자료 12의 도움말 >

① 글의 중심 내용

　　박근희씨는 충북 청원군 시골에서 태어나 청주대학을 졸업하고 삼성그룹에 입사하여 SDI 경리과로 발령받아 경리 업무는 내가 최고여야 한다는 각오로 숱하게 밤을 세워가며 일했다. 그는 1994년 하반기부터 삼성SDI 중국 공장 인수 업무를 맡아서 그 업무에 최고가 되기 위하여 프로정신으로 중국 현안을 샅샅이 훑었다. 그리고 2004~2005년 삼성카드와 삼성그룹 중국 본사 사장을 거쳐 2010년 삼성생명 사장이 되었다. 금융계에서는 그를 실력과 성실함으로 지방대 출신을 가로막는 유리천장을 뚫은 인물로 평가해 왔다.

② 구체적 사항
- 박근희씨는 청주대 상학과를 졸업한 후 삼성그룹에 입사하여 삼성SDI 수원공장 경리과로 발령받아 경리 업무는 내가 최고여야 한다는 각오로 일했다.
- 삼성SDI 중국 공장 인수 업무를 맡은 박근희씨는 업무에 최고가 되기 위하여 중국 현안을 샅샅이 훑었다. 그의 지론은 월급쟁이는 프로가 되어야 한다는 것이다.
- 그는 2010년 삼성그룹 내 최대 금융 계열사인 삼성생명 사장이 되었다. 금융계에서는 그를 "실력과 성실함으로 지방대 출신을 가로막는 유리천장을 뚫은 인물"로 평가한다.

③ 글의 내용 익히기 문제 도움말
- 경리 업무는 내가 최고여야 한다는 각오로 숱하게 밤을 세워가며 일했다.
- 중국 공장 인수 업무를 맡은 그는 중국에 관한 권위자가 되기 위하여 중국 현안을 샅샅이 훑었다.
- 모든 월급쟁이는 프로페셔널이어야 한다.
- 금융계에서는 그를 "실력과 성실함으로 지방대 출신을 가로막는 유리천장을 뚫은 인물"로 평가한다.
- 글을 읽은 횟수 (　　)번

< 자료 13 과제 도움말 >

① 중심 내용
　민계식은 이순신의 난중일기를 읽고 난 다음에 진로를 조선업으로 정리하고 서울대 조선공학과를 졸업한 후 미국 버클대 유학시절에는 아들 병원비와 학비 마련을 위해 금속노조에 가입하여 부두 노동과 트레일러 기사를 했다. 석사 취득 후에는 미국 방산 업체에서 돈을 벌어 MIT 박사가 되었다. 귀국하여 현대중공업에서 22년 동안 인생을 바쳤다. 그는 매일 새벽 2~3시까지 새 기술을 찾고 신사업을 구상했다. 그동안 특허 300개를 얻었고 '힘센 엔진'을 만들었다. 2011년 조선소를 떠난 그는 KAIST 해양시스템공학 교수로 대학원생을 가르치고 있다.

② 구체적 사항
  ◦ 민계식의 인생 항로가 조선업으로 정리된 것은 이순신의 난중일기를 읽은 다음이었다. 서울대 조선공학과 1학년 때 서울마라톤대회에 출전해 7위를 해 그 자리에서 발탁돼 태능 선수촌에 입촌했으나 아버지에 들켜 일주일 만에 퇴촌했다.
  ◦ 민계식은 미국 버클대 유학시절, 아들 병원비와 학비 마련을 위해 금속노조에 가입해 일했다. 석사 취득 후는 미국 방산 업체에서 돈을 벌어 MIT 박사가 되었다.
  ◦ 귀국한 민계식은 '대우'를 거쳐 '현대중공업'에서 22년 동안 인생을 바쳤다. 그는 매일 새벽 2~3시까지 새 기술을 찾고 신사업을 구상했다. 그동안 특허 300개를 얻었고 발전기 엔진의 대명사인 '힘센 엔진'을 만들었다. 그러면서도 매일 조선소 방파제 위를 10km씩 달렸다. 2011년 조선소를 떠난 그는 KAIST 해양시스템공학 교수로 대학원생을 가르치고 있다.

③ 내용 익히기
  ◦ 인순신의 난중일기를 읽고 인생 항로를 조선업으로 정했다.
  ◦ 부두의 노동자, 대륙횡단 트레일러 기사를 했으며 미국 방산업체에서 돈을 벌었다.

- 매일 새벽 2~3시까지 새 기술을 찾고, 신사업을 구상하고, 일주일에 1~2번은 밤을 세웠으며, 특허 300개를 얻었고 '힘센 엔진'을 만들었다.
- 스트레스를 해소하고 건강을 유지하기 위하여 달렸다.
- 글을 읽은 횟수 (   )번

< 자료 14 과제 도움말 >

① 중심 내용

계란 유통회사 한재원 회장은 초등학교를 졸업하고 농사를 짓다가 상경하여 양계장에 취직하여 10년 모은 돈으로 작은 병아리 부화장을 세웠다. 이후 30여 년간 사업에 매달려 국내 1위의 계란 유통회사 조인을 만들었으며 동남아 시장 진출을 준비하고 있다. 한 회장은 "오늘의 나를 있게 한 원동력은 학습의 힘"이라고 했다. 그는 단기순이익의 10%로 직원들과 나누는 이익공유제를 하고 있으며 조 단위 매출의 회사를 만들려고 한다. 그는 "세상은 꿈꾸는 사람들이 만들고 그 꿈은 쉼 없는 학습을 통해 스스로 키워가는 것"이라고 말했다.

② 구체적 사항
- 계란 유통회사 '조인'은 국내 1위 계란 유통 기업으로 자체 브랜드 '누리웰'을 가지고 있다.
- 한재원 회장은 초등학교를 졸업한 후 농사를 짓다가 장학 사업을 하겠다는 큰 꿈을 품고 스무 살에 상경하였다. 그는 양계장에서 일하면서 10년 모은 돈으로 작은 병아리 부화장을 세웠고 이후 30여년간 사업에 매달려 올해 매출액 2,800억 원을 예상하고 있다.
- 조인은 병아리 부화부터 계란을 생산하는 전 과정을 일관되게 진행해 달걀 생산 기술력이 국내 최고이고 동남아 시장 진출을 준비를 하고 있다.
- 한 회장은 "오늘의 나를 있게 한 것은 학습의 힘"이라고 했다. 배움에 대한 목마름으로 40대부터 자기 업무와 관련되는 서적을 1,000권이나 읽었다. 새벽 전화 강의로 영어를 익히는 등 여러 가지 학습 프로그램을 통해 경영 노하우를 배웠고 세계의 흐름에 눈을 뜨게 되었다.

- 좋은 강의 동영상을 구해 직원들이 함께 돌려보도록 하고 도서 구입비를 전액 지원하고 있다. 그는 이익의 10%를 직원들과 나누는 '이익 공유제'를 하고 있다.
- 한재원 회장은 황금알 낳는 기업을 만들어 조(兆) 단위 매출의 기업을 만들려고 한다. 그는 "세상은 꿈꾸는 자들이 만들고 그 꿈은 쉼없는 학습을 통해 스스로 키워가는 것입니다."라고 말했다.

③ 내용 익히기
- 학습의 힘
- 가정 형편 때문에 초등학교를 졸업한 후 진학을 포기하고 더 배우지 못했기 때문이다.
- 배움에 대한 목마름을 심하게 느낀 그는 40대부터 경영, 경제, 미래 관련 서적 1,000권을 읽었으며, 새벽 전화 강의로 영어를 익혔고 휴대폰 앱 강좌도 활용했다. 그리고 "전경련이나 IGM(세계경영연구원) 등의 학습프로그램을 통해 경영 노하우를 배웠다.
- 글을 읽은 횟수 (   )번

< 독해력 평가 1 >

① 문장의 주제 : 엄마 손은 약손

② 글의 중심 내용
어머니들이 아이의 배를 쓰다듬는 '엄마 손은 약손'의 치료 효과는 과학적으로 근거가 있으며 위약 효과가 있다. 손으로 배를 쓸어 주면 손에 있는 온기가 배를 따뜻하게 하며 장운동이 활발해지고 기를 주고받기 때문에 치료 효과가 있다. 그리고 사랑을 확인하고 싶은 마음이 병으로 나타나기도 한다. 주변 사람이 가벼운 병으로 아프면 따뜻한 마음을 전해 주면 심리적인 안정을 얻어 치료가 된다.

③ 구체적 사항
- 소년이 갑자기 아랫배의 아픔을 호소하자 어머니는 소년의 배를 쓰다

듣으면서 '엄마 손은 약손'이라고 말씀하셨다. 얼마쯤 쓸어 주시자 배는 점점 편해져 잠이 들었다.
◦ 엄마 손은 약손의 치료 효과는 과학적으로 여러 가지 근거가 있으며 위약 효과가 있다. 그것은 약을 먹으면 나을 수 있다는 믿음 때문에 아픔을 멎게 한다.
◦ 배탈이 났을 때 손으로 배 주변을 쓸어 주면 손에 있는 온기가 배를 따뜻하게 하여 장운동이 활발해지고 몸에 있는 기를 주고받기 때문에 아픔이 사라지는 치료 효과가 있다.
◦ 배앓이 같은 가벼운 병은 가족 간의 친밀감을 확인하고 싶은 마음이 병으로 나타나는 것이라고 할 수도 있다.
◦ 주변에 있는 사람이 가벼운 병으로 아프다면 따뜻한 마음을 전하여 주자 그의 병은 심리적인 안정을 얻게 되어 치료가 된다.

< 독해력 평가 2 >

① 글의 중심 내용

중국 상거래업체 '알리바바' 창업자인 마윈 회장은 그의 회사를 세계 최대 전자상거래업체로 성장시켰다. 하지만 마윈의 젊은 시절은 실패의 연속이었다.
그는 미국에서 공부하고 싶어서 하버드대에 입학원서를 10번이나 보냈지만 거절당했다. 미국을 여행하고 돌아온 그는 '인터넷이 세상을 바꿀 것'이라는 확신을 가지고 '알리바바'를 만들었다. 현재 알리바바는 미국 기업을 제치고 전 세계 1위로 성장하고 있다.

② 글을 읽고 느낀 점(독후감)

마윈이 젊었을 때 많은 어려움을 겪었지만 좌절하지 않고 중국 최초의 전자상거래업체 '알리바바'를 창업하여 세계 최대 종합상거래업체로 발전하여 재산이 30조 원에 이른 것은 마윈이 앞을 내다보는 정확한 판단력과 도전 정신이 있었기에 가능했다는 내용이면 잘 쓴 것으로 인정해 준다.

인성과 창의성
- 행복을 만들어 가는 길 -

초판 1쇄 발행 2025년 2월 22일

저　자	우 수 연(禹壽淵) · 지음
발 행 처	도서출판 에듀컨텐츠휴피아
발 행 인	李 相 烈
등록번호	제2017-000042호 (2002년 1월 9일 신고등록)
주　소	서울 광진구 자양로 28길 98, 동양빌딩
전　화	(02) 443-6366
팩　스	(02) 443-6376
e-mail	iknowledge@naver.com
web	http://cafe.naver.com/eduhuepia
만든사람들	기획·김수아 / 책임편집·이진훈 정민경 하지수 박정현 디자인·남경지 유충현 / 영업·이순우
ISBN	978-89-6356-483-8 (13370)
정　가	17,000원

이 책은 저작권법에 따라 보호받는 저작물이므로 무단전재와 무단복제를 금지하며, 책 내용의 전부 또는 일부를 이용하려면 반드시 저작권자의 서면 동의를 받아야 합니다.